北京大学文化产业基础教材

Marketing Culture and the Arts
(4th edition)

文化艺术营销管理学
（第四版）

〔加拿大〕弗朗索瓦·科尔伯特（François Colbert） 林 一 等著

林 一 罗慧蕙 鞠高雅 译

北京大学出版社
PEKING UNIVERSITY PRESS

著作权合同登记号　图字:01-2016-4373
图书在版编目(CIP)数据

文化艺术营销管理学:第四版/(加)弗朗索瓦·科尔伯特(François Colbert),林一等著;林一,罗慧蕙,鞠高雅译.—北京:北京大学出版社,2017.12
(北京大学文化产业基础教材)
ISBN 978-7-301-28989-1

Ⅰ.①文… Ⅱ.①弗… ②林… ③罗… ④鞠… Ⅲ.①文化产业—营销管理—高等学校—教材 Ⅳ.①G114

中国版本图书馆 CIP 数据核字(2017)第 305203 号

Le marketing des arts et de la culture, 4e édition by François Colbert, Johanne Brunet, Philippe Ravanas, Mariachiara Restuccia, Yannik St-James, J. Dennis Rich Copyright © 2014 TC Média Livres Inc.

This translation of *Le marketing des arts et de la culture*, 4e édition is published by arrangement with TC Média Livres Inc.

Simplified Chinese Edition © 2018 Peking University Press.

All Rights Reserved.

书　　　名	文化艺术营销管理学 WENHUA YISHU YINGXIAO GUANLIXUE
著作责任者	〔加〕弗朗索瓦·科尔伯特(François Colbert)　林　一　等著 林　一　罗慧蕙　鞠高雅　译
责 任 编 辑	胡利国
标 准 书 号	ISBN 978-7-301-28989-1
出 版 发 行	北京大学出版社
地　　　址	北京市海淀区成府路 205 号　100871
网　　　址	http://www.pup.cn
电 子 信 箱	ss@pup.pku.edu.cn
新 浪 微 博	@北京大学出版社　　@未名社科-北大图书
电　　　话	邮购部 62752015　发行部 62750672　编辑部 62765016
印 刷 者	北京虎彩文化传播有限公司
经 销 者	新华书店
	730 毫米×980 毫米　16 开本　19.75 印张　324 千字 2017 年 12 月第 1 版　2023 年 8 月第 6 次印刷
定　　　价	68.00 元

未经许可,不得以任何方式复制或抄袭本书之部分或全部内容。
版权所有,侵权必究
举报电话:010-62752024　电子信箱:fd@pup.pku.edu.cn
图书如有印装质量问题,请与出版部联系,电话:010-62756370

前　言

自 20 世纪 80 年代起，国内高等学校尝试开办"艺术管理""文化产业管理"等专业方向的培训班、专修班，时至今日，"艺术管理"和"文化产业管理"逐渐发展成为真正的学科专业。"文化艺术市场营销"及其相关名称的课程作为"艺术管理"和"文化产业管理"专业教学的核心课程之一，在各高校广泛开设，所选用教材可谓多种多样。

纵观世界文化艺术领域中的学科发展情况和业界口碑，加拿大蒙特利尔高等商学院弗朗索瓦·科尔伯特教授所著的《文化艺术营销管理学》(Marketing Culture and the Arts)被全世界众多高校公认为经典教材，被翻译为俄文、德文、韩文、意大利文、西班牙文、塞尔维亚文和乌克兰文等十三种语言文字，畅销世界各国，该书作为指导教材培育了一批又一批的专业人才。

早在 2002 年，弗朗索瓦·科尔伯特教授的 Marketing Culture and the Arts 第一版首次被引入中国，当时中文版翻译的书名为《文化产业营销与管理》，由上海交通大学高福进教授翻译、上海人民出版社出版，在过去十几年间引起了巨大反响，国内长销不衰。

2008 年夏，应我的邀请，弗朗索瓦·科尔伯特教授首次来到中国，开启了我们的合作研究。为了更好地契合中国文化艺术繁荣发展的需要，将经典的文化艺术营销理论与中国实践相结合，我们经过多年的共同探讨，融中西共通的视角，对中、西方本领域业界的发展和相关理论做了深入思考，引入了我长期研究的跨文化艺术传播学的相关理论和研究成果，对该书进行了重新梳理，在英文版第四版的基础上做了再一次扩充，特别引入了对中国相关问题的思考和对中国文化艺术市场相关案例的分析，形成了新的中文版的《文化艺术营销管理学（第四版）》一书。

本书所定义的"文化艺术营销管理学"区别于众多同类书籍，其前提是：假设文化艺术产品具有**市场传播特性**，这一特性使得文化艺术产品的"市场营销"过程与一般产品的"市场营销"过程具有本质的区别。这一本质区别主要是由以下几个方面的因素决定的。

第一，文化艺术产品的特殊性。文化艺术产品是人类社会精神追求的必需品，文化艺术产品的主要功能是满足人们的精神需求，而这一功能的实现是具有主观性的。文化艺术产品的特征也在于其独有的抽象性、主观性、非实用性、独特性和整体性。因此，对于文化艺术产品的消费基础在于消费者的"情感喜欢""主观需要""身心体验""精神追求"等多维多层次的感觉认知，正如弗朗索瓦·科尔伯特教授所言"消费者所购买的是一系列自我虚构的意义"，文化艺术产品既被生产端又被消费端赋予了这种"虚构的意义"，而正是这种"虚构的意义"在人类社会价值观念和审美取向的传播中扮演着重要的角色。因此，文化艺术产品在完成市场供需相互满足的过程中同时实现人类价值观念和审美取向的传播。

第二，文化艺术企业的特殊性。文化艺术企业区别于一般企业的主要特征在于：艺术工作者的创造性生产被置于文化艺术企业的核心地位。由于艺术工作者的创作往往根植于文化传统、价值观念、生活状态、内在矛盾、审美情趣等个人与社会的综合因素，这种特殊性劳动同时多维多层次地反映了国家、社会的文化特征。又由于文化艺术企业经营产品的方式也具有突出的创意特征，因此文化艺术企业不仅通过其产品的内容也通过其经营的方式来共同反映其文化价值取向、艺术创新能力和艺术审美水平。

第三，文化艺术消费的特殊性。由于文化艺术产品的抽象性、主观性和象征意义，消费者所愿意花钱购买的是自己对于文化艺术产品所期待的、虚构的"意义"，这种"意义"与文化艺术产品的生产者、经销者关于产品的"意义"的设计和自我评价以及预期希望均存在着多维多层次的差异性。西方学者将这种差异性归结为文化艺术供给与需求之间的"美学关系问题"。处理文化艺术市场中供给侧与消费侧之间的多维多层次的"美学关系问题"，是文化艺术消费过程中独有的特征，也是当代文化艺术管理学科所面临的重大学术问题。

第四，文化艺术消费者的特殊性。文化艺术市场中供给侧与消费侧的"美学关系问题"本质上揭示的是：文化艺术产品的消费者与一般实用产品的消费者相比较更需具备一定的素养。在这个意义上，文化艺术产品的消费者更需要加以培养和引导。因此，文化艺术产品导入市场的理念与一般产品导入市场的理念应该具有本质的区别，这个本质的区别就是：要为文化艺术产品寻找最适宜的消费者，以及为其培养多维多层次的消费者，尽量使适宜的消费者数量越来越多、层次越来越丰富。

基于以上理由，文化艺术产品导入市场的主要任务和过程是：与目标受众和潜在的消费者进行充分的沟通，将文化艺术产品的价值内涵及其相关信息准确传达，引导目标受众和潜在消费者的审美趣味、消费方向以及消费行为，并在此过程中培养其对文化艺术产品的鉴赏能力、接受能力和消费习惯。

因此，文化艺术产品在市场营销过程中所遵循的规律更具传播学特征，这正是本书提出的关于文化艺术产品的"**市场传播特性**"的依据所在。

本书基于传统市场营销理论提出关于文化艺术市场的传播特性，详细分析了文化艺术产品、文化艺术企业、文化艺术市场、文化艺术消费以及文化艺术消费者的特殊性，并创新性地将文化艺术市场细分为消费者市场、政府市场、合作者市场和分销商市场，强调政府、企业、社会应共同致力于文化艺术消费者的引导和培养。特别是，本书创新性地将传统营销理论中的4P组合模式转化为"3P+C"的组合模式，强调了文化艺术的市场传播特性。传播具有双重含义，一是沟通，二是引导；在"3P+C"的组合模式中，传播变量"C"取代了一般意义上的促销变量"P"，强调了传播变量的两种主要功能：沟通信息和引导消费。本书还借用心理学理论关注消费者行为，分析审美体验、消费体验以及后消费行为之间的关系，引入踞位周期理论以帮助读者从不同角度认识文化艺术市场传播的规律。

我们希望通过本书将目前最权威最前沿的理论介绍给文化产业和艺术管理相关专业的学子，也希望书中的实际案例能为业界人士提供新的战略思路。

林 一
于北京大学朗润园

英文版前言

"市场营销充满邪恶!"这句话,我们听说过多少次?自己又说过多少次?

如果一位营销人员在以市场为导向的行业中工作,那么他持有这种观点是正常的,是可以被理解的。在市场导向的行业中,产品的创造,纯粹是为了响应市场需求;营销人员为了满足消费者的渴望或期待,被迫夸大现有产品的价值,甚至有些无良的营销人员还会故意曲解产品的用途,以便快速销售产品,获取即时利润。从这个角度来说,市场营销确实不乏邪恶的行为。然而,文化、遗产和艺术等非营利性的行业则有所不同,它**以产品为导向**。艺术家想象并创作自己的作品,是为了响应自己的热情和灵感,而并不是为了未来的市场反应。

成功的文化企业营销人员都明白:他们其实是在一个"产品导向、市场敏感、顾客中心"的行业中进行营销工作。**"产品导向"** 是指:文化营销人员需要理解创意产品,并需清楚知道产品吸引消费者的优势是什么。**"市场敏感"**(而不是市场导向)和 **"顾客中心"** 指的是:文化营销人员需要识别合适的目标细分市场,然后策划并实施能够吸引受众关注的传播活动,开发细分市场对产品的兴趣,并促使目标受众采取消费行动。优秀的文化营销人员甚至会采取更进一步的行动,比如:他们会加强与受众的沟通,引导他们对创意作品的赏析——这并不意味着他们将作品内涵简单化了,而是指,他们通过分析消费者的兴趣、体验以及期待,对产品进行定位,帮助消费者理解,从而引导消费。优秀的营销人员还会努力赢得顾客对产品的信任,并建立起顾客对品牌的忠诚度,从而赢得顾客对产品的重复消费。

对艺术、文化以及遗产等相关机构来说,开发、培养和拓展积极且忠实的受众是一个艰巨的挑战。那么文化艺术行业如何完成这项挑战呢?答案是苦心经营。我们需要充分了解市场营销的理论和实践,深入细致地实施市场调研,从而制定全面可行的市场战略计划。只有这样,才能帮助我们实现文化企业的目标:吸引足够多的积极且忠实的观众,使他们及时获得信息,并积极参与体验。

通过学习科学的原理和实践案例,遵循"产品导向、市场敏感、顾客中心"开展营销活动,很快,"市场营销是邪恶的"将被"市场营销是至关重要的"取而代之!

弗朗索瓦·科尔伯特所著的《文化艺术营销管理学》是实现这个目标的重要一步。本书用清晰简单的方式解释了复杂的市场营销学原理,并使用行业内有关案例对理论进行解释说明。本书向读者(大一新生以及工作人士)提供了建立有效且高效传播的文化项目所需的重要基础知识。

丹·J. 马汀(Dan J. Martin)
美术学院院长
创意企业管理研究所
美国宾夕法尼亚州匹兹堡卡内基梅隆大学

目 录

第一章 文化企业与市场营销 ……………………………………… 001
引言 ………………………………………………………………… 001
第一节 市场营销 ………………………………………………… 002
一、市场营销的概念 …………………………………………… 002
二、市场营销学的起源和发展 ………………………………… 003
第二节 文化和艺术 ……………………………………………… 004
一、文化企业在社会中所处的地位 …………………………… 004
二、艺术家在文化企业中的角色 ……………………………… 005
三、文化企业产品授权 ………………………………………… 006
四、不同文化企业之间的区别 ………………………………… 007
第三节 文化艺术营销：定义 …………………………………… 009
第四节 市场营销模型 …………………………………………… 011
一、传统的市场营销模型 ……………………………………… 011
二、文化艺术营销模型 ………………………………………… 012
三、市场营销与文化企业 ……………………………………… 014
第五节 市场营销模型的组成部分 ……………………………… 015
一、市场 ………………………………………………………… 015
二、环境 ………………………………………………………… 016
三、市场信息系统 ……………………………………………… 017
四、市场营销组合 ……………………………………………… 017
  产品 ……………………………………………………… 018
  价格 ……………………………………………………… 018
  分销 ……………………………………………………… 019
  传播 ……………………………………………………… 020

     五、客户服务 …………………………………………………… 020
     六、两个影响因素 ……………………………………………… 020
         时间 ……………………………………………………… 020
         文化企业的特性 ………………………………………… 021
     七、文化企业与市场营销管理 ………………………………… 021
     八、各要素之间的关联性 ……………………………………… 021
  第六节 市场营销的道德准则 ……………………………………… 022
  小结 …………………………………………………………………… 025
  问题 …………………………………………………………………… 025
  注释 …………………………………………………………………… 026
  扩展阅读 ……………………………………………………………… 027

第二章 文化艺术产品 ………………………………………………… 028
  引言 …………………………………………………………………… 028
  第一节 文化产品 …………………………………………………… 029
     一、定义"文化产品" …………………………………………… 029
     二、产品的组成要素 …………………………………………… 029
     三、文化产品及其特点 ………………………………………… 030
         文化产品的组成要素 …………………………………… 030
         文化产品：一种复杂产品 ……………………………… 032
         文化产品：一种特殊产品 ……………………………… 033
         文化产品：服务特征 …………………………………… 034
     四、品牌 ………………………………………………………… 035
         品牌的特征 ……………………………………………… 035
     五、客户服务 …………………………………………………… 037
         第一阶段：艺术作品前期接触 ………………………… 038
         第二阶段：欣赏艺术作品 ……………………………… 038
         第三阶段：消费过后的反馈 …………………………… 038
  第二节 文化艺术新产品开发 ……………………………………… 039
     一、艺术创新频谱（The innovativeness spectrum） ……………………………………………… 039
     二、新产品开发的风险 ………………………………………… 040

三、文化艺术领域的新产品开发过程（NPD） ················ 041
　　　　文化产业领域的 NPD 过程 ························· 042
　　　　艺术部门的 NPD 过程 ····························· 043
　　产品生命周期管理的重要性 ···························· 045
　第三节　产品生命周期 ·································· 046
　　一、产品生命周期理论 ································ 046
　　二、产品接受过程 ···································· 049
　　三、生命周期的四个阶段 ······························ 050
　　　　引入期 ··· 050
　　　　成长期 ··· 051
　　　　成熟期 ··· 052
　　　　衰退期 ··· 053
　　四、生命周期理论的局限 ······························ 054
　第四节　结论 ··· 056
　小结 ·· 058
　问题 ·· 059
　注释 ·· 059
　扩展阅读 ·· 061

第三章　市场 ·· 062
　引言 ·· 062
　第一节　市场 ·· 063
　　一、消费者市场 ···································· 063
　　二、合作者市场 ···································· 068
　　　　分销中间商 ····································· 068
　　　　联合制作方 ····································· 069
　　　　分销伙伴 ······································· 069
　　　　媒体伙伴 ······································· 069
　　三、政府市场 ······································ 069
　　四、私有资金市场 ·································· 071
　第二节　市场需求 ···································· 072
　　一、需求的定义 ···································· 072

二、市场份额 …………………………………………………… 073
　　三、需求状态 …………………………………………………… 074
　　　　实际需求 …………………………………………………… 074
　　　　潜在需求 …………………………………………………… 074
　　　　不同情况下的市场需求 …………………………………… 074
　　四、休闲市场需求的演变 ……………………………………… 075
　　　　潜在趋势和当前的挑战 …………………………………… 076
第三节　市场和竞争 ………………………………………………… 078
　　一、广义上的竞争 ……………………………………………… 078
　　二、市场间的相互依赖与连锁反应 …………………………… 081
　　三、竞争全球化所带来的影响 ………………………………… 082
　　四、产业分散 …………………………………………………… 082
　　五、竞争优势原则 ……………………………………………… 084
第四节　市场与宏观环境变量 ……………………………………… 085
　　一、人口统计环境 ……………………………………………… 085
　　二、文化环境 …………………………………………………… 085
　　三、经济环境 …………………………………………………… 086
　　四、政治法律环境 ……………………………………………… 086
　　五、科技环境 …………………………………………………… 086
　　六、国际市场 …………………………………………………… 087
小结 …………………………………………………………………… 087
问题 …………………………………………………………………… 088
注释 …………………………………………………………………… 088
扩展阅读 ……………………………………………………………… 090

第四章　消费者行为 ……………………………………………… 093
引言 …………………………………………………………………… 093
第一节　背景影响 …………………………………………………… 095
　　一、个人因素 …………………………………………………… 096
　　　　社会经济变量 ……………………………………………… 096
　　　　社会层级和文化资本 ……………………………………… 096
　　　　介入和感知风险 …………………………………………… 097

二、人际因素 ………………………………………………… 099
　　三、环境因素 ………………………………………………… 099
第二节　消费动机 ………………………………………………… 100
第三节　消费者行为 ……………………………………………… 102
　　一、决策 ……………………………………………………… 102
　　　　认知过程（理性过程） …………………………………… 102
　　　　情感决策过程（感性过程） ……………………………… 103
　　　　低介入式决策 …………………………………………… 103
　　二、消费体验 ………………………………………………… 104
　　　　审美和消费体验 ………………………………………… 104
　　　　消费者体验中的参与：协同生产、共同创作与
　　　　　产销合一 ……………………………………………… 105
　　三、后消费行为 ……………………………………………… 108
小结 ………………………………………………………………… 108
问题 ………………………………………………………………… 109
注释 ………………………………………………………………… 110

第五章　私有资金市场 …………………………………… 114

引言 ………………………………………………………………… 114
第一节　捐赠者市场 ……………………………………………… 115
第二节　美国慈善活动的历史 …………………………………… 117
第三节　赞助 ……………………………………………………… 119
　　一、赞助的定义 ……………………………………………… 119
　　二、赞助者市场的重要性 …………………………………… 120
　　三、决策者 …………………………………………………… 122
　　四、企业利益诉求 …………………………………………… 124
　　五、赞助商与消费者 ………………………………………… 124
　　六、如何衡量赞助 …………………………………………… 125
　　七、选择标准 ………………………………………………… 126
　　八、如何成功获得赞助 ……………………………………… 127
　　九、协商赞助协议 …………………………………………… 128
　　十、赞助跟踪评估 …………………………………………… 129

  十一、文化企业可能遭遇的赞助陷阱与危机 …………… 129
 小结 ………………………………………………………… 130
 问题 ………………………………………………………… 131
 注释 ………………………………………………………… 131
 扩展阅读 …………………………………………………… 133

第六章　市场细分与市场定位 ………………………………… 134
 引言 ………………………………………………………… 134
 第一节　市场细分的概念 ………………………………… 134
 第二节　市场细分的作用 ………………………………… 135
 第三节　市场调研与市场细分 …………………………… 136
  一、市场细分的决定因素 ……………………………… 136
   购买者/非购买者二分法 …………………………… 137
   消费频率或消费量 ………………………………… 137
   产品或者品牌忠诚度 ……………………………… 137
   消费者满意度 ……………………………………… 137
   品牌或产品偏好 …………………………………… 137
  二、市场细分类型 ……………………………………… 138
   地理细分指标 ……………………………………… 138
   社会人口细分指标 ………………………………… 138
   心理细分指标 ……………………………………… 139
   基于利益诉求的细分指标 ………………………… 139
 第四节　市场细分工具 …………………………………… 140
  一、先期市场细分法 …………………………………… 140
  二、集群市场细分法 …………………………………… 140
 第五节　市场定位 ………………………………………… 141
  一、市场定位的类型 …………………………………… 143
   集中式策略 ………………………………………… 143
   差异化策略 ………………………………………… 147
   竞争式定位 ………………………………………… 147
  二、产品、市场和竞争优势 …………………………… 147
  三、偏好、感知和理想点 ……………………………… 148

小结 ……………………………………………………… 152
问题 ……………………………………………………… 152
注释 ……………………………………………………… 153
扩展阅读 ………………………………………………… 153

第七章　价格变量 154

引言 ……………………………………………………… 154

第一节　定义 155

第二节　定价 156

一、定价目标 …………………………………………… 156

以利润为基础或以盈余为基础的目标 …………… 157
以销售为基础的目标 ……………………………… 157
与竞争平衡有关的目标 …………………………… 158
与企业形象相关的目标 …………………………… 158

二、定价策略 …………………………………………… 158

竞争压力 …………………………………………… 158
来自消费者的压力 ………………………………… 159
企业成本压力 ……………………………………… 159
市场撇脂定价和市场渗透定价 …………………… 159
声望定价 …………………………………………… 160
价格弹性 …………………………………………… 162

三、定价方法 …………………………………………… 165

基于消费者的定价方法 …………………………… 165
基于竞争的方法 …………………………………… 166
基于成本的方法（成本分析法） ………………… 169
动态定价方法 ……………………………………… 169
差别定价 …………………………………………… 170
收益管理 …………………………………………… 171
协商定价 …………………………………………… 172

第三节　政府和私人部门的财政资助 173

第四节　计算成本和利润率 174

第五节　价格和市场细分 175

第六节　鲍莫尔成本病 …………………………………………… 177
小结 …………………………………………………………………… 180
问题 …………………………………………………………………… 181
注释 …………………………………………………………………… 182
扩展阅读 ……………………………………………………………… 182

第八章　分销变量 …………………………………………………… 183
引言 …………………………………………………………………… 183
第一节　定义 ………………………………………………………… 184
　　一、分销变量三要素 …………………………………………… 184
　　二、文化产品分销 ……………………………………………… 184
第二节　分销渠道 …………………………………………………… 186
　　一、中介的功能 ………………………………………………… 187
　　二、分销渠道类型 ……………………………………………… 189
　　三、分销渠道管理 ……………………………………………… 191
　　四、分销者行为 ………………………………………………… 193
第三节　分销策略 …………………………………………………… 194
　　一、密集性的、选择性的和排他性的分销策略 ……………… 194
　　二、推拉策略 …………………………………………………… 194
　　三、策略是如何相互关联的 …………………………………… 195
第四节　实物分销 …………………………………………………… 195
第五节　商业区位 …………………………………………………… 197
　　一、商圈原则 …………………………………………………… 198
　　二、三个商圈的定义 …………………………………………… 198
　　三、商圈概念的实用性 ………………………………………… 199
　　四、影响商圈规模和配置的因素 ……………………………… 200
第六节　国际分销 …………………………………………………… 201
　　一、授权经营 …………………………………………………… 201
　　二、特许经营 …………………………………………………… 203
　　三、直接投资 …………………………………………………… 203
　　四、联合经营 …………………………………………………… 203
　　五、公司并购 …………………………………………………… 203

六、子公司 …………………………………………………… 203
　小结 ………………………………………………………………… 204
　问题 ………………………………………………………………… 205
　注释 ………………………………………………………………… 205
　扩展阅读 …………………………………………………………… 206

第九章　传播变量 …………………………………………………… 207
　引言 ………………………………………………………………… 207
　第一节　定义 ……………………………………………………… 207
　第二节　传播工具 ………………………………………………… 208
　　一、广告 ………………………………………………………… 209
　　二、个人销售 …………………………………………………… 209
　　三、公共关系 …………………………………………………… 210
　　四、促销 ………………………………………………………… 211
　　五、传播组合 …………………………………………………… 212
　第三节　传播变量的功能 ………………………………………… 212
　　一、沟通信息 …………………………………………………… 213
　　二、引导消费 …………………………………………………… 213
　　　　　防御机制 ………………………………………………… 214
　　　　　潜意识广告 ……………………………………………… 214
　第四节　传播工具的选择 ………………………………………… 215
　　一、影响参数 …………………………………………………… 215
　　二、操作模型 …………………………………………………… 216
　第五节　接收方 …………………………………………………… 217
　第六节　传播计划 ………………………………………………… 217
　　一、所有传播计划都必须回答的几个基本问题 ……………… 217
　　　　　谁？(Who?) ……………………………………………… 218
　　　　　什么？(What?) …………………………………………… 218
　　　　　向谁？(To whom?) ……………………………………… 218
　　　　　如何？(How?) …………………………………………… 218
　　　　　何时？(When?) …………………………………………… 219
　　　　　结果怎样？(With what results?) ………………………… 219

二、传播计划的内容 ………………………………………… 219
　　　　传播计划的阶段 ………………………………………… 220
　　　　设定传播目标 …………………………………………… 220
　　　　起草预算 ………………………………………………… 220
　第七节　直接营销
　　一、定义 …………………………………………………… 221
　　二、直接回应媒介 ………………………………………… 222
　　三、数据库和建模 ………………………………………… 223
　　四、关系营销 ……………………………………………… 224
　　五、道德和法律方面的考虑 ……………………………… 224
小结 …………………………………………………………… 227
问题 …………………………………………………………… 228
注释 …………………………………………………………… 228
扩展阅读 ……………………………………………………… 229

第十章　市场营销信息系统 ……………………………… 230
引言 …………………………………………………………… 230
　第一节　内部数据 ………………………………………… 231
　第二节　二手数据 ………………………………………… 232
　　一、总则 …………………………………………………… 232
　　二、公共部门和私人部门数据：优点和缺点 …………… 233
　　　　科学方法 ………………………………………………… 233
　　　　数据标准化 ……………………………………………… 234
　　　　时间序列的可能性 ……………………………………… 234
　　　　可访问性 ………………………………………………… 234
　　　　数据的聚合 ……………………………………………… 234
　　　　信息准确性 ……………………………………………… 235
　　三、公共数据 ……………………………………………… 235
　　　　国家统计机构 …………………………………………… 235
　　　　其他政府机构 …………………………………………… 235
　　四、私人数据 ……………………………………………… 236
　　　　数据库和索引 …………………………………………… 236

私人组织发布的报告 ································· 236
第三节　原始数据 ····································· 237
　一、探索性研究 ····································· 238
　二、描述性研究 ····································· 238
　　　数据收集方法 ··································· 239
　　　电子邮件问卷调查 ······························· 240
　　　电话问卷调查或民意调查 ··························· 240
　　　面谈 ··· 241
　　　误差来源 ····································· 241
　三、因果性研究 ····································· 242
第四节　描述性研究的实施步骤 ··························· 242
　　步骤1：定义问题 ··································· 243
　　步骤2：设立研究目标 ······························· 244
　　步骤3：决定所需的人力资源和财力
　　　　　资源 ··· 244
　　步骤4：制定日程 ··································· 244
　　步骤5：选择适当的工具和方法 ······················· 244
　　步骤6：选定样本 ··································· 245
　　步骤7：设计问卷 ··································· 247
　　步骤8：测试问卷 ··································· 247
　　步骤9：编码回复 ··································· 247
　　步骤10：采集数据 ·································· 248
　　步骤11：监控采访者 ································ 248
　　步骤12：编译数据 ·································· 248
　　步骤13：分析结果 ·································· 248
　　步骤14：书写报告 ·································· 248
小结 ··· 249
问题 ··· 249
注释 ··· 250
扩展阅读 ··· 250

第十一章　营销过程的计划与控制 ………… 253
引言 ………… 253
第一节　市场营销对于企业的重要性 ………… 254
第二节　市场营销计划 ………… 255
　　一、市场营销计划的过程 ………… 255
　　二、市场营销计划 ………… 255
　　　　环境分析 ………… 255
　　　　市场 ………… 257
　　　　竞争和环境 ………… 258
　　　　企业 ………… 258
　　　　设定目标与制订发展战略 ………… 258
　　　　资源分配 ………… 258
　　　　确定市场营销组合 ………… 259
　　　　战略实施 ………… 259
　　三、组织结构 ………… 262
第三节　战略 ………… 263
　　一、总则 ………… 263
　　二、企业战略 ………… 264
　　　　竞争战略 ………… 264
　　　　市场领导者 ………… 264
　　　　市场挑战者 ………… 264
　　　　市场追随者 ………… 265
　　　　市场补缺者/市场利基者 ………… 265
　　　　发展战略 ………… 266
　　三、市场营销战略 ………… 270
　　　　战略选择 ………… 270
　　　　分析市场内部的潜在营销战略 ………… 271
　　　　明星产品 ………… 271
　　　　问题产品 ………… 272
　　　　现金牛产品 ………… 272
　　　　"瘦狗"产品 ………… 272
第四节　控制 ………… 272

一、循环控制 …………………………………… 273
　　二、控制工具与衡量标准 ……………………… 273
　　三、市场营销审查 ……………………………… 274
　小结 ………………………………………………… 279
　问题 ………………………………………………… 280
　注释 ………………………………………………… 280
　扩展阅读 …………………………………………… 281

英文版致谢 …………………………………………… 282

英文版后记 …………………………………………… 284

关键词列表 …………………………………………… 286

后　记 ………………………………………………… 292

第一章
CHAPTER 1

文化企业与市场营销

教学目标
- 了解文化企业的特征
- 定位艺术家在文化企业中的角色
- 分辨艺术部门与文化产业
- 理解市场营销的历史演变
- 区分传统市场营销与文化艺术营销

》 引言

本章列举了文化艺术营销有别于传统市场营销的独有特征。

在本章第一节,我们将首先界定"市场营销"的概念,然后回顾它作为一门学科的发展历史。本章将重点介绍文化艺术营销学的起源,探究它是如何从一个次级学科发展成为需要行业细分的主要学科的。

在本章第二节,我们将各类文化企业视作一个整体,考量它们在社会中的位置、艺术家在文化企业中所扮演的角色,以及文化产品在其中的作用和价值。然后,我们将细分不同的文化企业,更为确切地说,介绍文化产业与艺术部门的区别,并通过对传统市场营销模式和改良后的文化艺术营销模式进行比较分析,帮助我们更明确地进行这种行业细分。

最后,本章概述性地介绍了市场营销的各要素,为读者理解后文打下基础。

第一节 市场营销

一、市场营销的概念

市场营销旨在使企业与客户之间的关系最优化以及相互满意度最大化。

市场营销包含四大要素：客户的需求、客户需求的满意度、客户与企业之间的关系以及利润最优化。值得注意的是，最优化并不等同于最大化。"最大化"的过程是攫取一切收益的过程。而"最优化"却要求企业在寻求高额利润的同时，还要考虑企业组织或社会环境等因素——例如保证雇员的福利待遇、塑造良好的企业形象、满足客户的需求，或者融入当地社群等。

因此，无论是在商业或是文化行业里，无论是营利或是非营利，市场营销都是为企业组织服务的一种工具。企业管理者的职责就是使用这个工具去实现组织的目标。

与此同时，我们还需要注意：市场营销是一门科学，同时也是一门艺术。这其中有三个需要牢记的特征。

首先，由于市场是由人构成的，而人是天性复杂的生物，因此在市场营销中，没有什么绝对的是与非。市场营销的一个特点就是：管理者经常要在不确定的环境或在缺少所需信息的情况下工作。因此，他们除了依赖系统环境分析，还要更多地依赖自己的直觉。

其次，要想取得成功，管理者必须换位思考，必须将自己置身于顾客的位置进行判断。为了与目标群体达成共鸣，管理者必须了解顾客的想法和他们的决策过程。

最后，我们还需要知道，顾客往往会基于自己的感知做出决定。顾客对企业所传达出的信息或对所提供产品的感知，会形成他们心中所认为的"现实"。即使顾客的感知是错误的，他们仍会按照自己认为正确的（实则错误的）"现实"做出决定。

以上三个特征决定了市场营销的困难性。这就是为什么我们必须全面了解市场营销。

二、市场营销学的起源和发展

市场营销学的起源和发展,伴随着工业文明的兴起和商贸业的繁荣。

在19世纪,供给创造了需求。在那个时期,消费者的收入普遍不高,而制造商也无法大批量生产,无法满足当时社会的基本需求。因此,商品分销系统被两类人所主导:制造商和商店老板。批发商和各种中介机构则是联系这二者的纽带。这是一个绝对的卖方市场而非买方市场。

工业化进程极大地改变了这一情况。在20世纪初期,流水线生产模式降低了产品的制造成本,从而导致了工厂和商店的急速扩张。在某些行业里,企业开始集群发展。本土市场和国际市场的竞争都日益加剧。与此同时,许多依照成本定价的公司濒临破产。于是,制造商意识到,随着消费者的消费能力增长,他们不仅要满足消费者的物质需求,还要符合他们的品位和要求。"低价"不再是人们消费时所考虑的必要因素了。

经济学家率先对市场供给和市场需求的相关问题做出了反应,提出了"市场"和"需求"的概念。早期,市场营销学的概念很大程度上源自经济学理论。巴特尔斯(Bartels)在《营销思想史》(*The History of Marketing Thought*)[1]中提到,早在1910年前后,"市场营销"一词的意义就已经超出了"分销"和"贸易"的概念。直到20世纪20年代,有关市场营销学的研究论著和教科书才首次出版。那时,市面上其他的出版物大多是与零售、销售和广告技巧等相关的书籍。

到了50年代,人们的关注点开始从以产品销售为核心——恰当的推销可以提高产品销量的观点——转向以消费者为核心的市场营销观点。这一转变预示着现代市场营销学的形成。

1945年到1960年间,战后婴儿潮和激增的中产阶级激发了市场营销学者对这些潜在消费群体的研究兴趣。时至今日,这些消费人群仍拥有强大的购买力。为了更好地了解顾客群体,市场营销专家开始钻研诸如社会学和心理学等社会科学,以便理解个人和集体消费者的行为。在20世纪60年代期间,利用当时最新的定量研究方法和计算自动化方法,大量的研究数据被采集和生成。所以,尽管市场营销学最初诞生于经济学理论的摇篮之中,但随着不断的自我扩充和其他学科知识的引入,它最终成为一个独立的新学科。

到20世纪70年代,市场营销学开始从普适通用的大学科,逐渐分化出具有专业针对性的子学科,包括中小企业市场营销学、医院营销学、服务业营销学、非营利性组织营销学等。这一时期也是慈善营销学的萌芽阶段,此外,在此期间还进行了将营销概念整合进艺术部门的首次尝试。

在20世纪70年代早中期,艺术管理学科迅猛发展。1966年,耶鲁大学开设了艺术硕士(MFA)学位,被认为是世界上最早的艺术管理硕士课程。随后,许多大学,如英国城市大学(1967年)、俄罗斯圣彼得堡戏剧艺术学院(1968年)、加拿大约克大学(1969年)也相继开设了相关课程。在20世纪80年代,开设类似课程的学校达30所左右,而到20世纪90年代,该数字增长至100所。时至今日,全球开设艺术管理课程的学校已经超过了500所。[2]

第二节 文化和艺术

一、文化企业在社会中所处的地位

在谈及文化企业在社会中所处的地位时,我们首先要明确艺术家在文化企业中所处的地位。艺术家在任何文化企业中都起着关键性的作用,甚至所有的文化产品都取决于这一特殊的劳动力。可以说,没有艺术家,就没有文化企业。

"文化企业"这一概念有狭义与广义之分。狭义地看,文化企业是指那些负责生产和分销表演艺术产品(如戏剧、音乐、歌剧、舞蹈)和视觉艺术产品(如画廊、博物馆、图书馆内的展品或藏品,以及历史文化遗产)的企业。但是广义地看,文化企业的概念可以涵盖文化产业(如电影、唱片、出版、工艺品等)和传媒业(如广播、电视、报纸、期刊等)。尽管本书并没有将这类企业纳入研究范围,但也有很多学者将这些行业,乃至奢侈品行业等(如珠宝、手表、高档轿车、服装定制)都视作文化企业。[3]

我们中国的文化企业是指:以文化、艺术、传媒等业务及其相关服务为核心,主营业务为文化内容产业、新闻与文化传播、文化产品生产制造为主的企业(有限责任公司和股份责任公司),也包括有限责任公司形态的文化项目策划机构以及艺术工作室。

文化企业在社会中扮演着至关重要的角色。首先,由于艺术家的创作往往是植根于文化传统的,所以只要文化企业的产品能够反映该国人民的风俗习惯、价值观念、内部矛盾以及志向愿望,该企业就等同于反映了一个国家的文化特征。文化企业还通过艺术作品的内容(价值、倾向、禁忌)、作用方式(技术层面)、表现强度(一个城市所拥有的文化企业数量)、消费类型等方面反映社会的文化特性。

同时,文化企业也可以通过展示其他文化的现实情况,为不同社会、不同国家、不同文化之间的相互了解打开世界之窗。除此之外,文化企业还因其创造的就业岗位以及对国民生产总值(GNP)的贡献,成为推动各国经济发展的一大助力。

在中国,以剧院剧场为例,因为国有演出机构改制,民营演出机构持续发展。2013年民营演出团体演出场次是国有演出团体的2倍多。在北京,以儿童为主的民营剧场有31个,全年演出收入1.7亿元,占演出行业总收入的11%,平均上座率高达87%。

二、艺术家在文化企业中的角色

结合上文,显而易见,没有艺术家的企业是不能被称为文化企业的。对许多被界定在传统文化活动之外的文化产业来说,艺术家更是不可或缺的。以广告行业为例,广告制作中的很多灵感其实都来源于艺术家的创意。不仅如此,商业广告的制作过程还需要制作人、音乐家、演员、道具布景等各类艺术工作者的互相配合。然而,我们从电视、舞台或电影荧幕上仅能看到演员的劳动成果,却容易忽略其他艺术工作者的劳动。

▶▶▶ 案例1.1

杨丽萍与"映像文化"

2014年春晚,小彩旗"一转成名",杨丽萍及其公司也因此引起了大众的广泛关注。

作为一位艺术家,杨丽萍在艺术上的成就众所周知,有目共睹。媒体评价她的舞蹈纯净而优美,具有特殊的灵慧气质。

同时,她还是一位创作者、实践者。从2000年开始,她独立进行歌舞剧的创作和表演。2003年,她历经艰辛自主筹备、制作的大型原生态歌舞剧《云南印象》在昆明大会堂进行了首次公演,社会各界反响强烈。该剧获得了极大的成功,之后在全国各大城市及海外50多个国家和地区巡演。

同年,杨丽萍成立了"云南映象文化传播有限公司"(后改名为"杨丽萍文化传播公司"),并出任董事长。由此,她的身份除了是一位艺术家、创作者和实践者之外,还是文化企业的运营者。

她深知,要创作出优秀的作品,仅依靠艺术家自身的意志和苦苦坚持是远远不够的。所以,她成立了公司,积极寻找资本对艺术进行支持,追求文化价值和商业价值的双赢共存。

2006年,杨丽萍找到了一位合作伙伴帮助自己打理公司业务,并负责资本运作。2012年,杨丽萍的公司成功吸引了资本市场的注意和兴趣,并获得深圳创新投资集团3000万元的投资。自此,她带领着公司进入了新的发展阶段。

肩负多重身份的杨丽萍对艺术市场有着自己的了解,凭着多年的经验和对艺术市场的前瞻预测,杨丽萍领导公司多方向发展业务,打造自己的产业链,往舞台科技、影视制作、剧场运营、演员经纪等方面多向发展。

来源:北京大学艺术学院罗慧蕙撰写。

三、文化企业产品授权

文化企业具有两个显著特征:一是艺术家在其中占据着十分重要的地位,二是企业经营产品的过程也是一个创造性的过程。一般情况下,艺术创作行为是独立于企业或者组织的,尤其在视觉艺术或者文学领域,艺术家(文学家)往往习惯于独自工作。[4]但是,如果产品本身就是跨领域的,或企业同时生产制作多个差异较大的文化产品,那么文化企业则要承担不同的职能,包括产品设计、生产以及再生产、分销和保存等(图1.1)。并且,根据企业宗旨的不同,企业承担职能的种类数量也不同,可能承担一项或若干项职能,也可能会有多种职能组合方式。

在表演艺术行业,有一些戏剧公司自己创作、生产并且分销戏剧产品;但是也有一些公司则是依赖专业人士来分销它们创作生产的产品,例如巡演剧团。因此,一家文化企业可能仅负责某出戏剧的分销,而并不参与戏剧的创作或演出。这种模式在视觉艺术行业也很常见,如展览中心只负责展出作品,博物馆只负责收藏保存作品等。

文化产业也是如此。例如,电影制作公司开发并制作纪录片或者电视剧,而电视台负责播放这些剧集。类似地,拍摄故事片的电影公司往往会将电影分销权交给专业的分销商,让分销商在本土、本国以及国际市场上分销该电影。

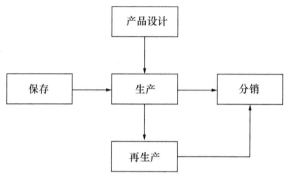

图 1.1 文化企业的职能

四、不同文化企业之间的区别

文化企业在规模、结构、所属领域和职能上各不相同。因此,我们很难概括性地将国有博物馆、出口海外的唱片公司和小型现代舞团混为一谈,尽管它们都是文化企业,但却无法一概而论。因此,根据特定的判断标准将文化企业分门别类,也许是最好的解决办法。

第一个判断标准与企业宗旨的方向相关,可以用两极分别是"产品导向"和"市场导向"的坐标轴表示。"产品导向"型的企业更关注自己的产品,将产品作为自己存在的理由。具体例子有:室内乐团、儿童戏剧节或者当代美术馆等。而在坐标轴的另一端的"市场导向"型企业,则更关注自己的市场。居于这二极之间,还存在着很多不同属性的企业。

第二个判断标准与艺术作品的生产方式相关。艺术作品的生产过程与建筑模型或原型的过程类似。没有秘诀配方或操作指南能够保证结果。因此,每个产品的创作过程中都具有一定的神秘色彩,无论是演出作品、绘画作品,还是雕塑作品。

此外,对于某些艺术门类和产品类型来说,例如电影、唱片和书籍等,为了同时能够制作大量的复制品,产品的原型则是专门为方便大规模生产而设计的。

任何需要被再生产的产品都必须有一个原始作品,例如手稿、母带、原型或模型等。具体的生产任务或再生产任务则可能被交给一家或几家公司来完成。第二个判断标准明确地区分了非再生产用的独一无二的产品与使用原型进行工业化生产的产品。

如图1.2所示,通过这两个不同的判断标准,我们可以将各种文化企业划分为四种类别。

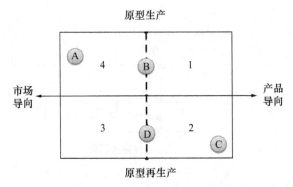

图1.2　市场营销与文化企业

图1.2中的第一象限代表了以产品为核心的企业,独特的产品或原型产品是它们赖以生存的原因。这些企业,作为一个整体,形成了我们所谓的"艺术部门"。一般情况下,第一象限中的企业主要是小型非营利性组织,但是也不排除存在其他企业组织形式的可能性。

在与第一象限相对的第三象限中,都是以市场为核心、进行产品再生产的企业。这些以盈利为目的的公司涵盖了文化产业中的大多数企业,包括制作商、广播公司和分销商等。

第二与第四象限代表着混合型企业。第四象限包含了例如制作《德古拉》和《歌剧魅影》的各种百老汇公司。尽管这些公司生产制作的是类似原型作品的独特剧作,但它们仍是以市场为核心的公司,属于文化产业范畴。第二象限专指那些以产品为核心却又大量生产复制品的企业。例如,不以出售为目的、印刷大量诗集的非营利性出版社就属于第二象限范畴。尽管这类企业被认为是文化产业,但其与艺术部门有更多的共同之处。

除了以上两个判断标准之外,还有两个判断标准——企业的法律地位和规模,也为区分文化产业和艺术部门提供了一些有价值的线索。

企业的法律地位往往能够帮助我们辨别该企业属于市场导向型还是产品导向型企业。当然,这仅是个一般规则,的确存有例外。以一家文化机构为例,该文化机构的宗旨是通过娱乐项目为困弱群体服务。该机构可以是以市场为核心的非营利性机构。以法律地位为判断标准,虽然无法区别该组织的所属行业,但是却能增加对文化机构的细节描述。

企业规模是最后一个判断标准。在文化产业中,跨国集团不在少数,但非营利性艺术部门却没有这种大型公司。在艺术部门里,一家公司的法律地位以及其最重要的企业宗旨,与"跨国企业"这一概念所暗示的扩张行为并不相符。因此,艺术部门中企业的平均规模远小于文化产业中企业的平均规模。

以上的系统分类方式将在后面的章节中被反复提及,因为文化艺术营销的方法仅对特定类型的企业适用,其他类型的企业则倾向于使用传统市场营销方法。在比较传统市场营销与文化艺术营销之间的区别时,我们都应该先全面客观地看待这两种营销方法。

第三节 文化艺术营销:定义

1967年,文化企业市场营销的问题首次为学术界正式提出。被誉为"现代营销学之父"的菲利普·科特勒教授(Philip Kotler)[5]指出:博物馆、音乐厅、公共图书馆或者是大学这样的文化机构都可以生产、创作文化产品或文艺作品,"所有的这些机构现在都意识到:它们不得不在吸引消费者的注意力和它们自己所共享的国家资源这两方面展开竞争。换句话说,它们同样都面临着市场营销的问题。"

第一批专门研究文化艺术营销的书籍随后出版,比如莫克瓦(Mokwa)[6]及其合作者所著的《艺术市场营销学》(*Marketing the Arts*)、梅利洛(Melillo)[7]的《艺术市场》(*Market the Art*)、迪格尔(Diggle)[8]的《艺术市场营销指南》(*Guide to Art Marketing*)以及芮斯(Reiss)[9]的《艺术管理手册》(*The Art Management Handbook*)等。这些书籍都聚焦于文化艺术的管理层面,很少有文字涉及文化艺术营销区别于传统市场营销的相关内容。

1980年,莫克瓦(Mokwa)提出:"(文化艺术)营销并非是让艺术家怎样去创造一件艺术品。相反,艺术营销的任务是将艺术家的创造和理解或表演传达给适宜的观众。"1986年,迪格尔认为"艺术营销的基本目的是将适宜数量的人,以适当的方式与艺术家进行沟通,并且在这个过程中达到与实现企业目标可相提并论的最好的经济收益"[10]。

迪格尔的这个定义明确地将艺术家和艺术产品放在了营销策略的最突出位置。他重点强调艺术家的作品与消费者之间的接触,他希望尽可能地让更多的顾客接触到艺术作品。文化艺术营销的目标并不是为了满足消费者的需求,也不是为了获得最大经济收益,而是要让消费者了解并欣赏艺术作品。据迪格尔所述,文化艺术营销的重点是分销和传播艺术作品并获得最佳经济收益。文化艺术营销的终极目标是艺术追求而非经济效益。与按照消费者的需求来创造产品的商业企业不同,艺术企业首先关心的是产品的创造,其次是寻找适合的客户。埃夫拉尔(Evrard)[11]将这种现象称为"供给营销(marketing the supply)"。

基于产品与市场交易过程中的满足理论,赫斯曼(Hirschman)划分出了三类细分市场[12](图1.3)。这三类市场是根据艺术家的创作取向和目标而划分的。第一类细分市场指的是艺术家或创作者。在这类市场中,创造力是自我导向型的,艺术家的目标仅仅是要满足自我表达的需要。第二类细分市场由艺术同行所组成,包括其他艺术家、评论家以及某个特定专业里的专业人士等,创造力是同行导向型的,艺术家希望得到特定某个行业的认可。第三类细分市场,即公众,可能被分为若干个子细分市场;因此,艺术家的创

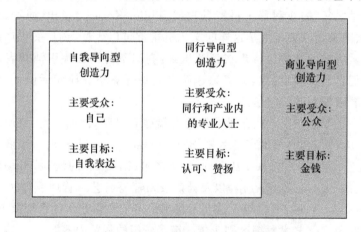

图 1.3　赫斯曼(Hirschman)的三个细分市场理论
来源:改编自 Hirschman, E. C. 1983. "Aesthetic, Ideologies and the Limits of the Marketing Concept." *Journal of Marketing*, Vol. 47 (Summer), p. 49。Use authorized by the American Marketing Association。

造力被认为是商业性的,或者说是市场导向型的。这种市场的首要目标通常是获得利润。艺术家们有时会抱着兼顾两类市场甚至所有市场的美好愿景进行创作,有时也会针对三个市场进行分别创作。在各种艺术创作的过程中,艺术家总是会获得不同程度的满足感。

每当作品创造源于艺术家自我导向型的创造力时,文化艺术营销就极大地区别于以市场为核心的传统市场营销。在这种情况下,营销应以产品为核心,文化企业必须找到能够欣赏该作品的消费者。

总的来说,我们可以将以上各种定义概括为:文化艺术营销是一门艺术,通过调整营销的各种变量(如价格、分销、传播等),找到对产品感兴趣的且合适的细分市场,从而最终实现文化企业的目标和使命。

第四节 市场营销模型

传统市场营销学通常会使用一些简化的模型来描述市场营销的运作过程。由于文化艺术市场的现实环境具有特殊性,所以对传统市场理论模型进行因地制宜的修改和调整是必不可少的。

一、传统的市场营销模型

传统市场营销模型建立在商业和工业的现实环境基础上,所有模型的组成部分都必须按一定顺序加以考虑,通常是从"市场"这个部分开始(图1.4)。传统市场营销理论认为,企业应努力满足消费者的既存需求,即已经存在的需求。企业利用市场信息系统所采集到的数据,对消费者的既存需求进行预估,并依据企业现有资源和企业使命,对企业现有能力和满足该需求所需的能力进行评估。然后,企业再调整市场营销组合中的四大要素,唤起潜在消费者对产品的需求。最后,企业还需要根据企业目标调整客户服务水平。传统市场营销模型的具体顺序如下:市场—信息系统—公司—市场营销组合—客户服务—市场。可见,市场在整个流程中既是开始也是结束,它的地位举足轻重。

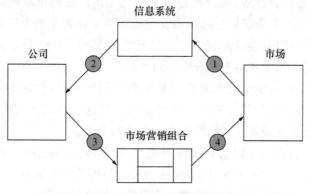

图 1.4　传统市场营销模型

二、文化艺术营销模型

尽管文化艺术营销模型所包含的组成部分与传统营销模型相同，但产品驱动型企业的营销流程是不同的。所以，传统的营销模型并不能恰当地反映文化艺术市场的现实环境。正如图 1.5 所示，文化艺术营销的过程始于文化企业的内部，始于产品本身，正同上文我们为文化艺术营销所下的定义一样，产品是文化企业的核心。这些企业要做的是去寻找那类最易于接受此类文化产品的细分市场。一旦识别出潜在顾客群体，企业将据此决定市场营销组合中的另外三个要素，即价格、地点和传播。对于这种文化企业，营销流程的顺序为：企业（产品）—信息系统—市场—信息系统—企业—市场营销组合—客户服务—市场。这一流程从"产品"开始，以"市场"结束。

这一模型同样适用于其他类型的企业。例如在工商业里，一个新产品的诞生，往往会促使企业去寻找新产品能够介入的市场。因此，在这种特殊的情况下，这些企业同文化艺术企业的营销流程一样，起点也是"公司和产品"。但是，两者的情况仍存在着些许不同。最主要的差异在于企业的目标：商业公司以利润最大化为目标，他们会放弃无法引起消费者兴趣的市场；而文化企业则以实现产品的艺术性为终极目标。可以说，比起经济利益，艺术上的成就对于文化企业更为重要。

正如我们前面所提到的，很多文化企业其实也是以市场为中心的，它们注重经济效益大过艺术价值。在这种情况下，传统的营销模型对它们而言反而会比较合适。

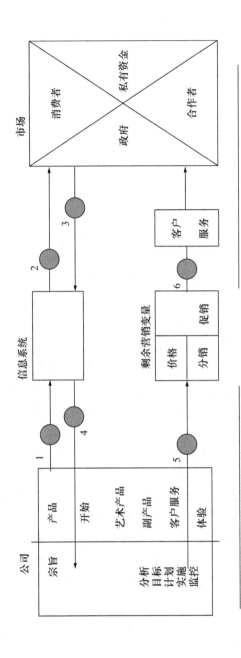

图 1.5 文化艺术营销模型

三、市场营销与文化企业

回顾第二节中的模型,我们不仅能区别艺术部门与文化产业,还可以清楚地分辨出适用文化艺术营销模型或传统市场营销模型的不同情境(详见图 1.2)。

图 1.2 中,象限三和象限四中的企业以市场为核心,更适用传统市场营销模型。而象限一和象限二中的企业,以产品为核心,更适用文化艺术营销模型。

除了这两种相反的情况外,企业也可能在两种营销方法之间不同程度地变换。例如,A 公司产品独特,但它是市场导向型企业,比如百老汇类型的演出公司。而 B 公司虽然会考虑市场因素,但不像 A 公司一样,完全以市场为导向。那么,B 公司是有别于象限一所代表的企业的。同样的道理,如果我们假设 C 公司和 D 公司都是进行艺术作品再生产的企业,C 公司是明确的产品导向型企业,而 D 公司不像 C 公司那么明确,从而,D 公司与象限三所代表的企业也有所不同。

以上这些例子揭示了三类不同的市场营销情况:

(1) 象限三和象限四所代表的企业适用传统市场营销模型;

(2) 象限一与象限二所代表的企业适用文化艺术营销模型;

(3) 诸如上文中所提及的 B 公司与 D 公司,则需要将传统市场营销模型与文化艺术营销模型相结合,并且根据消费者的偏好对产品进行调整。

值得注意的是,产品驱动型企业也会在某些特定运营情况下使用传统的市场营销模型。例如,为了寻求赞助,一些文化企业会用传统营销的思路,来向赞助商证明自己是一个很好的推广平台。因此,文化企业需努力满足赞助商的需求。同样地,从满足消费者需求的角度,产品驱动型企业也会为了获取利润而生产衍生产品。但在非营利性艺术部门中,无论是针对行家还是普通消费者,以产品为导向的市场营销模型则更为有效(Voss 和 Voss[13],2000;Harrison[14],2009)。同理,纯粹以市场为导向的营销模型也并不一定适合那些以盈利为目的的文化企业,这与市场导向优先的其他行业相反。[15]

第五节　市场营销模型的组成部分

一、市场

市场由表达对产品、服务或者观念的"渴求"和"需要"的各种经济体(比如消费者或者赞助商)所构成。因此,"需要"和"渴求"的概念是市场营销的奠基石,也是市场营销策略的关键。

▶▶▶ 案例 1.2

新加坡彭魔剧团

在短短两年的时间里,新加坡的彭魔剧团就生产了两部特色鲜明的音乐剧:《光猪六壮士》(*The Full Monty*)和《春之觉醒》(*Spring Awakening*),以及两部戏剧《情迷》(*Closer*)和《商人的选择》(*Dealer's Choice*)。《光猪六壮士》和《商人的选择》获得一致好评,同时被六项剧院大奖提名,包括"最佳制作奖"("Production of the Year"),并且创造了当季的票房神话。

彭魔剧团是由 Adrian 和 Tracie 这一对夫妻搭档于 2010 年创办的。创办的缘由是为了实现理想,为了能承办演出自己喜爱的舞台剧(这在当时是被其他戏剧公司所规避的)。在创立伊始,他们就确定了以现有英文剧目为核心的高质量的内容制作方向。

首部戏剧《光猪六壮士》的成功,建立了彭魔剧团的公信力;电影版《光猪六壮士》的流行,以及媒体对 Adrian 离开国家广播公司的报道(过去十年 Adrian 是一名电视演员)提升了作品的知名度。《光猪六壮士》成了彭魔剧团的金字招牌,并且帮彭魔剧团赢得了 2011 年的全年赞助。

与其他的企业不同,彭魔剧团并没有制定任何的营销战略计划。这是 Adrian 和 Tracie 共同所做的决定,因为他们不愿意被市场分类。剧团四部作品都有着明确的、尽管有些黑暗的故事情节。正如 Adrian 所说:"我们所有的剧目都聚焦在受损的关系上。"因此,彭魔剧团发展出一个"左"倾但却流行的剧团品牌,被认为类似于电影界中的独立电影。

以不妥协的艺术视角为出发点,彭魔剧团吸引了大量且多样的观众,包括那些之前从来没有看过新加坡舞台剧的观众。一旦确定了艺术视角,一切就都自然而然地步入了正轨。

来源：新加坡管理大学（Singapore Management University）副教授庄马克（Mark Chong）撰写。

因此，经济体表达自己的需要，而企业通过生产和提供合适的产品（或服务）来满足这些需要。商业组织会在设计产品之前就进行市场调查。而文化企业则会根据现有产品来寻找可能接受这类产品的消费者。他们可能是个人消费者，也可能是某个组织机构，还可以是政府（并延伸至行业评委会的同行）、私有资金部门（艺术赞助人、基金、赞助商）以及合作伙伴（分销中介、联合制作人、分销伙伴或承办者、媒体等）。而"需要"和"渴求"，因其具有强烈的主观性，所以无法轻易对它们进行定义。

通过购买产品或服务，顾客创造了经济学家所谓的"需求"，即给定市场内所有经济体获取的产品或服务的总和。

根据消费者具体品位和需要的不同，市场又可以被细分。商业企业或组织在设计产品的时候，通常将顾客放在首位，产品被特意打造以满足潜在顾客的需要。企业因此通过与众不同的市场定位实现差异化，从而避免与其他同类企业竞争。相较于市场内的其他竞争者，有明确优势的企业能够巩固自己的市场地位。文化企业通过辨别细分市场的特性，可以推断该市场中的消费者对本企业产品的接受程度。在私有资金资助市场中，个人捐助者被认为与其他资助者不同，因为他们每个人的需要、渴求以及目标都不一样。

二、环境

一家企业的市场营销策略并不是凭空捏造的，许多外部限制因素影响着市场和企业本身。环境因素，包括公司环境和市场环境，由两个持续影响整个组织机构的因素所组成：竞争（对企业来说具有可控性）和宏观环境变量（也被称为"不可控变量"）。

竞争往往被人们称作半可控变量。尽管竞争者策略不直接受制于本企业，但企业可以根据竞争者的策略做出相应的回应。例如，为了应对竞争对手，企业可以降低产品价格，或者加大对营销和广告的投入。这样说来，企业并不存在类似于面对宏观环境变量时的无力感。

宏观环境变量或者不可控变量是另外一种能够持续影响企业的因素。

企业只能不断调整自身以适应环境的变化,而无法作用于环境本身。

宏观环境变量可以被细化为五个主要部分,分别是:人口统计环境、文化环境、经济环境、政治法律环境和科学技术环境。第三章将详细说明这些变量。

三、市场信息系统

市场信息系统的建立依赖于三个主要因素:内部数据、由私人公司或政府机构公布的二手数据以及企业自己收集的数据。

"内部数据"是指企业内部所有现有可用的数据。公司内部的会计系统不仅能支持企业财务分析,还可以为市场营销专家提供其他方面的信息支持。

"二手数据"是指那些由公共机构发布的数据,比如国家统计局、艺术委员会、文化部门等,以及一些私人调研机构发布的数据。"二手数据"还可以指从其他来源(如互联网)所获得的数据。

二手数据的收集往往始于正式市场研究开始之前。这是为了确保研究的实用性,以防有人已经做过类似的研究或者调查。

如果现有的内部数据和二手数据不能提供决策过程中所需的信息,那么研究者需要着手进行一手资料的收集,即直接从消费者处获得信息,这往往被称为市场调研。市场调研的目的可以是了解消费者的购买习惯、品位和偏好,也可以是调查消费者对于某项营销手段的反应。

四、市场营销组合

所有的市场营销策略都包含以下四个部分:价格(price)、产品(product)、位置(place)和传播(communication),这四个部分构成了市场营销组合。成功的市场营销依赖于这四大要素的巧妙平衡。无论一个产品的价格有多低、营销网络有多强、沟通手段多有力,都不可能促使消费者去购买一个他们完全不想要的东西。同样,产品品质优异,但因传播策略的失误而造成定价错误或分销数量不足,也有可能导致消费者不购买该产品或者购买不到该产品。以上四要素是所有市场营销策略的基础,而所有企业都试图通过这四个要素的有机结合以达成协同效应。所谓协同效应,是指所有要素结合起来所发挥的效果,大于单个要素所发挥效果的简单总和。

尽管这四大要素构成一个整体，但在定义它们的时候，我们需要谨记一个逻辑顺序。在商业领域中，市场营销人员需要先了解产品本身，然后才能进行定价或确定分销形式。同样地，对传播策略的制定也要依赖于对于产品、价格、销售渠道的了解。当然，这只是企业最初的策略制定顺序，随着时间的推移，企业或者组织机构可以通过实践经验对原本的营销策略进行调整。

市场营销组合的要素可以被认为是市场营销中的"可控变量"，市场竞争是"半可控变量"，宏观环境是"不可控变量"。

通过对可控变量的掌握和优化，从而把不可控变量的负面影响最小化，或者利用可控变量获取杠杆效应，是所有企业的重要议题。

产品

产品生产永远是企业的重点。对文化企业来说，产品尤为重要，产品是任一营销活动的起点。

在本书中，"产品"一词采用的是广义概念，包括有形产品、服务或理念等。"产品"可以是任何创意行为的产物，例如演出、节日活动、展览、CD、书籍或者电视节目等。

"产品"一词，除了包括艺术产品，还包含三个额外元素：副产品、客户服务和艺术作品的受众体验，这些将在第二章和第四章中被详细阐述。

价格

每个产品都有价格，价格指的是产品的货币价值。此外，价格还包含消费产品的其他成本（如交通、食宿、幼儿托管等），消费者购买产品所要付出的精力、时间，以及由产品缺货引起的感知风险。因此，即使是"免费"的产品也是有价格的。

产品的价格并不一定与其制作成本或价值成比例。例如，电影票的价格与电影的制作成本毫无关系。事实上，产品的独特性、名气和象征价值可能会提高消费者愿意为此付出的价格。例如，一件艺术品可以卖出非常高的价格，但与其创作成本毫无关联。

因此，一件产品的最合适的价格，正是消费者所愿意支付的最高价格。基于这一价格，企业可以制定自己的营销策略。

▶▶▶ 案例 1.3

北京湖广会馆：精确的市场定位

北京湖广会馆成立于1807年，是湖南、湖北两省人士为联络乡谊而创建的同乡会馆。二百多年来，湖广会馆是北京地区唯一由同乡会馆演变而来的京剧剧场。1996年4月，湖广会馆建筑修复完成，保存了原始的会馆建筑风格，并从此开启了推广中国戏曲文化的序幕。

作为一座因推广传统中国文化而出名的会馆，北京湖广会馆吸引了来自世界各地的游览者。每晚6:30到7:30是会馆演出传统中国戏曲的固定时段，戏曲被同时翻译成英语以供外国游客欣赏。

在1996年，湖广会馆开业当年，正值公众对京剧的热情不断高涨之时，为了更多的人能够欣赏到戏曲，湖广会馆的管理者将晚间场的戏曲节目的时间段改为晚7:15到10:00。尽管这个变化取悦了很多中国本地观众，但对于外国观众来说，近三个小时的演出却很容易让他们感到疲惫。鉴于中外观众的这种区别，管理者再次改变了他们的营销策略。自1997年以来，晚间场的戏曲节目被改作外国观众专场，上演那些具有大量打斗和动作元素的戏曲剧目，并且节目时长被控制在一小时之内；此外，湖广会馆还积极与诸多旅行社合作，将晚间场的戏曲节目变成了企业的主要收益来源。

湖广会馆针对中国戏曲的死忠"粉丝"群体设计了每周六的"赓扬集"活动，将众多的梨园名角与业余爱好者集聚一堂，帮助他们互相交流。而这一活动的票价往往很便宜（大概10元到25元），如果购买月票的话，每场赓扬集活动的票价则仅需8元。

此外，湖广会馆茶楼还为顾客提供了一个优雅温暖的环境，除了提供各类优质中国茶饮之外，还供应各式中国菜品和家常菜品。会馆还为各类影视拍摄、会议活动和传统中国婚礼提供场地。

来源：北京大学艺术学院教授、国家对外文化交流研究基地执行主任林一撰写。

分销

分销由几个要素所组成，包括分销渠道、实物分销和商业区位。所有的分销网络（或渠道）都需要被管理，这意味着分销网络中所有的关系都需要被监控，尤其是艺术家、生产者、分销商之间的关系。实物分销包括产品分销、组织巡演、书籍从出版商输送至终端消费者或将电影分销至电影院等过程中所涉及的全部物流。最后，区位的重要性体现在它直接决定了企业产品销售的成败。因此，不仅书店、电影院、展厅、博物馆，甚至传统行业中的企业在选择所在地的时候都需要慎之又慎。

传播

传播是企业在考量市场营销组合要素中的最后一步。在设计并实施传播活动之前，企业必须熟知产品的特性、价格、区位等因素。此外，还必须了解目标消费者的特性，以及对其最有说服力的销售话术。

由于消费者往往会同时接触到广告、传播和营销等活动，因此这三个概念经常被混淆。其实，这些概念是有一定层次关系的：市场营销包括传播，而传播包含四大组成要素：广告、个人销售、促销和公共关系。

五、客户服务

在激烈的竞争环境中，良好的客户服务是基础。无论是在何种行业，消费者对客户服务的需求都在逐渐增加。无用的雇员或者糟糕的服务造成令人失望的体验，将导致受众对产品失去兴趣，这是再好的营销手段也挽回不了的损失。因此，要以客户服务的视角来审视营销组合的每个要素，以便获得消费者的肯定。

六、两个影响因素

除上文提及的几个要素之外，另外两个变量的作用也不容忽视，即时间和文化企业的特性。

时间

文化企业所在的环境瞬息万变。市场营销的状况、经济体、消费者的品位和需求日新月异。宏观环境变量可能被更改，竞争方式也可能发生变化。一个出色的市场营销策略可能在数年，甚至数月之后被淘汰，因此营销人员必须实时更新策略。时间对于文化企业的发展来说非常重要，企业目标及市场营销策略也需要不断变化。因此，市场营销应该被认为是一个进化过程，根据环境和企业自身目标的变化，营销策略需要被阶段性地回顾和调整。

文化企业的特性

每个企业都具有独一无二的特性。对于 A 企业来说非常有效的营销策略对于 B 来说可能会毫无作用。因为每家企业的产品和市场份额都是不一样的。企业形象也是千差万别。因此,试图将一家企业的营销策略照搬至另一家企业的做法是极具风险的。然而,在某些情况下,竞争对手的营销手段可能会激发文化企业的灵感。许多小型企业成功效仿竞争对手的产品和营销策略,从而节约了市场调研成本。但是,很少有企业会照搬照抄竞争对手的策略。

七、文化企业与市场营销管理

市场营销决策必须与文化企业的宗旨和目标相符,并且还要考虑企业的人力、财力以及技术资源。

文化企业的市场营销管理过程可以被分为以下五个步骤:分析、设定目标、计划、实施与监控。首先,市场营销人员须了解相关市场情况、企业目标以及现有资源,以用来分析企业目前的状况。这种分析可以使营销人员制定一个与企业现状相符的营销目标。在计划阶段,市场营销人员既要关注策略层面(如产品定位、竞争者的预期反应、合适的分销渠道等),也要注重实际操作(如销售人员会议,在合适的时间地点发放广告材料等)。

营销计划的实施需要相关所有部门、团体的通力配合。例如,生产部门确保可用资源;财政部门确保可用资金;人事部门预防人员短缺。营销策略一旦得以确定,企业高管则必须更新运营方案。监控使得企业能够将项目的结果与最初的目标设定进行对比,并且在必要的时候通过改进措施来弥补差异。

八、各要素之间的关联性

尽管市场营销模型中各要素都是被单独介绍的,但它们彼此间是相互关联的。事实上,它们构成了一个内部互相影响的整体。

市场经理必须熟知市场以及影响市场的诸多变量。他们必须精确地确认消费者的需要,测量消费者对特定某种产品的需求水平和需求发展趋势,并且将整体市场细分为各子市场,以便在竞争中占据优势。他们还必须研究宏观环境中的不同变量。各种不同形式的竞争也可能影响产品销售。人口分布、文化、经济、法律法规和科技会持续地作用于宏观环境并且影响整个游戏规则。因此,市场营销人员须尽可能地利用信息系统以便了解掌握市场情况并及时调整市场营销组合中的各个要素。

第六节　市场营销的道德准则

随着消费者商业道德意识的提高,企业必须有一套行为准则,并将准则落实到企业内每个成员身上。在文化领域,伦理问题更加敏感和重要,这不仅指商业上的伦理概念,更包括广义上的伦理道德。

近年频发的财务丑闻以及大量的牵涉欺诈或者道德问题的消费者投诉使得美国市场营销协会(American Marketing Association)建立了一套综合性的道德行为准则。在加拿大,许多广告从业人员也遵循着加拿大广告标准委员会(Advertising Standards Canada)的有关行为规范。[16]

市场营销道德规范涵盖市场营销组合中的所有变量。产品必须安全、定价必须公正,并且营销人员不得参与操纵价格。分销商、生产商和零售商不得以个人职权谋私利;广告不得存在虚假、误导或者欺骗的内容。最后,所有的消费者都需要被平等对待并且接受同等质量的服务。

▶▶▶ 案例 1.4

米兰私家博物馆(Villa Necchi Campiglio/FAI Fondo per l'ambiente italiano)

如何让一个文化景点既吸引本地人又吸引游客?

意大利环境保护基金会(FAI)所面临的问题不是遗迹的保护,而是如何吸引游客。因此,景区的定位是十分重要的,而且与该定位有关的服务和活动也必不可少。

FAI所管辖的其中一个遗迹是Villa Necchi Campiglio,这座由Necchi姐妹捐赠的别墅位于米兰市中心的一个公园里。

别墅是由著名建筑师Piero Portluppi于1932年到1935年间,为Greta Necchi和Nedda Necchi姐妹及姐夫Angelo Campiglio所设计并建造的。

Necchi 姐妹是 Necchi 品牌缝纫机公司的所有者。她们虽然家境优渥却也与时俱进、勤奋工作。这些特征在别墅的整体建筑和内部装修上可见一斑。这座别墅中还有两批重要的艺术藏品，分别是：由 130 多幅世界名画（其中包括 Canaletto 和 Tiepolo 的作品）组成的 de'Micheli Collection 藏品系列和由 20 世纪 44 幅意大利名作组成的 Claudia Gian Ferrari Collection 藏品系列。这些作品与别墅内的装修相得益彰。

与其他 FAI 下属的产业一样，Villa Necchi Campiglio 也已经修复完毕并向公众开放。该别墅属于米兰博物馆的一部分，其他一些由私人住宅改造为博物馆的有 Poldi Pezzoli Museum，Bagatti Valsecchi Museum 和 Casa-Museo Boschi Di Stefano 等。事实上，Villa Necchi Campiglio 并不是体验米兰城市风光的必经之地。

在 Villa Necchi Campiglio 别墅的花园里不仅有游泳池和网球场，还坐落着一个咖啡吧和一个酒吧，这里不仅是游客的必去之地，还是当地人午餐和晚餐的首选之地。

通过将部分地下室和阁楼转变为接待室，别墅成了举办活动的圣地。此外，别墅还购置了很多现代电子设备以便扩展别墅的用途。FAI 的赞助商会议以及许多对外开放的组织活动都是在此举行的。

这些活动不仅吸引了资源进驻，也增进了别墅与当地人之间的关系，使其与当地的居民和城市环境融为一体。例如，在 Salone Internazionale del Mobile 的商品交易会活动中，包括 Fuorisalone 在内的各种活动、一系列展览和不同其他活动吸引了很多当地人、游客，以及大量的设计师、商人和品牌领导人进入别墅进行参观。

如今，FAI 已经在这座别墅里举办过建筑师、设计师、绘画艺术家等人创作的各种作品展览。它还为那些想重新诠释家具和环境的年轻设计师举办工作坊。正是因为这些活动，这座别墅已经变成了商品交易会中最受追捧的场馆之一。

FAI 和这座别墅在未来可能会面临着过度开发的问题，Villa Necchi Campiglio 应该首先是一个历史遗迹，并且优先为会议提供场馆。如何在活动举办与别墅本质定位之间找到平衡，是一个很重要的议题。

来源：参见 http://www.fondoambiente.it，安东内拉·卡鲁，意大利博科尼大学商学院市场营销学教授。

乌镇：从观光+度假小镇到文化+旅游小镇

在浙江省嘉兴市桐乡，有这样一个小镇，拥有着千年的文化底蕴和独特的江南风情，是我国江浙的旅游热地——乌镇。乌镇于1999年至2012年间着手开发旅游业，相继开发了东、西栅景区。东栅景区是典型的古镇旅游模式，拥有古街和老宅，古街两旁是售卖手工产品和特产的店铺；游客在导游的带领下走马观花般地游览，无法深入体会古镇独有的风情与内涵。作为古镇的统一商业模式，乌镇的东栅景区与其他古镇一样，缺乏其独特性和差异性。吸取了东栅景区的发展经验，在开发西栅景区时，乌镇通过回收房屋产权、统一集中化管理建设、翻修替代重建、保护古迹与特色、鼓励店铺及产品差异化发展等管理模式将乌镇打造成为著名的旅游及度假小镇。在保留乌镇非物质文化遗产的同时用现代化创新经营模式为其注入新鲜血液，赋予乌镇年轻的发展活力。

2013年，一项特殊的节庆活动在这里举办——来自国内外的戏剧大师和艺术界、文化界人士汇聚在这里，众多戏剧表演艺术家及慕名而来的"戏迷"欢聚在此，让小镇沉浸在浓浓的艺术气息之中，更使这里成为"一房难求"的旅游度假首选胜地。而问其缘起，只因"乌镇戏剧节"在此落户扎根。

乌镇戏剧节的举办有利于提升景区知名度，吸引各地戏剧爱好者前来观赏，而乌镇亦可以借助此次机会很好地宣传自身文化型度假景区的形象，提升景区品质，吸引更多高端消费人群。戏剧节的举行和大剧院的开演或将使乌镇旅游进入一个全新的时期。

随着游客对艺术与文化需求的提升和乌镇特有的文化底蕴与地域特性，文化乌镇股份有限公司与极具影响力的戏剧界人士一起打造了"乌镇戏剧节"。作为交通闭塞、远离繁华都市的旅游小镇，封闭的环境恰好为戏剧节的发展提供了天时地利的环境。综览国际文化盛事，不难发现享有盛名的戛纳国际电影节、爱丁堡戏剧节等的举办地都是小镇。戏剧的价值在慢节奏、细品味的环境中逐渐被凸显放大。戏剧体裁的多样性和票价的高弹性为游客和戏剧艺术爱好者提供了更多选择。

2013年首届乌镇戏剧节，赖声川的《如梦之梦》在首演一周内演出3场，场场爆满，八百多个座位座无虚席。观众观剧的自觉、高质量的演出以及剧场的独特性和近距离的互动性不仅为观众和演员在共创场域中提供了独一无二的体验，更是为戏剧从业者推广高雅艺术提供了信心。

乌镇戏剧节如今已成功举办四届，这一具有开拓性的创新让乌镇看到了未来发展的多种可能性。因为戏剧节强大的社会影响力，养老项目和影城项目也陆续进驻乌镇。今天的乌镇正凭借自身的优势，通过整合文化、旅游、生态、养生养老、戏剧影视等多种元素，实现宽领域多产业的跨界融合发展。在未来几年，乌镇将借势乌镇戏剧节，向打造国际一流风情小镇迈进，成为世界级文化艺术交流集结地。

来源:北京大学艺术学院刘义菡撰写。

小　结

文化企业在社会中扮演着重要的角色。它们的产品或者活动往往源自艺术创造行为。因此,艺术家在文化企业中的作用不容小觑,他们存在于文化企业生产、创作和传播的每个阶段中。

文化企业有很多种,我们可以将其分为两大类:艺术部门和文化产业。

此外,我们也可以通过企业的主要目标,将文化企业分为市场导向型和产品导向型,并通过产品的本质,将文化企业分为原创型或批量生产型。企业导向显然会影响它们的规模甚至法律地位。

文化艺术营销主要针对的是艺术部门里的企业,其次是文化产业中一些以产品为核心的企业。对于其他类型的文化艺术企业,传统市场营销方法更为合适。

对于艺术部门的企业来说,传统营销模型并不适用于它们。尽管营销的要素并无不同,但其排列组合的顺序却大相径庭。在文化艺术营销中,产品不仅仅是市场营销组合中的一个简单变量,因为不论市场需求如何变化,产品都是文化艺术企业的核心所在。

作为一个从管理学领域延伸并划分出来的专业,市场营销学形成于20世纪初。至今为止,市场营销理论融合了许多其他学科的知识,成为一个新学科。市场营销理论持续扩展并且在一些特殊行业的应用逐渐增加,文化艺术营销也是如此。

总的来说,市场营销必须被看作是一系列有规划地将企业与消费者联系在一起的活动。市场的五个要素包括市场、市场信息系统、企业、市场营销组合和客户服务。其中,市场营销组合包含四个变量,即产品、价格、分销和传播。

问　题

1. 我们所说的"利润最优化"意味着什么?
2. 简述市场营销的历史。

3. 什么是"卖方市场"？

4. 为什么说艺术家是企业市场营销策略的奠基石？

5. 区分艺术部门和文化产业的四条判断标准是什么？

6. 传统市场营销与文化艺术营销的区别？传统市场营销与文化产业市场营销的区别？

7. 根据赫斯曼的理论，艺术家本体是如何形成一个细分市场的？

8. 请分别举例：艺术部门内市场导向型的公司和文化产业内产品导向型的公司。

9. 为什么人们经常混淆市场营销和广告？

10. 我们为什么说市场营销组合中四个要素为"可控变量"？

11. 我们为什么在文化产业市场营销模型中将产品和企业同等看待？

12. 为什么说竞争是"半可控变量"？

注 释

1. Bartels, R. 1976. *The History of Marketing Thought*, 2nd ed. Columbus, Ohio: Grid.

2. Evrard, Y., and F. Colbert. 2000. "Arts Management: A New Discipline Entering the Millennium?" *International Journal of Arts Management*, Vol. 2, No. 2 (Winter), pp. 4—13.

3. Slavich, B., R. Cappetta and S. Salvemini. 2011. "Can Italian Haute Cuisine Become a Beal Industry? Some Lessons From the Near-by Cultural Industries." In Proceedings of the 11th International Conference on Arts and Cultural Management, Antwerp: Universiteit Antwerpen, Belgium, 3—6 July.

4. O'Reilly, D. 2005. "The Marketing/Creativity Interface: A Case Study of a Visual Artist." *International Journal of Non Profit and Voluntary Sector Marketing*, Vol. 10, pp. 263—274 (November).

5. Kotler, P. 1967. *Marketing Management: Analysis, Planning and Control*. Englewood Cliffs, New Jersey: Prentice-Hall.

6. Mokwa, M. P., W. M. Dawson and E. A. Prieve. 1980. *Marketing the Arts*. New York: Praeger.

7. Melillo J. V. 1983. *Market the Arts*. New York: Foundation for the Extension and Development of the American Professional Theater.

8. Diggle, K. 1986. *Guide to Arts Marketing: The Principles and Practice of Marketing as They Apply to the Arts*. London: Rhinegold.

9. Reiss, A. H. 1974. *The Arts Management Handbook*, 2nd ed. New York: Law-Arts Publishers (1st ed. 1979).

10. Diggle, K. 1986. *Guide to Arts Marketing: The Principles and Practice of Marketing as They Apply to the Arts*. London: Rhinegold.

11. Evrard, Y. 1991. "Culture et marketing: incompatibilité ou réconciliation?" In Proceedings of the First International Conference on Arts Management, F. Colbert and C. Mitchell, end. Montreal: Chaire de gestion des arts, HEC Montréal (August), pp. 37—50.

12. Hirschman, E. C. 1983. "Aesthetics, Ideologies and the Limits of the Marketing Concept." *Journal of Marketing*, Vol. 47 (Summer), pp. 40—55.

13. Voss, G., and Z. Voss. 2000. "Strategic Orientation and Firm Performance in an Artistic Environment." *Journal of Marketing*, Vol. 64 (January), pp. 67—83.

14. Harrison, P. 2009. "Evaluating Artistic Work: Balancing Competing Perspectives." *Consumption Markets & Culture*, Vol. 12, No. 3, (September), pp. 265—274.

15. Gebhardt, G., G. Carpenter and J. Sherry. 2006. "Creating a Market Orientation: A Longitudinal, Multi-Firm, Grounded Analysis of Cultural Transformation." *Journal of Marketing*, Vol. 70, No. 4, pp. 37—55.

16. Adstandards. com. 2017. *The Canadian Code of Advertising Standards*. [online]Available at: http://www.adstandards.com/en/standards/the Code.aspx[Accessed 3 Nov. 2017].

扩展阅读

Agid, P., and J. C. Tarondeau. 2003. "Manager les activités culturelles." Revue française de gestion, Vol. 29, No. 142, January/February, pp. 103—112.

Bendixen, P. 2000. "Skills and Roles: An Essay on Concepts of Modern Arts Management." *International Journal of Arts Management*, Vol. 2, No. 3 (Spring), pp. 4—13.

Botti, S. 2000. "What Role for Marketing the Arts? An Analysis of Art Consumption and Artistic Value." *International Journal of Arts Management*, Vol. 2, No. 3 (Spring), pp. 14—27.

第二章
CHAPTER 2

文化艺术产品

教学目标
- 定义"文化产品"
- 归纳文化产品的主要特征
- 解释文化艺术领域的新产品的开发过程
- 理解文化组织所面临的危机
- 探索产品生命周期理论并讨论它的局限
- 将产品生命周期理论应用到文化产品领域

>> 引言

产品是文化企业的根本,是文化企业市场策略制订的基础。在本章的第一节,我们从不同角度看待文化产品,提出文化产品的定义,并讨论文化产品的特点。

在第二节,通过研究文化产品的设计方式,我们梳理了新产品的特殊种类,以及文化企业在这种不断发展的环境下所面临的危机。

在第三节和第四节,我们引入管理产品的重要理论:产品生命周期理论。它基于市场和企业环境的发展趋势,对产品在不同阶段的发展状况进行描述,从而使营销人员能够据此规划出不同的企业生存策略。

第一节　文化产品

一、定义"文化产品"

为了制定有效的市场营销策略，企业需要考虑并且采纳顾客的视角和意见，也就是说将自己置于顾客的位置进行思考(in the customer's shoes)。对于产品变量，这一点尤为重要。如果我们采用营销人员的视角，我们可能会将产品定义为"顾客所感知到的一系列利益的集合"。

一个产品可以从技术维度或象征价值等方面被描述，但归根结底，顾客所购买的是一系列利益的集合，无论是现实的还是想象虚拟的。顾客根据自己的需求和目前可供使用的资源，为获取产品付出金钱和精力。

这一消费者行为同样适用于文化产品。读者并不是为了一叠印刷有文字的纸张而去购买图书，他们是为了通过阅读获取知识和乐趣。音乐爱好者所购买的也不仅仅是一张纽约爱乐乐团演奏会的门票，而是独自或与同伴一起享受一个美好夜晚的愿景。电视对观看者来说也不单纯是一种电器设施，它更多意味着一天辛苦工作之后的愉悦和休闲时光。同样的，赞助商为表演艺术公司提供资助不是为了完成一项艺术活动，而是为了寻求推广，比如通过演出或节庆接触到更多的消费者；而赞助商对表演艺术公司的选择，与二者联合之后的感知利益有关。其他文化艺术市场中的经济体也是同样的情况。

二、产品的组成要素

产品的概念牵涉许多对顾客来说非常重要的因素。大多数的产品包含的主要要素如下：

（1）核心产品或者产品本身；
（2）与产品相关的服务；
（3）产品附加价值，包括象征价值、情感价值或者其他。

购买一辆汽车，顾客不仅获得了一种交通工具（核心产品），同时得到了与之相关的服务（例如保修单和服务合同等）。当然，还有象征价值，比如声望、权力或是对梦想的实现。

消费者选择特定某个品牌或产品的原因可能多种多样。再次以汽车为例。有些人纯粹依靠技术标准（如油耗）来选择汽车。换句话说，即取决于核心产品。有些人则依据与产品相关的服务来进行选择，如保修政策和售后维护服务计划。还有人会以汽车品牌突显的社会地位为依据来挑选汽车。有时，象征价值会成为促使人们做出购买决定的主要原因。

三、文化产品及其特点

与普通产品相比，文化产品除了一些细微的差异之外，还往往具有以下几大特点。

文化产品的组成要素

尽管艺术家始终占据文化产品的中心地位，但除此之外，文化产品往往包含以下四大要素：艺术产品本身、副产品、相关服务和消费者的产品体验（包括消费者赋予文化产品的价值）。艺术产品是核心产品，它是由一个或者一群创作者所创造的。文化企业通过将消费者与艺术产品或者生产活动联系，从而对产品进行市场营销。围绕着核心产品要素，还有三个其他要素，即副产品、相关服务和消费者体验（包括产品附加价值）。在一些组织里，艺术总监会将这三种要素综合考虑并结合到自己的作品中，以便做出决策（这是纯粹的产品导向）。在其他一些企业里，艺术总监可能并不考虑这三种要素，而是留给市场总监自行判断。

例如，有些人参加蒙特利尔国际爵士音乐节是为了观看某一场特定表演（艺术或核心产品），而有些人则是为了现场气氛（消费者体验）。对于必须在两场同时演出的剧院中择一参加的消费者来说，如果两场演出都是自己所期待观看的，那么他们可能会依赖一些其他要素进行选择，例如哪家剧院提供停车位；或是哪个场馆有酒吧，他们可以在开演前或演出后喝上一杯（相关服务）。

但无论在何种情况下，消费者的决策都取决于他们可能获得的利益，无论该利益是与艺术（或核心）产品相关，还是与相关服务、消费体验或象征价值相关。

▶▶▶ **案例 2.1**

中 间 剧 场

中间剧场位于北京市海淀区杏石口路中间艺术园区,被称为"北京西边第一家民营剧场"。整片中间建筑区力图打造京西文化艺术中心圈,而中间剧场正是艺术区的核心机构。但与其他集中在城中心商圈的艺术机构不同,西边这样看似偏僻的地带没有给中间剧场带来有利的地理位置的优势,反而让不便的交通和较远的距离成为限制观众前来消费的关键因素。

一般而言,一个剧场的辐射范围为10—15公里,充当着社区的中心。而在现实中,剧场的选址却让大部分有效观众群体超出了剧场的影响范围。相比于城中心的人艺、蓬蒿剧场或繁星戏剧村等剧院,这些机构均位于北京三环内核心商业地带,对于周边潜在观众的吸引力与影响力远比中间剧场大得多。

但距离在艺术爱好者的眼中似乎并不构成很大的阻碍,中间剧场艺术总监王林认为,在艺术界要始终相信"文艺青年不怕远"这句话,中间剧场正是以其自身独特的艺术定位和作品选择,吸引了大批文艺青年前来朝圣。中间剧场的与众不同之处在于对上演剧目的选择,这里舞台上的话剧大都是国外院团当下热门话剧或者优秀剧团的原创先锋剧目,艺术总监每年都会前往阿维尼翁或者爱丁堡戏剧节亲自选择适合中间剧场艺术口味的话剧并且引进,有时也会聘请知名导演和院团自制戏剧,例如2013年与荷兰导演合作的话剧《凡·高自传》,力图给观众呈现独一无二的戏剧观赏体验。这些优质剧目是在中间剧场以外的剧院看不到的。此外,中间剧场配备了国内顶级的电影设备和舒适的观影环境,并举办大量电影放映、"NT Live"和电影学术交流活动,为戏剧影视爱好者打造了绝佳的浸泡式观影氛围,例如2015年北京电影节期间在这里放映了克林莱特的《爱在三部曲》,吸引了全国各地影迷不远千里赶火车前来观看,足以见得中间剧场艺术选择的独特魅力。在今后的发展中,中间剧场会不断积极促进剧目表演类型和电影放映类型的多样化,为观众提供尽可能多的观影选择,并且逐渐培养出具有特定审美取向的观众,在扩大观众数量的同时,提升自身戏剧创造力和影响力,以支撑中间剧场形成固定风格。

来源:北京大学艺术学院侯思源撰写。

文化产品:一种复杂产品

产品的复杂性和产品本身的特性与消费者的特征和消费者对产品的感知有关。有一些产品之所以被认为是复杂的,是因为其技术规格复杂,消费者仅仅是熟悉这一产品特征就需要耗费大量的精力。例如,一位无经验的首次购买个人电脑的顾客面临着电脑操作技术的复杂性;这位购买者可能产生与购买电脑相关的情绪负担。再比如,人们在购买汽车之前往往会多方打听寻求意见,因为他们需要别人的意见来帮自己消除情绪的复杂性。这种复杂性并不会出现在所有商品的购买环节,只有在购买"复杂产品"的时候,人们才会面临这种问题。然而,当购买类似常见日用品时,消费者会自动选择,这类产品被称为"简单产品"。

几乎所有的文化产品都是复杂产品,尤其是当该产品需要特定的知识才能理解时,或该产品是依赖抽象概念而进行的创作,需要消费者具有理解该概念的能力时,会显得更为复杂。当消费者不熟悉某种文化产品的时候(或缺乏参考资料),复杂性就会变得格外突出。

当然,文化产品中也有一些不那么复杂的产品,例如那些依据人尽皆知的刻板印象而创作出的作品或是因具体概念而创作出的作品。这类产品往往被贴上"流行"标签。与经典剧目或者先锋作品对比,流行音乐或者动作电影,可能被认为是简单产品。

▶▶▶ 案例 2.2

赫尔维蒂公园:一场身临其境的互动展览

背景介绍

随着技术的发展,越来越多的博物馆可以为参观者提供互动式和沉浸式的展览。参观者可以亲身沉浸于某种特殊的博物馆气氛中,有时甚至可以参与到展览创作当中。因此,在产品和宣传方面,对新技术的使用成了区别不同博物馆的最佳方式。

展示

在 2010 年和 2011 年,瑞士纳沙泰尔民族志博物馆、瑞士文化基金委员会与赫尔维蒂公园共同举办了一场展览,展览区域涵盖博物馆到游乐场,展示了瑞士不同"文化"概念的共性和特性(趋同和异化)。在这个展览中,参观者被引入一片由十一组装置构成的露天游乐场中,包括旋转木马、射击

场、预言师小屋、过山车等。(www. Helvetia-park.ch)

定位

这一沉浸式展览的设计兼顾了个体博物馆爱好者和家庭参观者的需求。小孩子可以享受游乐园的设施及其带来的乐趣，这是这一展览的表层意义，而成年人则可以通过反映文化多面性的整个场景布置——灯光、声音、机器人、幻觉以及低劣的艺术品等，感受展览背后所蕴含的讽刺和隐喻。展览场地内的货架上摆满了各种各样的不合时宜的、标新立异的产品。例如，旋转木马唤起人们对季节循环及其永恒性的深思；一辆幽灵火车带领人们再次经过那些曾在瑞士引发了激烈辩论的文化事件。博物馆技术突出了文化是通过日常不断构建并且加深的这一事实，文化并非是神圣的、不变的、约束性的事物。

互动特征

参观者在买票时会获得一小杯名为"heidis"的硬币，他们可以用"heidis"硬币激活各个摊位的功能，有时甚至能在老虎机中赢得更多的硬币。不过游乐园中的硬币用法非同寻常。例如，在 Telldorado 射击场中，人们射中目标后，将获得一段与欣赏品位和社会分层有关的语音评述。在 Culture Crash 项目中，尽管有灵巧操作的远程控制，但小型摩托车会无休止地相互碰撞，这暗喻着文化在不同地区和领域间的不断冲突与转化。

结果

赫尔维蒂公园以高度原创、沉浸式的博物馆科技设计出的这场展览，让很多游客有时会迷失方向，他们不得不在黑暗的环境下找到自己的出路，尤其在幽灵火车项目中。公众对这场展览的评论，尤其写在参观留言簿中的评论，都非常积极。主流媒体将这场展览称为一场富有娱乐性并且不过度精英化的展览。正因为如此，继 Neuchatel 之后，这个展览还相继在 Aarau 和 Bellinzone 展出，并取得良好收效。

来源：瑞士汝拉地区管理学院（Haute Ecole de Gestion Arc Neuchatel Business School）教授弗朗索瓦·H.库瓦西耶（Francois H. Courvoisier）撰写。

文化产品：一种特殊产品

现存的营销理论对产品的划分多种多样。我们在这里采纳一种被广泛认可的分类方法，即按照消费者在购买过程中所消耗的精力来分，将所有的产品分为便利品(convenience good)、选购品(shopping good)和特殊品(specialty good)。

便利品是指那些消费者需要经常购买的消耗品,因此便利品往往不具有品牌忠诚度。例如,人们日常购买的牛奶、面包、黄油等产品品牌很容易被其他品牌所取代,因为无论哪个品牌的产品都相差无几。所以,在这种情况下,人们往往会将购买的便捷性置于产品选择的首要位置。

选购品是指那些具有较复杂的消费决策过程的产品。在购买选购品时,消费者往往会进行多项对比,并最终决定选择购买哪种产品。例如在购买衣服的时候,大部分的消费者会对不同产品的风格、颜色、材质进行对比,并最终决定购买。

对特殊品的购买,指消费者已准备好为购买某个产品或特定品牌付出大量精力。如果无法得到所需产品,他们也不会接受其他品牌产品,并且他们甚至愿意专程前往销售该产品的地方购买心仪的产品。

文化产品往往属于最后一类,即特殊产品。为了观看一场演出(或者电影)、购买一张碟片,消费者往往愿意付出大量的时间和精力。不管是提前买票、花费数个小时排队还是花费巨额旅费到达遥远的活动场馆,文化产品的消费者都甘之如饴。

当然,文化产品中也有一些可以被归类为选购品。例如,在购买书籍的过程中,消费者可能会在书店四处浏览,找寻适合自己情绪的书。比如该消费者想买一本小说,在最终确定选择购买哪一本小说之前,他会迅速翻阅畅销书或阅读书封面上的简介,以便自己找到最感兴趣的一本。

文化产品:服务特征

很多文化产品都具有界定服务企业的四个特征,即无形性(intangibility)、易逝性(perishability)、同时性(simultaneity)和环境维度(circumstance dimension)。[1]例如,在表演艺术行业、电影院以及博物馆展览中(图1.2中的第一象限和第四象限),消费者并不是购买了一种有形的、可以带回家的商品,他们所购买的产品是无形的。文化产品的易逝性表现在:人们不可能储存一场演出或者复制自己曾经的博物馆体验。文化产品的消费和购买是同步进行的,尽管可以提前预订门票,但是消费者不能先获得产品,然后再消费产品(购买服装却可以)。最后,一场表演的质量会根据当下的条件(环境维度)而进行改变。以上四个特点都需要文化企业职员的参与,因为他们直接接触顾客,能够影响顾客的体验和满意程度。电话接线员、售票员、引路员、保安和门卫等人员都会影响文化产品质量和顾客体验,因为他们都是在产品传递服务过程中起到重要作用的人员。这部分会在第四章"消费者行为"中重点讲述。

四、品牌

对于大多数企业来说,品牌是它们市场营销策略的一个重点。消费者通过识别不同品牌及品牌背后所蕴含的意义来区别不同的产品。品牌可以是一个名字或符号(设计),正如米老鼠的耳朵形状代表了迪士尼一样。

所有的文化企业都有自己的品牌或者商标,尽管有时候品牌只不过是一个企业的名称而已。一个知名企业的名字会在顾客(或者捐赠者)的心里留下独特的印象,而这种印象则会与企业的产品直接挂钩。例如,尽管有些人从没去过米兰斯卡拉歌剧院或纽约现代艺术博物馆,他们也会觉得这两个机构的名字和理念耳熟能详。消费者认为这些场馆是具有个性的,它是著名的或是时髦的,而消费者可能会希望通过参观场馆,将自己的形象与其中一种个性形象相关联。[2]

一个强大的品牌不仅能吸引顾客,还能建立自己的特许经营事项,创造出一条有自己特色的产业链。例如,古根海姆艺术馆就因为艺术馆本身的品牌知名度而闻名世界,借助于自身品牌的强势,古根海姆在威尼斯、柏林、毕尔巴鄂等地都建立了挂有"古根海姆"名字的特许经营博物馆。[3]

可见,品牌可以帮助一个企业的产品从同类产品中脱颖而出,或是使企业从市场竞争中脱离开来。品牌集中体现了一个企业能够为顾客带来的利益,同时也代表着对顾客期望的反馈。例如,席琳·迪翁的"粉丝"在购买专辑时,明确地知道自己期待的是什么。此外,品牌也能够为消费者带来便利。例如,禾林(Harlequin)的读者不需要在发现和购买小说方面花费太多精力,因为他们相信禾林公司出版的作品是优秀的,因此他们只需要购买禾林的产品就够了。在这个过程中,读者可以用最小的成本保证自己选择的正确性和有效性。最后,无论人们是否有意为之,品牌都可以成为一类人群的标志,正如人们选购衣服品牌一样。

品牌的特征

品牌往往被认为具有以下五大特征:

（1）品质认知度（perceived quality）：不同的市场和细分市场，就算没有消费过某品牌，但也会对该品牌产品质量有所感知。

（2）品牌知名度（name awareness）：越耳熟能详的品牌，其竞争力越强。

（3）品牌忠诚度或者满意度（customer loyalty or satisfaction）：对品牌的忠诚度可以通过消费者的重复购买率和订购率得知。

（4）品牌联想度（association with relevant elements）。例如，人们可以通过博物馆内展品的品质来识别博物馆品牌。

（5）品牌的有形或者无形资产。例如，悉尼歌剧院的建筑形态是它的品牌营销的一个重要因素，可以说，是建筑形状的独特性让悉尼歌剧院变得举世闻名；而且，这一建筑形状还被澳大利亚旅游局用作澳大利亚的典型象征符号加以推广。[4]

▶▶▶ 案例2.3

禾林公司：出版与品牌营销

禾林有限公司是一家建立于20世纪50年代的加拿大出版商。它每月出版的各类书籍多达110种，其中囊括了27种语言，发行范围覆盖六大洲的95个国家。公司的签约作者达1300多人。在2004年，公司产品销售量达到1.3亿元。

禾林始终坚持品牌营销。它们的品牌定位与时下各国读者的诉求不谋而合。它为读者提供大量浪漫的故事情节（无论是传统风格的、悬疑的还是惊险奇幻风格的），它的子品牌覆盖各个领域，并且每个子品牌都始终坚持自己的定位。它的子品牌包括 Harlequin Books，MIRA Books，Red Dress Ink，LUNA Books，HQN Books，Steeple Hill Books，Steeple Hill Café。在2003年，禾林旗下有12本书被评为《纽约时报》年度最受欢迎的图书。

http://www.eharlequin.com
来源：加拿大蒙特利尔商学院（HEC Montréal）副教授乔安·布吕内（Johanne Brunet）撰写。

只有当某品牌在以上五方面都做得很好的时候，它才会成为一个具有高度商业价值的强劲品牌。文化消费领域则更是如此，文化产品大多属于特殊产品，而消费者对特殊产品的选购会更大程度上依赖品牌的效应。

五、客户服务

尽管市场营销组合中其他变量也很重要,但我们需要着重强调一下客户服务的重要性。顾客从消费文化产品过程中所获得的满足感,与消费者从与企业之间的关系中所获得的满足感是不一样的。糟糕的客户服务能够影响,甚至摧毁一次良好的艺术欣赏体验,这会导致消费者的满意度下降,并最终损害品牌的形象。

当然,不同的消费者对于客户服务质量的反应也不相同。例如,在一定程度上,一个知识丰富的艺术行家对一场展览的满意度并不会受到客户服务质量的过多影响,而初学者或者业余者则恰恰相反。值得注意的是,即使那些最忠诚的顾客,在遭受重复性的糟糕客户服务时,也会对该品牌丧失信心。[5]

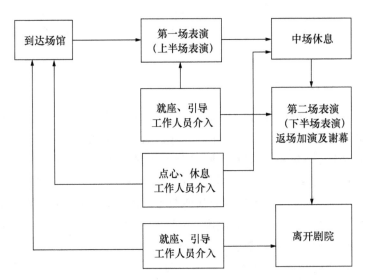

图 2.1 组织服务的过程图

来源:Hume, M., G. S. Mort, P. W. Liesh and Winzar. 2006. "Understanding Service Experience in Non-Profit Performing Arts: Implications for Operations and Service Management." *Journal of Operations Management*, Vol. 24, pp. 304—304。

我们可以将文化消费的过程分为三个阶段,分别是:与艺术作品的前期接触活动、欣赏艺术作品,以及消费后的反馈(参见图 2.1)。

第一阶段：艺术作品前期接触

消费者对演出或展览的体验，其实早在演出之前或与艺术作品接触之前就已经开始了。顾客的态度在到达场馆之前就已经受到了各类因素的影响：例如在买票期间与场馆工作人员的接触，接收到与艺术活动有关的信息是否明确，活动举办地点的交通、停车、物品存放、人员进出是否便利，售票点、场馆附近是否有酒吧、咖啡店或者餐厅，人流量大小等。这些因素都会影响消费者的心态，从而提高或者降低他们对文化产品的评价。

第二阶段：欣赏艺术作品

企业可以通过一些手段控制、强化消费者在艺术作品的观赏过程中的体验，这些手段包括提高座椅的舒适程度、提高声光电效果的质量、保持场馆内部的温度适宜等。但有一些因素是管理者难以掌控的：例如，其他顾客的行为、观赏者的情绪、艺术家在台上的发挥，以及观赏者欣赏艺术作品的能力等。

第三阶段：消费过后的反馈

我们在第一阶段所提到的一些影响因素，例如物品存放服务等，同样会在这一阶段起作用。除此之外，还有一些因素也同样重要，例如人们离开场馆时的便捷性、停车区域的便捷性，以及主办方对投诉的处理方式等。

客户服务的主要目的是让消费者在与企业的接触过程中得到最好的体验，并且通过这种体验满足他们的预期期望。[6]品质优良的客户服务可以帮助企业避免竞争并且建立顾客忠诚度；事实上，吸引一个新的消费者的成本远高于维持现有消费者的消费忠诚度的成本。

对文化企业来说，分析和了解客户群的期望是非常重要的。客户对企业的首要期望是可靠性。除此之外，企业的应答性、易接近性、速度、员工能力、礼貌和尊重、细心、建议、同感能力、顾客认可程度（普遍情况下）、判断力和保密性、灵活性和适应性、便捷性和公平性等也非常重要。

一个真正关心客户且高效运转的文化企业会研究自己与顾客的"关键时刻"（moments of truth），即消费者通过电话、网络接触企业的时刻，或是在购票处、书店、取款处接触企业的时刻，或是投诉企业的时刻。通过分析这些接触点（或关键时刻），文化企业才得以找到提高顾客满意度的方法。

在这个过程中,企业会将自己置于文化消费者的位置以便了解他们的期望。例如,迪士尼的管理者会安排工作人员亲自排队买票,并测试体验每个设施,以便衡量迪士尼参观者的消费者体验——这是企业衡量客户服务的最简单的方式。需要再次强调的是,在通常情况下,客户与文化企业的接触只有一次,而这种接触是建立在一线工作人员的服务之上的,即接待员、收银员、售票员、引座员等。而这类接触则会直接导致客户做出是否购买的决定。顾客满意度在文化企业的另外三个市场中也同样重要。

第二节 文化艺术新产品开发[*]

在 2009 年,全世界共产出 7193 部电影。[7] 根据联合国教科文组织的统计,最高产的五个国家分别为印度(17.9%,1288 部)、尼日利亚(13.7%,987 部)、美国(9.6%,694 部)、中国(6.6%,475 部)和日本(6.2%,448 部)。百老汇在 2008 年上演的音乐剧有 38 部,2009 年 47 部,2010 年 41 部,2011 年 42 部。[8] 在伦敦,一个周末可能至少有 152 场与艺术相关的活动同时在博物馆或画廊举办。[9]

以上这些数据表明,无论是在艺术部门还是文化产业中的企业,它们都非常看重创新。[10] 对于这些企业来说,创新性投入和(决定企业最终收益但难以捉摸的)客户偏好是开发新产品的基础。[11] "因为对于消费者的需求和品位的预测是非常困难的,所以文化产品的过度生产问题将会持续发生,并且产品也会持续多样化。"[12] 本节内容将着重分析新产品开发(New Product Development,NPD)过程中的几个重点问题。

一、艺术创新频谱(The innovativeness spectrum)

当前,市场中存在着大量的文化产品,但并非所有的产品都是同等新奇的。为了区别文化艺术产品创新的程度,我们将安索夫的"产品—市场矩阵"改编以适应艺术部门(表 2.1)。这个模型根据产品在生产企业和目标市场中新鲜度的不同,将所有的文化产品进行分类;这种分类方式与创新型学者的创新性频谱有关,模型的两端分别代表"革新式新产品"和"渐进式新产

---

[*] 作者:玛丽亚奇亚拉·雷斯图恰(Mariachiara Restuccia)。

品"。

在横轴的一端,是那些革新式新产品,这些产品不仅对于企业来说,甚至对于整个市场来说,都是极具创新的。这类产品的典型代表案例是 2011 年诺贝尔文学奖得主托马斯·特兰斯特勒默(Tomas Transtromer)撰写的诗集《悲伤的贡多拉》(*The Sorrow Gondola*)的成功出版,以及由法裔加拿大剧作家罗伯特·勒帕吉(Robert Lepage)编导的多媒体舞台剧 *Lipsynch* 的全球首映。在横轴的另一端,是那些渐进式新产品。这些产品的创新性可能仅仅是对一个特定的组织而言——而非整个市场。这类产品的代表案例包括塞万提斯《堂吉·诃德》的平装版的出版,以及莎士比亚的《仲夏夜之梦》的旧作翻新等。许多由文化艺术公司推出的新产品,相较于它们在市场和企业内的新颖程度,可以被归为处于革新式新产品和渐进式新产品之间的产品。

表 2.1 艺术创新频谱

革新式			渐进式
世界范围的创新	市场范围的创新	企业内部的创新	企业内部的创新
新剧目全球首演	新剧目地区性首演	当代剧目的创作	经典剧目的改编

来源:Voss, G. B., and Z. G. Voss. 2000. "Strategic Orientation and Firm Performance in an Artistic Environment." *Journal of Marketing*, Vol. 64, No. 1(January), pp. 67—83. (表格经过改编自文中第 72 页的文字内容。)

二、新产品开发的风险

除产品新颖程度不同之外,文化企业在开发新产品的过程中所涉及的风险类型和风险水平也不同。[13] 每个新产品都承担着市场接受度风险和财务风险。首先,风险可能来自市场对新产品接受度的不确定性:市场接受度低可能会解释为产品进入市场可能性低,以及市场对产品可能有不良的反馈评论。其次,由较低市场接受度导致的低收益可能会引发企业的财务危机,这在那些高研发成本的产品上显得尤为突出。因此,可以说,新产品开发的风险不同,与上文我们所探讨过的新产品的分类有关。

从一方面来看,企业范围内的创新——例如经典的、流行的或者熟悉的产品的创新,风险较小,因为这些产品在一定程度上已经为人所知并且与当前市场中的标准产品相差无几。从另一个方面讲,在世界范围内的创新产品却往往面临财务和艺术性的双重挑战。因为这些产品的开发往往涉及巨大的资金投入,并且由于其具有艺术上的独创性,人们对这类产品的消费,倾向于观望和谨慎购买。因此,开发高创新型新产品的文化企业必须更多地依赖政府补助或其他形式的资助,以降低财务风险和减少开发新产品对企业长期生存能力的影响。

有些生产者、分销商和表演艺术机构,试图通过向潜在消费者提供几个不同新产品的整体订阅服务来削弱这些风险。企业向消费者销售一个"已经证实"的产品——企业本身,而不是分别销售单独的产品,通过这种方式来减少消费者的感知风险;在这种情况下企业本身就变成了"品牌"。因此,观众在消费莫里哀的《无病呻吟》《蝴蝶夫人》和《贝多芬第四交响乐》的时候,其实是在消费法兰西喜剧院、蒙特利尔歌剧院和纽约爱乐乐团。在文化产业领域,企业通过自身声誉的光芒,影响消费者对新产品的感知。例如,加拿大的儿童出版社 Les Editions de la courte echelle 在推出新书的时候,十分依赖自身的声誉优势,它希望消费者能够将从书中获得的良好体验移情到公司本身,并最终成为公司的忠实客户。

在企业层面,另一种用来化解这种风险的方法是组合管理,即综合考虑企业的整体产品,而非单独考虑正在开发的单个产品(或项目)。[14] 事实上,尽管一些艺术机构会在某一个时间段内仅专注于一件艺术产品的开发,但大部分的企业都会在一个"季度"(season)内开发并提供多种产品。在文化企业中,"季度"的概念与产品组合的概念等同。例如,在 2011—2012 季度,纽约大都会歌剧院上演了由威廉·克里斯蒂(William Christie)和杰里米·萨姆(Jeremy Sams)创作的新歌剧《迷幻岛》以及其他几部经典歌剧剧目,例如贾科莫·普契尼的《托斯卡》和《波希米亚人》等作品。通过开发这样的产品组合(高风险的世界范围内的创新产品和较安全的企业内部创新产品的组合),艺术机构能够平衡整体风险。

三、文化艺术领域的新产品开发过程(NPD)

在产品个体的层面,企业可以通过正式化的 NPD 过程来减少风险,如罗勃特·库珀(Robert Cooper)的门径管理系统模型(Stage-Gate System)(图 2.2)。这个模型将产品开发过程描述为一系列的阶段活动(或者步骤)、相关的里程碑以及"进行/不进行(go/no go)"决策(关卡)。由于产品在开发的过程中所需要的资金支持是步步递增的,所以这个模型能够帮助企业尽早地精确地找到应被放弃的产品,从而达到为企业节约开支的目的。标准化NPD模型早已被应用到高科技产品开发、非营利性企业产品开发等各个领域。

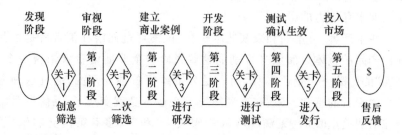

第0阶段—发现:新机会的发现和新产品理念的诞生

第一阶段—审视:一种低成本地对项目可行性和预期效果的评估

第二阶段—建立商业案例:这一步至关重要,一定程度上决定了项目的成败。在综合考虑技术、市场营销和商业可行性等各项标准后,我们可以得到一个合适的案例,这个案例包含三项组成要素:产品或者项目的定义、项目的必要性以及项目的计划

第三阶段—开发:在这一步里,项目计划被付诸实施。产品的设计方案被提出,加工制造和实际操作的规范明确化,营销和营销方案被完善,并且,与产品测试有关的计划也会在这一阶段被确定

第四阶段—测试与确认生效:这一阶段的目的是为了确定整个项目的有效性,确认产品本身、生产和制造的过程、顾客接受程度以及项目的经济效益

第五阶段—投入市场:产品被完全商业化,将产品完全地投入生产和投向市场

图2.2 SGS产品创新的门径管理系统

来源:http://www.prod-dev.com/stage-gate.php。(Use authorized by the Product Development Institute)

无论是图书出版、电影还是音乐,正如文化领域中不断涌现的新产品一样,文化企业往往专注于对新产品的开发。基于各种企业的主要着重点不同,文化企业可以制作或者购买准备推广上市的新文化产品。"制作"是指企业内部开发的新产品(生产型剧院),"购买"是指企业从外部购买文化产品、演出权或者剧本等(展示型剧院)。然而,除了每家企业都有"制作"或"购买"的选择之外,文化艺术企业的NPD过程会根据市场需求的重要程度和企业原型生产的不同而发生变化。

文化产业领域的NPD过程

总的来说,文化产业中的企业(图1.2里的象限三)往往结构清晰并且部门职能分工明确,企业内通常会有一个专门的部门或者人员负责新产品的开发(如电影或者图书)或者招募新的艺术家。一般说来,这些企业会在发展过程的伊始就将市场需求纳入考虑重点。事实上,对销量和消费者接受程度的预期是NPD过程中最重要的一个部分[15],尤其在新产品投入市场之前的前测环节。消费者测试已经被娱乐产业广泛应用,如Market Cast[16]就为企业提供特定的市场调研服务,以便确定受众最能接受的电影结局。巴西肥皂剧是另一个有关消费者接受度如何决定新文化产品发展的案例。如Rede Globo de Televisao等巴西肥皂剧的制片方和广播商,它们会持续关注观众对于情节和角色的反馈。根据这种大范围的持续性监控,原剧本的作者会不断调整剧本情节以适应肥皂剧的走向。[17]

艺术部门的NPD过程

在艺术领域的企业(图1.2里的象限一),它们所开发的新产品往往是原型产品。因此,整个开发流程的目标是打造一个独一无二的作品,比如雕塑、绘画、装置艺术、音乐会都是由于其独一无二性而被人认可的。这类产品的开发过程往往漫长且复杂,并且整个过程的主要目标是艺术性而非商业化。因此,艺术企业的新产品开发过程通常更为复杂。一方面,正规的NPD模型被认为不适用于艺术部门,因为艺术目标和创意生产过程很难受制于正规管控机制,如Stage-Gate模型。此外,精细的研发过程对于大多数的艺术企业来说,是非常陌生的。当然,有一部分企业非常强调产品的艺术性而非商业性,它们致力于通过创作有高度创造性的产品来开拓市场,但它们大多依赖政府资助才得以存活。

另一方面,得益于一些开发过程中的活动是可被重复的,所以NPD模型可以应艺术行业的需求而被改进。事实上,每个新产品都可以作为一个独立项目被单独管理。尽管新产品开发涉及高度创造性,但是很多开发活动都可以被标准化和重复操作。在所有的NPD改良模型中,Crealey提出了专门适用于表演艺术行业的NPD模型①(详见图2.3)。

---

① Crealey, M. 2003, "Applying New Product Development Models to the Performing Arts." *International Journal of Arts Management*, Vol. 5, No. 3 (Spring), p. 29.
Reproduction rights obtained from IJAM Editor.

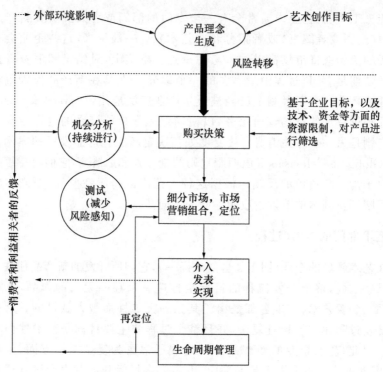

图 2.3　表演艺术行业新产品开发过程

▶▶▶ 案例 2.4

电视产业的先锋产品

据统计,在 2005 年,美国的电视产业中用于开发先锋节目的资金高达 3.65 亿美元。每年,成百上千的项目提案被递交到主要的播出平台(TV network)(或者是制作公司)中,但其中只有 30 个左右的提案会被选中,而最终被付诸实施的只有 15 个左右。一个一小时的先锋电视剧节目的最高成本有时可以高达 400 万美元,一个半小时的情景喜剧的成本则大约为 200 万美元。如果一个先锋节目不能被播出平台选中,那么制片方将不得不承担所有开发成本。在资金紧缩的情况下,广播公司几乎很少会自己开发先锋产品。

来源:加拿大蒙特利尔商学院(HEC Montréal)副教授乔安·布吕内(Johanne Brunet)撰写。

艺术部门NPD过程的开端是创意阶段（creative stage）（如剧本创作），该阶段被某些外部因素和创作者价值结构中的创造力所共同支配（参见赫斯曼的创造力分类：自我导向型、同行导向型和商业导向型，图1.3）。在购买决策阶段（purchase-decision stage），原本由创作者承担的风险被转移至购买这部作品的表演艺术企业上。企业的购买决策基于企业目标、技术资源和财务资源。在购买行为之后，表演艺术企业需要兼顾市场开发（例如，市场细分、市场营销组合和定位等）和实际作品生产。而作品生产又牵涉到许多活动（如阅读剧本、排练预演等）和一些人力资源：导演、演员、技术人员、服装师、灯光师等。研讨会和带妆彩排被认为是检验表演艺术产品的最终效果的一个标尺，但由这种检验形式引发的改变往往只涉及一些表面的因素（如舞台设计、演员的声音声效等），表演艺术产品的核心价值不会因此受到影响。首演是检验表演艺术企业前期工作的"关键时刻"，艺术企业往往会从艺术性和市场营销两个维度对节目的首演做出万全准备。值得注意的是，本模型还包括了客户和利益相关者的意见反馈形式。

产品生命周期管理的重要性

　　对于那些身处艺术部门和文化产业中的企业来说，有效的产品生命周期管理是非常重要的。事实上，由于很多艺术产品都是原型产品（如，雕塑、装置艺术等）并且有着有限的寿命（如，一场展览或者演出通常只会持续一段时间），因此对产品进行生命周期的管理将有利于企业的可持续发展。一般来说，因为原型产品的开发和生产成本较高，所以产品生命周期管理可以通过扩大受众范围来提高产品收益和维持企业的持续发展。与生命周期相关的理论将在第三节被详细说明。

▲ **拓展阅读2.1**

新产品开发的艺术教学

　　我们在前文已经讨论过如何将现有的、非艺术性的、商业化的NPD模型应用于艺术领域。与此同时，艺术部门也成为非艺术性、商业化的企业追求高创造性NPD的实践指导和灵感来源。

　　其一，爵士乐即兴创作[18]已经成为那些在竞争激烈的商业环境中需要平衡规范与灵活性的NPD项目的隐喻。在爵士乐的即兴创作中，艺术家通常兼具技术手段和音乐剧目知识；这种共通背景为即兴创作提供了潜在可行范围。事实上，关于责任分工、优先顺序和流程的事先界定，可以让参与即兴创作的艺术家对他们需要创作的音乐有一个大致的了解。

其二,莱恩哈特、斯坦尼拉夫斯基和布鲁克等知名导演执导的戏剧作品所采用的戏剧制作方法,启发了NPD项目的阶段模型。[19]对戏剧作品的调查从剧本选择开始直至首次公演。而整个模型的核心基础是项目(戏剧)、领导者(导演)和涉及演出的工作人员(演员)之间的相互配合,且新产品的发行(如戏剧的首演)是关键的激励目标。

第三节　产品生命周期

一、产品生命周期理论

产品的生命周期理论源于一个概念,即所有的东西,无论是人还是产品,都有生老病死的过程。正如羽管笔和墨水池、留声机或者电唱机一样,总有些产品是在已经停产或者消失之后才为人所知的(尽管电唱机曾经由于一些铁杆"粉丝"的追捧而复兴过一段时间)。所有这些产品都被一些更易用、更高效、更能满足市场需求的产品所替代。

简而言之,产品的生命周期理论是随着消费者需求的多变性和科技的不断进步而产生的。消费者的品位和科技水平是两个相互关联、相互影响的因素,它们通常会延长产品的生命周期。

产品的生命周期由以下四个阶段组成:引入期、成长期、成熟期和衰退期。尽管我们很难断言一个产品在当前所处的确切阶段,但每个阶段都有一些特点可供我们参考、比对。图2.4就是一个典型的生命周期曲线图。

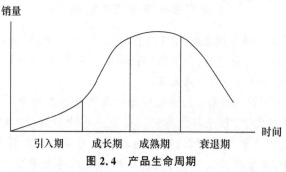

图2.4　产品生命周期

▲ 拓展阅读 2.2

十种不同的产品生命周期曲线

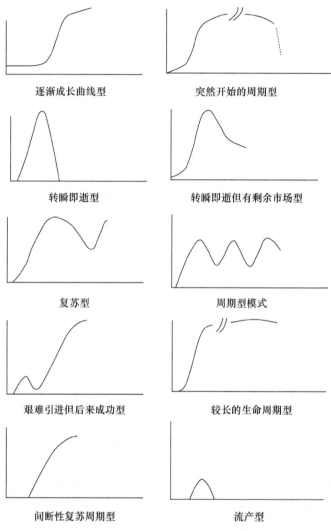

逐渐成长曲线型　　　　　突然开始的周期型

转瞬即逝型　　　　　　转瞬即逝但有剩余市场型

复苏型　　　　　　　　周期型模式

艰难引进但后来成功型　　较长的生命周期型

间断性复苏周期型　　　　流产型

来源：Dussart，C. 1986. *Strategie de marketing*. Bourherville, Quebec：Gartan Morin Editeur, p. 235.

生命周期曲线表明了产品在一段时间内市场需求的变化。但遗憾的是，我们很难在现实的市场中找到能完美符合图 2.4 曲线的产品，因为每个产品在各阶段的时间长度都不尽相同。市场对于产品的需求可能只是昙花一现，也可能是在经过一个缓慢的引入期后骤然到达成熟期。类似的可能性有无穷多个：例如类似滚石集团一样的企业，可以一直稳定在成熟期，但也有一些表演艺术家在仅仅发行了一张 CD 之后就销声匿迹。

我们需要以最宽广的视野来看待产品的生命周期概念，它可以被应用于市场中的一类产品，也可以用来分析一个特定的品牌或者产品。总的说来，市场的生命周期由无数个叠加的产品生命周期组成，而产品生命周期是由无数产品品牌的生命周期所组成。企业自身也有生命周期。例如，在文化行业，如果一家企业与其创始人紧密相连或密不可分，那么当创始人退休、辞职或者去世的时候，这个企业也很可能就此停办。

加拿大魁北克省的 Summer-Stock 剧院和夏季戏剧节的案例能够帮助我们阐释艺术领域内生命周期的概念。图 2.5 展示了 Summer-Stock 剧院从开业到 2000 年的生命周期曲线。

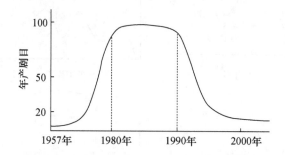

图 2.5　加拿大魁北克省的 Summer-Stock 剧院的发展

从图 2.5 中可见，1957 年到 1974 年间，Summer-Stock 剧院的发展非常缓慢，剧院逐渐步入市场。从 1974 年开始，Summer-Stock 剧院迎来了剧烈增长的阶段，即成长期。Summer-Stock 剧院的成长期截止到 20 世纪 80 年代初。当时，剧院的剧目达到了顶峰（100 部作品），自此开始，剧院进入了成熟期。在成熟期内，剧团和产品数量维持在一个稳定的状态。但自 1990 年开始，随着艺术节和其他流行活动的增加，Summer-Stock 剧院的剧目数量下降至 30 部以下。

博物馆产品一直被认为是为精英人士所准备的。在 20 世纪 70 年代，博物馆的客户群被扩大，参观人数也快速增加。一些人将这一现象称为博物馆参观的民主化进程，但市场营销人员却将这一现象解读为市场生命周期的发展阶段。这个发展阶段是建立在长时间的引入期之上的。然而,博物馆市场的发展并不是均衡的。例如,艺术博物馆在吸引参观者方面就进展得很缓慢。事实上,它们在最近的十年里才想出办法增加人气。另一方面,一种新兴的博物馆,即文明博物馆,则可以在短期内吸引大量参观者,很快获得成功,并保持人气。此外,科技博物馆的参观者也在逐年递增。

二、产品接受过程

尽管有些消费者喜欢坚持用自己所习惯的产品,但也有一些人喜欢创新并乐于寻找新的替代品。众所周知,产品的市场需求与消费者愿意购买的单位数量相一致。单位数量越大,市场需求越强。但并不是所有的潜在消费者都会同时转化为真正的消费者。一些乐于冒险的消费者会在产品刚上市就立刻做出尝试,但也有一些更为保守的消费者会持续观望,直到产品已经被大多数消费者所认同,才会选择消费。通过对美国农民使用新产品的速度的统计,罗杰斯[20](Rogers)创立了一个描述新事物如何传播扩散的模型。图 2.6 展示了罗杰斯的研究结果。

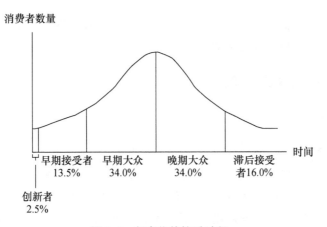

图 2.6 新事物的接受过程

一些创新者(innovators)会在产品刚一上市就抓紧抢购。在一段时间之后,早期接受者(initial consumers),即一群具有强大个人领导力的消费者,会在传播新产品上起关键作用。他们能够吸引那些早期和晚期的消费者大众。滞后接受者(the laggards)既是最晚使用也是最晚停用某类产品的人群。

由图 2.6 可知，消费者的购买力决定了一段时间内产品市场需求的变化。这一曲线可以被视为产品的生命周期曲线。事实上，当仅有创新者购买产品时候，产品生命周期才算刚进入引入期。当接受产品的过程非常迅速的时候，产品很快就进入了成熟期。例如，当年，在短短几年时间内，80%的美国家庭都购买了 DVD 播放器，现如今，智能手机的普及也是一样迅速。当然，如果目标市场内消费者的特征导致某种新产品的接受过程非常迅速，其他因素的重要性则会被突出显示出来。这其中的一个最重要的因素就是产品销售价格的降低，尤其是耐用品。一个最典型的例子就是录影机（videocassette recorder/player）。录影机在工业发达国家发展得非常迅速：在短短十年内，拥有录影机的家庭比率就从 1980 年的 0%上升到 70%，直至今日，在很多国家，该比率已经高达 90%。尽管录影机在销售初期的售价高达数千美元，但现在，市场中的录影机售价普遍不超过 100 美元。录影机市场的蓬勃带动了一系列影像俱乐部的发展，从而造就了一个新的产业，而这一现象的普及也反过来拓展了录影机市场的潜力。类似的情况也发生在 DVD 和手机市场领域，尤其是手机市场，因为人们可以将电影、音乐、照片等下载储存到智能电话里。

简而言之，新事物接受过程曲线通过图形反映了购买产品的消费者数量，并且显示了消费者需求的变化。

三、生命周期的四个阶段

引入期

在生命周期中，产品的引入期位于产品开发过程（详见前一小节）之后，这一时期的主要特征包括销售缓慢、经济损失和竞争者缺失。由于消费者的反馈不同，这一阶段可能会非常漫长。改变以往消费习惯并接受新产品的消费者越多、接受的速度越快，成长期的到来也就越快。产品的市场渗透速度可能受到一些因素的影响，比如消费者拒绝改变、分销网络限制新产品的进入，或企业遭受到销售替代品的竞争企业的强烈市场进攻，又或者价格过高等因素都可能导致产品的市场渗透速度放缓。

在通常情况下，由于制造成本高，引入期的产品售价是最高的。这种高昂价格不仅包含生产成本，还包括为了使新产品被更多人所接受而投入的推广成本。此外，制造商还必须在价格中分摊部分产品设计研发费用。

基于对价格和推广因素的综合考量,即价格的高低和推广力度的强弱,表2.2列举了四种产品的引入战略。

高端产品策略(the top of the line strategy)是指,通过强有力的推广活动,将产品以高价推向市场。当潜在市场对某产品并不熟悉的时候,企业可以采取这种策略。例如,消费者愿意以高价购买一件极具独创性的产品。在这种情况下,企业预测在不久的未来将迎来一场激烈的竞争,所以它们试图通过建立强有力的品牌形象将自己立于不败之地。

大规模渗透策略(the massive penetration strategy)是指,通过有力的推广活动将产品以相对较低的价格推向市场。企业可以由此获得较高的市场渗透率和市场份额。这一策略适用于那些暂时不为人所知,但能够吸引大量价格敏感型消费者的产品。此外,为了保证企业利润,这类产品的生产必须能够实现规模经济。[21]

第三类策略是低端产品策略(the bottom of the line strategy),通过这一策略,企业可以节约推广成本,从而提高利润。但这种策略只适用于那些规模庞大的市场。并且在该市场中,普通消费者必须是价格敏感型消费者。另外,即使产品品牌是新出现的,但产品类型必须已经为大众所熟知。

表 2.2 四类产品引入策略

		推广强度	
		重	轻
价格水平	高	高端产品策略 TOP-OF-THE-LINE STRATEGY	选择性渗透策略 SELECTIVE PENETRATION STATEGY
	低	大规模渗透策略 MASSIVE PENETRATION STRATEGY	低端产品策略 BOTTOM-OF-THE-LINE-STRATEGY

最后的一种策略是选择性渗透策略(selective penetration strategy),这是指以很低的推广成本将高价位新产品推向市场。企业在市场竞争力不强,但核心产品知名且消费者心理预期价格较高的情况下,可以采用这种策略。由于对产品推广的投入成本不多,所以这类产品的利润率往往较高。

成长期

随着越来越多的消费者成为购买者,产品的生命周期进入成长期阶段。

早期接受者群体(early adopters)开始壮大,成为早期大众(early majority)。这时,由于产品的市场需求变大,为了将更多消费者纳入产品的受众人群,产品的价格会随之下降。

由于市场已经大到可以容纳更多的竞争者,这一阶段的主要特征包括销售量的急剧增长和竞争对手的明显增加。新消费者的到来,让新进入市场的制造商得以在不威胁现有企业的情况下盈利。日用消费品行业在这一阶段里,购买者的数量和人均消费比例都会有所增长。

在此期间,企业会面临一个主要的矛盾,即企业应该着眼于短期即时利润,还是应该将利润继续投入研发,期待在产品生命周期的下一阶段能够拥有自己的竞争优势?如果选择后一种策略,那么企业高管则会将一部分盈利拨出,用以提高产品质量、扩展销售渠道、寻找新消费者群体以及强化推广活动等方面。在所有的类似案例中,企业往往会选择为了未来的良性发展而牺牲短期利益。

成熟期

或早或晚,一旦产品已经触及了所有的潜在顾客,并且人均消费水平已经稳定,那么市场总体需求就不会再有变化。产品就此迎来了成熟期,成熟期的持续时间往往会长于前面的几个阶段。

成熟期可以被细分为三个小阶段。首先是增长成熟期(increasing maturity),在这一时期,产品的销量增长率开始下降。尽管很多迟缓型受众(滞后接受者)开始在这一阶段接受产品,加入消费者群体,但他们往往数量较少。在这之后,产品的销量到达稳定阶段,也就是饱和期(saturation)。在这一时期,市场对产品的需求主要来自重复销售。最后一个阶段是下降成熟期(declining maturity),在这期间,产品销售量会有所下降,因为很多消费者已经开始尝试寻找替代品或新产品了。

市场需求水平的下降会导致一些严峻的竞争问题。尽管市场已经趋于饱和,但仍有新的企业或产品品牌进入市场,并试图找到自己的一席之地。这种持续增加的竞争强度会迫使市场中弱小的企业关门大吉。

在战略上,企业可以选择以下三种解决办法:改变市场、改变产品和改变市场营销组合中的其他要素。

对市场的改变就是寻找那些新的、尚未被发掘的细分市场。然后,企业要么劝说顾客购买更多产品,要么改变一般消费者对产品的感知来重塑品牌。

改变产品是指通过提高产品质量、改变风格或者开发产品的独有特征来振兴产品销售。只要消费者感知并且认同这些改变,这个策略就十分有效。

最后,企业有时也会选择改变市场营销组合中的其他要素,例如降价、以有力的推广活动抢攻市场、举办比赛、发优惠券或转向使用销量更大的分销渠道(如廉价商店)等。

分辨一个产品所处的生命周期阶段并不容易。尽管引入期和成长期通常是最容易被准确定位的,但是其他的阶段往往很难被详细分析。例如,如何区别暂时性销售稳定阶段和销售饱和阶段?我们可以根据三方面要素进行区分:产品渗透率、寻找新细分市场的可能性以及人均消费量。如果企业无法在给定细分市场内开拓新用户或者很难再开发新的细分市场,并且人均消费量也难再被提高,那么它已经到达了市场的饱和点。

企业可以采用新的艺术取向来重新定位品牌,从而重新进入新的产品生命周期。由于艺术行业是一个不断变化的行业,许多企业都会经过一次或多次重新定位。例如,蒙特利尔的加拿大芭蕾舞团(Les Grands Ballets Canadiens)(在此我们将它看作一个品牌)就采用了这一策略,为了改变自己传统芭蕾企业的形象,企业在剧目中加入了更多的现代芭蕾作品,并且还扮演起分销商的角色,将一些外国剧团纳入自己的演出项目。此外,澳大利亚芭蕾舞团和芝加哥的荒原狼剧院也是非常值得研究的案例[22]。类似的策略在文化产业也非常常见,例如在流行音乐行业,席琳·迪翁就曾在自己的音乐事业发展过程中,几次改变自己的定位,从一位童星转变为一位女性,后转变为一位母亲。

衰退期

衰退期无疑是企业最难处理的阶段。事实上,很多企业可能甚至无法辨别:产品是真的已经进入衰退期还是暂时性的销量下跌?只有针对现状进行详细分析,才有可能回答这一问题。但就算如此,也没有人能够保证答案的正确性。如何将短期的销量下滑与产品的衰退区别开来是一个很重要的问题。这种区分上的不明确性会导致企业决策的困难,尤其是当产品已经进入市场且经过了漫长的时期。人为因素也至关重要。市场推广人员对产品的眷恋或者存有拒绝失败的想法,可能会促使他们继续推行某个项目,不愿放弃。

在衰退期,企业会采取产品下架、维持现状或者集中化战略。集中化战略是指将企业的精力集中于最赚钱的细分市场和分销渠道。此外,有的企业也会采取压力战略(pressure strategy),在节约推广成本的同时获得短期利润。

判定产品进入衰退期的主要指标是高级替代产品的出现。产品的衰退期往往伴随着难以超越的新型替代品的产生。光盘正是这样的一个例子:CD 的出现几乎抢占了黑胶唱片的全部市场,但是如今 DVD、网络下载却也正在影响 CD 的销量。然而,尽管可以使用这种指标,企业也不能完全确定产品是否进入了衰退期。人们曾经认为家庭电视的出现,将意味着广播的终结,但事实却并非如此。电视和广播如同两种使用不同传播技术的同类产品,它们针对同样的目标市场。一些产品可以相互转化——如广播肥皂剧和电视肥皂剧。然而,电视和广播,这两种不同的传播方式,又分别发展出了各自的特殊性,以至于这两种媒体至今为止仍旧和谐共存,为同一客户群实现不同的需求,在不同情况下为同一客户群服务。

四、生命周期理论的局限

许多学者曾经严肃地质疑过产品生命周期曲线的价值所在。[23]他们主要争论的一点是:产品的生命周期理论起源自人类的生命周期,而人类的生命周期具有严格的时间界定(儿童期、青少年期、成年期和老年期)。但产品却非如此。产品的市场表现非常多样,它可能经历复兴、成长期延长,或可能甚至变为长盛不衰的产品。那些能完全遵循图 2.4 中曲线的产品其实少之又少。锯齿状的、非对称的产品生命周期曲线比比皆是。例如,一些产品的初期影响力可能因情况而异,但在后期的很长一段时间内,这些产品往往能持续地为企业创收(就算销售量有限),这就是所谓的"长尾理论"[24]。

不幸的是,生命周期模型并不很适用于商业情境。事实上,产品当前所处的生命周期阶段,尤其是成熟期和衰退期,是很难确切获知的。尽管一些参照指标可以帮助营销人员判断产品的生命周期现状,但这种判断不一定准确。因此,销量的下滑并不一定意味着产品衰退期的到来,如果公司据此做出决策可能会导致企业错失发展良机。

对于一些文化产品,尤其是那些难以通过科技手段进行复制的产品来说,生命周期理论的实用性非常有限。事实上,在投入市场之前,这类产品的生命周期通常是事先注定的。许多文化产品,尤其是艺术行业中的产品,都是为了有限时间的展出或者演出而被创造出来的。它们有固定的演出场数或预定的展出时长,演出或展出完成过后,它们就消失了。即使是很成功的产品也会在既定时间过后退出市场。这种产品管理的模式是由文化行业的内在限制所导致的。例如,剧院向受众提供季度会员票,但设定有日期和座位限制。同时,表演者也会根据自己的档期接受或者拒绝演出任务。通常情况下,文化企业很难将产品的生命周期无限期延长,因为剧院与演员之间早已签订了合同。因此,无论是从艺术还是财力的角度考虑,剧院通常不愿意重演一部戏剧(因为这不仅会导致排练和推广成本增加,并且由于演员不同,就意味着是不同产品,一场戏剧从前的辉煌也很难被再现出来)。

典型的文化产品生命周期曲线如图 2.7 所示。有些产品,一旦启动,只要市场对它们仍有需求,它们就会一直运营下去。对于这些产品来说,它们的生命周期则更类似于标准产品生命周期曲线,例如纽约(百老汇)或者伦敦剧院中上演的一些商业剧目。此外,话剧团也有着标准生命周期曲线,话剧团将自己的备演剧目轮换着每周表演一次或两次,直至市场将它们淘汰。这种生命周期概念在法兰西喜剧院和东欧一些国家里[25]比较常见。这些企业往往拥有一批可以满足自身剧目表演需求的固定演员,这些演员会在上午排练新剧目,并在下午排练晚上表演所需的剧目。

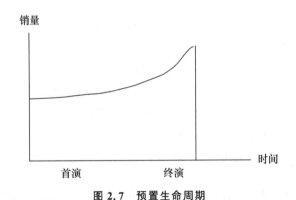

图 2.7 预置生命周期

作为生命周期管理的一部分,文化企业可以为那些符合企业发展目标的产品拓宽渠道,比如戏剧和音乐会产品可以参加巡演或者艺术节、视觉艺术和出版业可以组织巡回展览,还有产品可以利用其他分销渠道传播扩散(例如电影或者音乐剧被电视转播或者制作成CD、DVD贩卖)等。因此,尽管原始的艺术产品的生命周期较短,但企业可以通过生命周期管理将原始艺术产品的价值和发展潜力最大化。

▶▶▶ 案例2.5

《蛮族入侵》,一部奥斯卡获奖电影

由法国和加拿大合作制作的电影《蛮族入侵》获得了2004年奥斯卡最佳外语片奖。加拿大的制片方Cinémaginaire,及其合作制片方Pyramide Productions以及导演丹尼斯·阿坎德(Denys Arcand)试图将电影推向国际市场。因此,他们对电影进行了重新剪辑并且剪掉了大约11分钟的过于"本土化"的剧情:比如有关加拿大医疗系统、有线系统和媒介融合的场景。该电影的两个版本都可以在加拿大看到。

来源:加拿大蒙特利尔商学院(HEC Montréal)副教授乔安·布吕内(Johanne Brunet)撰写。

第四节 结 论

经过对产品开发和产品管理的综合讨论,本章得出了一个结论,即文化企业的高风险性是其他经济领域的企业所不具备的。此外,文化企业的另一个特点是不断开发新产品。艺术产品的管理者需要在不能做产品先期测验的情况下,为新产品的创造投入大量资金,并且就算产品取得成功,他们又不得不终止该产品的生产,并将人力物力再次投入到下一个产品开发及管理过程的循环中去,而且这些产品都无法储存以供未来使用。

▶▶▶ 案例2.6

枫画廊(Kaede Gallery, Osaka):一个开放的空间

枫画廊位于大阪附近的空堀城区。它于1994年开业,并且自我定位为"可以看到风和树的画廊"。

枫画廊由Keiko Mishima建立并运营。回顾自己在战后时期的成长经历时,她说:"我们那时居住在一个带有前院的传统日式建筑里,它有一百年历

史。它幸运地躲过了第二次世界大战的战火和空袭,我的父母非常欢迎那些幸免于难的人来访……"

"那时候,我家总会有各种各样的人,尽管大家吃的都是简餐,但饭桌上的氛围却很好,一直充满欢笑。而我就是在这些陌生人的关照下长大的。"

在战争中幸存下来的这座历史建筑成为一个非常重要的"开放空间",这十分有意义。因为它构成了 Mishima 成长经历的一部分,教会她在开放空间中获得慰藉,人与人可以在互相的陪伴下成长。

那时,她是艺术学院的一名在读学生,她每天的日程安排是参观画廊和进行艺术创作。她经常拜访自己高中时代艺术导师的工作室,帮老师做基础涂层。

"那里有一种长得像树枝一样的胶棒,如果从上面折下一块,然后用电炉子将其融化的话,整个室内都会被一种独特的香气环绕。尽管很奇怪,但这种香气却能给人带来一种幸福感。"

这样的气味和氛围也可以帮助我们理解城市空间。

来枫画廊参观的客人可以被分为三类。其中一些人是为艺术作品而来,另一些是被周边那些幸存于战火的古老建筑吸引而来,还有一些客人来画廊和邻近老区,是为了寻求与人沟通的机会。

在枫画廊建立伊始,Karahori 与很多其他的城市一样,失去了自己原本的特色和活力。但是,在 2000 年前后,许多年轻人开始搬到这一区域居住,并且试图尽自己所能重振这片区域。这些新居民在资产投资方面的实力不足,但他们尽自己所能,建立了商店、办公室和工作室,为地区的文化复兴起到了积极的作用。

"这些年轻人的大量涌入,帮助了(紧邻上町台地的)城区实现商业化、重现活力。眼见着枫画廊周围的街道日趋繁荣是一件让人非常愉悦的事。"Mishima 说。

枫画廊与城区中的其他居住区自然而然地共同构成了一个社区,街道处处都充满着生活的气息。

画廊成为人们互相交流的地方,他们可以毫无顾忌地在此闲聊,它将社区的过去与未来联系在了一起。Mishima 逐渐意识到,枫画廊中的艺术展品成为人们的灵感源泉,画廊成为不同信仰、见解和国籍的人的放松空间。

对枫画廊进行改造的目的并不仅仅是保护旧的城区建筑。也有其他的老建筑被改造更新为年轻艺术家的生活区,成了这些年轻创新人才的孵化器。这种主要建筑和住宅建筑之间不断进化的关系正是由于反映了日常生活的活动才显得有趣。

来源:日本大阪市立大学(Osaka City University)教授冈野弘翔(Hirosho Okano)撰写。

小 结

定义产品和将产品分类的方式有很多种,其中一种是根据消费者在购买产品过程中所付出的精力进行分类,流行消费品的概念也是由此产生的。然而,产品的概念远远超出了一般人认为的简单实物范畴,因此我们可以将产品分为核心产品、相关服务以及象征产品。在文化艺术领域,产品的概念可以被细化为四个组成部分,分别是:艺术产品、周边产品、客户服务,以及消费体验。事实上,文化消费者往往想要购买的并不止一项产品组成部分。

文化产品也可以从三方面进行定义:从具体指标(referential)、技术(technical)和环境(circumstantial)等方面定义。

文化产品通常被认为是复杂产品,这是因为文化产品涉及美学概念,而美学与品位和教养有关,是主观的、无法量化的元素。文化产品的复杂程度因企业宗旨而异。对于市场营销者来说,产品可以被认为是消费者所能感知到的一系列利益的集合。

发布新产品对所有企业来说都是风险十足的。文化艺术领域的产品生产具有高风险性,因为所有的产品在本质上都是全新的。文化产品的三个主要特征也会加剧其风险性。首先,以表演艺术行业为例,直到开演前,演出作品才能得到测试,新产品的市场反响是难以被提前预知的,因此生产和推广的成本必须慎重考虑;其次,文化产品的寿命往往是被预定好的,无论它的市场反响多好;最后,文化产品是难以被生产者或者消费者储存的。以上三点,提高了文化产品的风险度,其竞争的本质也会由此受到影响。

为了减少风险,艺术企业可以采取 NPD 模型进行标准化新产品开发和制作。为了使一个想法变为最终产品,我们可以使用 NPD 模型为整个生产活动流程提供指导。减少风险的其他方法包括重视企业品牌和通过组合管理平衡风险。

在文化产品投入市场之后,产品的生命周期便显得尤为重要。产品生命周期往往包含四个阶段:引入期、成长期、成熟期和衰退期,我们可以用一条曲线来展示这种需求上的变化。生命周期曲线的时间线因目标市场消费水平的不同而不同。生命周期理论有用,但不是绝对正确。对于那些产品使用寿命已被预设好的文化企业来说,生命周期理论的实际应用是非常有限的。

问 题

1. 试举例说明消费者对文化产品的定义。
2. 为什么核心产品有时不是消费者做出购买决策的主要原因?
3. 为什么艺术产品的环境维度对表演艺术有双重作用?
4. 试举例说明客户服务在文化行业中的重要性。
5. 请说明革新式新产品和渐进式新产品的区别。
6. 发布新产品通常面临着哪些风险?
7. 文化产品的风险与其他产品有何不同?
8. 艺术企业如何才能降低发布新产品的风险?
9. 艺术部门和文化产业在开发新产品方面有哪些不同?
10. 请描述新事物的传播过程。
11. 高端产品策略和大规模渗透策略中都包含什么?
12. 产品生命周期中的成长期的特点是什么?
13. 企业对成熟期的产品可以采取怎样的策略?
14. 我们可以通过对哪三个要素的分析得知产品是否已经处在衰退期?

注 释

1. Evrard, Y., and F. Colbert. 2000. "Arts Management: A New Discipline Entering the Millennium." *International Journal of Arts Management*, Vol. 2, No. 2 (Winter), pp. 4—14.

2. Ouellet, J.-F., M.-A. Savard and F. Colbert. 2008. "The Personality of Performing Arts Venues: Developing a Measurement Scale." *International Journal of Arts Management*, Vol. 10, No. 3 (Spring), pp. 49—59.

3. Caldwell, N. G. 2000. "The Emergence of Museum Brands." *International Journal of Arts Management*, Vol. 2, No. 3 (Spring), pp. 28—34.

4. Colbert, F. 2003. "The Sydney Opera House: An Australian Icon." *International Journal of Arts Management*, Vol. 5, No. 2 (Winter), pp. 56—69.

5. Hume, M., G. Sullivan Mort, P. W. Liesh and H. Winzar. 2006. "Understanding Service Experience in Non-profit Performing Arts: Implications for Operations and

Service Management." *Journal of Operations Management*, Vol. 24, pp. 304—324.

6. Caru, A., and B. Cova. 2005. "The Impact of Service Elements on the Artistic Experience: The Case of Classical Music Concerts." *International Journal of Arts Management*, Vol. 7, No. 2 (Winter), pp. 36—55.

7. http://www.uis.unesco.org/culture/Documents/average-film-production-2009.xls.

8. http://broadwayworld.com/. The figures reported in the text exclude the shows labelled "Canceled."

9. http://www.timeout.com/london/. Accessed March 15, 2012.

10. 文化艺术语境下的"创新力"不仅是针对新产品或新服务,也包含管理、组织、艺术发展中的创新力。例如,Cloake给"艺术创新力"下定义为"艺术媒介中的新实践或新用途……创新力往往发生于当艺术家在当今环境下用自己所选的媒介在传统领域内表达自己的观点的时候"(pp. 272—273)。读者理应知道"创新力"的概念范围广泛,但是在本章节中,我们仅考虑产品层面的创新力,因为这种创新力易于被文化公司所了解、管理和运用。Cloake, M. 1997. "Management, the Arts and Innovation." In *From Maestro to Manager: Critical Issues in Arts and Culture Management*, M. Fitzgibbon and A. H. Kelly, eds. (pp. 271—295). Dublin: Oak Tree Press.

11. Voss, Z., and G. B. Voss. 2000. "Exploring the Impact of Organizational Values and Strategic Orientation on Performance in Not-for-Profit Professional Theatre." *International Journal of Arts Management*, Vol. 3, No. 1 (Spring), pp. 62—76.

12. Hirsch, P. 2000. "Cultural Industries Revisited". *Organization Science*, Vol. 11, No. 3 (May/June), pp. 356—361.

13. 对于潜在受众来说,"风险"是相当重要的概念,消费者所感知的风险将在第四章中详细讨论。

14. Voss, G. B., M. Montoya-Weiss and Z. Giraud Voss. 2006. "Aligning Innovation with Market Characteristics in the Nonprofit Professional Theater Industry." *Journal of Marketing Research*, Vol. 43, No. 2 (May), pp. 296—302.

15. Finn, A., S. McFadyen and C. Hoskins. 1995. "Le Développement de nouveaux produits dans les industries culturelles." *Recherche et Applications en Marketing*, Vol. 10, No. 4, pp. 47—63.

16. https://www.marketcastonline.com/.

17. 更多详情请查看文献:Bittencourt Oguri, L. M., M. A. Chauvel and M. Carvalho Suarez. 2009. "TV: o Processo de Criaçao das Telenovelas." In *Industrias Criativas no Brasil*, T. Wood Jr., P. F. Bendassolli, C. Kirschbaum and M. Pina E Cunha, eds. (pp. 84—96). Sao Paulo: Editora Atlas S. A.。

18. Kamoche, K., and M. Pinha e Cunha. 2001. "Minimal Structures: From Jazz Improvisation to Product Innovation." *Organization Studies*, Vol. 22, No. 5 (September/October), pp. 733—764.

19. Lehner J. M. 2009. "The Staging Model: The Contribution of Classical Theatre Directors to Project Management in Development Contexts." *International Journal of Project Management*, Vol. 27, No. 3(April), pp. 195—205.

20. Rogers, E. 1962. *The Diffusion of Innovations*. New York: Free Press.

21. 规模经济指的是企业扩大生产规模,从而减少单位成本的现象。

22. Radbourne, J. 2000. "The Australian Ballet—A Spirit of Its Own." *International Journal of Arts Management*, Vol. 2, No. 3 (Spring), pp. 62—69; Ravanas, P. 2006. "Born to Be Wise: How Steppenwolf Theatre Mixes Freedom with Management Savvy." *International Journal of Arts Management*, Vol. 8, No. 3 (Spring), pp. 64—74.

23. Dhalla, N. K., and S. Yuspeh. 1976. "Forget the Product Life Cycle Concept." *Harvard Business Review*, January-February, pp. 102—112.

24. Benghozi, P.-J., and F. Benhamou. 2010. "The Long Tail: Myth or Reality?" *International Journal of Arts Management*, Vol. 12, No. 3 (Fall), pp. 43—53.

25. Levshina, E., and Y. Orlov. 2000. "General and Specific Issues in Russian Theatre." *International Journal of Arts Management*, Vol. 2, No. 2 (Winter). pp. 74—83.

扩展阅读

Bennett, R. 2001. "Lead User Influence on New Product Development Decisions of UK Theatre Companies: An Empirical Study." *International Journal of Arts Management*, Vol. 3, No. 2 (Winter), pp. 28—40.

Rentschler, R., and A. Gilmore. 2002. "Museums: Discovering Services Marketing." *International Journal of Arts Management*, Vol. 5, No. 1 (Fall), pp. 62—72.

Scott, C., 2000. "Branding: Positioning Museums in the 21st Century." *International Journal of Arts Management*, Vol. 2, No. 3 (Spring), pp. 35—39.

第三章
CHAPTER 3

市场

教学目标
- 了解向文化企业开放的四个市场的特性
- 简要剖析文化消费者
- 阐述一家企业经历的不同层次的需求
- 了解艺术行业和文化产业中的企业的需求的特异性
- 描述宏观环境变量对市场的影响
- 理解市场之间的协同效应以及狭义看待市场竞争的危害

≫ 引言

  为了方便从消费者的角度出发考虑问题,企业首先必须确定目标市场的特征。因此,为了自己所在的企业,同时也为了整个市场,市场经理的责任不仅包括研究企业的现有市场,还包括估算市场的实际需求和潜在需求。艺术文化行业中的需求演变是一个有趣且值得持续关注的话题。

  市场经理若想要了解影响市场的要素,就必须从更广阔的视角看待竞争,并且需要考虑竞争的全球化问题。竞争、全球化以及文化行业的产业细分等问题,使得文化企业必须打造一个强有力的竞争优势才能维持自身的生存。

  在这一章中,我们将考察环境因素对市场、企业以及各企业之间竞争的影响与作用。

第一节 市　　场

一般来说,一家企业通常会锁定几个不同的目标市场。文化企业主要服务于四类市场:终端消费者(或消费者市场)、合作市场、政府市场,以及私人市场。每个市场都被不同的动力所驱动,并会产生不同的收益。因此,针对不同的市场,企业必须制定开发特定的市场战略,并且时刻关注每个市场里的决策者。

一、消费者市场

消费者市场由购买具体货物或服务的个体所构成。

同一件商品是很难引起所有人的兴趣的。这句话适用于日常必需品,比如糖、面粉和盐,因为一小部分家庭并不食用这些商品,所以就算一家企业将全部人口都纳入目标市场,其潜在的消费者也不可能是所有人。

文化产品也是如此。而且,因为文化行业具有极其分散的性质,它与一般行业也有所区别。例如,如果将文化行业看成一个整体,那么可以说,几乎所有的人都会消费各种文化产品。广义地说,文化行业的确包含了从表演艺术(高雅的和大众的)到历史遗迹、唱片、电影和DVD、书本和杂志,以及广播电视等所有的一切,而这其中的每个行业都在全球市场中占有一定的份额。

▶▶▶ 案例3.1

通过创建"观众发展宣言"来建立文化联系

俄勒冈莎士比亚戏剧节(OSF)设立于1935年,其参与者多为美国历史最悠久、规模最大的专业非营利性剧院。在每年为期8个半月的演出季中,OSF会在三个剧场安排11个剧目,同时辅以大量的相关活动,并且还向大众提供内容广泛的戏剧教育项目。在预算超过3000万美元的运营下,OSF每年演出至少780场,参加人数高达40万。为了丰富观众的多样性和观众数量的可持续性发展,OSF成立了一个由5位高级职员组成的团队。经过14个月的探讨研究,OSF于2010年3月公布了第一版《观众发展宣言》。

《宣言》的文字简介如下：

正如 OSF 的宗旨所述，我们的灵感来自强大的双重源泉：威廉·莎士比亚的作品和美国丰富多彩的文化。我们认为莎士比亚戏剧中所表现的内容与当今不断变化的美国社会有着诸多相似之处。在这种理念下，我们必须预先培养一个从各方面都能够体现我们民族多样性的观众群体。本宣言简述了那些帮助我们形成"观众发展"这一理念基础的哲学依据，这些理论依据将会继续指导我们今后的基准和发展策略。我们意识到，我们是在众多过去和现在的成就的基础上，来建立观众群体的多样性的，这不仅包含组织的多样性，还包括个体的多样性。

这一团队最先从他们听过的所有关于 OSF 观众多样化的迷思和假设开始进行头脑风暴。以往的迷思和假设包括："很多人担心邀请其他种族的人加入观众群体将会导致整体收入的减少""富人对戏剧更感兴趣"，以及"我们需要用新的作品来吸引年轻群体"。通过对 29 种诸如上述假设的分析，我们发现了发展观众群的基本原则，以及丰富观众群体社会经济地位、年龄、渠道、种族和民族等方面多样性的必要性。

以下段落为《宣言》里"基本原则"的部分原文文字：

• 我们珍惜每一位现有的和潜在的观众。热衷于艺术的人一直是并将继续是 OSF 的核心观众。对于那些还未成为我们观众的人，我们还需要做更多的努力邀请他们加入。这不是对核心观众群的替换，相反是为了增加我们的核心观众群。

• 我们承认，作为一家机构，我们确实制造了并强化了一些将非核心观众群排除在外的障碍，但我们承诺，未来将不断检查并拆除这些障碍。

• 我们相信，企业每个部门的每位成员对新观众的邀请，都将有效地促进观众群体的多样化。

以下文字是《宣言》中有关丰富观众群的民族和种族多样性的陈述：

• 我们意识到，其他种族的观众可以从每部戏剧中找到共鸣和相关性，而不仅限于从反映他们自己文化的戏剧当中。我们将继续有意识地选择其他种族的演员，并尽可能地编排那些能够将所有民族文化包罗其中的故事。

当《宣言》初步形成的时候，团队意识到，虽然只有薄薄的两页纸，但是这是一份可以将主办方领导层的核心理念公之于众的文件。OSF 的目标是将这份《宣言》作为基础，并进一步深化和整合企业的观众拓展工作。正如

OSF 的"价值声明"中所陈述的,"我们相信不同人群、理念和文化的融合,将丰富我们对演出作品的见解,并强化我们彼此之间的关系纽带"。

来源:美国俄勒冈莎士比亚戏剧节(Oregon Shakespeare Festival)执行董事保罗·尼科尔森(Paul Nicholson)和美国俄勒冈大学(University of Oregon)艺术管理项目主任帕特丽夏·杜威(Patricia Dewey)撰写。

例如,在加拿大,数据显示,37.0%的家庭每年至少参加一次艺术活动;其中电影占 62.2%,博物馆和画廊占 32.9%。[1] 美国的文化消费分布为:古典音乐 15.6%、歌剧 4.7%、音乐剧 24.5%、话剧 15.8%、芭蕾 5.8%、美术馆 34.5%,以及历史公园 46.9%。[2] 澳大利亚的数据为:音乐剧 19.3%、古典音乐 7.7%、节庆 21.9%、音乐会 23.0%,以及博物馆 27.8%。[3] 当然,在每个领域,消费者都会依据各自的兴趣点构成集群。这就形成了更为清晰的市场细分。在所有的文化产品中,消费者总会首先选择他们所喜欢的产品进行了解或者消费。

在不同的细分市场中,消费者的分布会因时间和空间而异,市场接受并反映意见领袖的影响力、趋向、品位、社会特点。此外,由于社会结构不同,不同国家的市场也往往相差甚远。

在过去 40 年中,几乎所有欧洲国家(东欧和西欧)、加拿大、美国、澳大利亚和日本等国,都对文化产品消费者的社会人口概况进行了各种各样的调查。[4] 值得注意的是,无论是 20 世纪 70 年代、80 年代、90 年代还是 21 世纪初的调查,其结果都十分类似,消费者的参与率和社会人口分布概况基本一致。由于不同的国家所使用的测量工具往往不同(领域术语不一样、问题设计不一样等),所以,横向对比不同国家的情况往往较为困难;但这些研究却一致且系统地指出:在过去四十年里,高雅艺术受众和大众文化受众之间呈现出了明显的两极化倾向。根据其权重比例,具有高雅艺术特征的文化产品往往能吸引那些受教育程度高的受众,而代表大众文化的文化产品则会吸引各种阶层的人。[5] 在具有较高受教育程度的群体中,有些文化消费者具有"杂食性",即对高雅艺术形式和大众文化形式都感兴趣。这一"杂食性"的消费群体试图不再通过对艺术的消费来彰显自身差异。在过去的几十年里,高雅艺术的人均消费正越来越少。尽管如此,对高雅艺术活动的参与率却仍旧是阶级区分的一个标志。例如,在加拿大,大学毕业生占高雅艺术(交响乐团、艺术节、美术馆等)受众的比例高达 50%至 70%,占大众文化(流行音乐、历史公园等)受众的比例却仅为10%至25%。与此同时,加拿大大学毕业生仅占总人口比例的25%。其他国家的调查结果也是如此。在法国,这一现象尤为明显[6],50%的表演艺术观众接受过高等教育,但在其总人口中,受过高等教育的人仅为7%[7]。俄罗斯的情况也是如此。

文化活动的参与率还与其他的社会人口变量相关。这些变量包括平均收入(高雅艺术消费者的平均收入要高于大众文化消费者的平均收入)和职业类型(白领工作者占高雅艺术消费者的比例较高,而蓝领工作者则更容易被大众文化所吸引)。但需要注意的是,以上结论是就平均水平而言的。受教育程度低或收入少的人群,如学生或者那些专门研究或从事文化活动的人,也一样可能是重要的文化消费者。众所周知,很多活跃于艺术领域的、受过高等教育的人都薪资微薄,以至于他们要费尽心力才能将生活水平保持在贫困线以上。而另一方面,也有一些高收入且高学历的人,他们对艺术不感兴趣并情愿与之保持距离。

▲ 拓展阅读3.1

艺术消费者的品位发展

虽然目前的一些研究已经开始试图探究人们消费高雅艺术的动因,但研究大众文化的却很少。研究者已经识别出了影响消费者购买高雅艺术产品的四大主要因素:鼓励消费高雅艺术的家庭价值观、肯定高雅艺术价值的教育环境、童年时期观看演出或参观博物馆的频繁程度,以及业余的艺术实践。

家庭传承的价值观是影响艺术品位发展的主要因素。社会学家布尔迪厄(Bourdieu)称这种现象为"文化资本"。当被问及影响自身艺术消费的因素时,受访对象通常都回答是"父母鼓励"或者"父母对艺术有积极的态度"。当家庭因素的作用缺失时,通过学校传承的艺术价值观的重要性随即凸显。举例来说,一位音乐爱好者可能会认为,是老师对音乐的热情带动了自己的音乐热情。

此外,还有一些研究认为,童年时期观看演出和参观博物馆的频繁程度也是培养艺术品位的一个重要因素。比起在童年或少年时期没有观看演出或参观博物馆的机会的人群,有类似机会的人群更有可能培养出对高雅艺术的兴趣。

最后,对业余艺术的爱好与高雅艺术消费相关。许多高雅艺术的消费者是在学校期间从事过业余艺术实践的人,或是将业余艺术作为休闲活动的人。

  目前已知的、影响个体对复杂文化产品喜好的因素主要有四种:家庭内部的艺术价值观[8]、教育环境和在它影响下形成的艺术价值观、童年时期观看演出或参观博物馆的经历,以及业余艺术实践。父母的受教育程度直接影响着孩子参与高雅艺术活动的比率,而在这其中,母亲的影响力比父亲更强。值得注意的是,即使出身于一个不重视高雅艺术的家庭,参加艺术课程、通过学校组织的活动参观博物馆或参加演出活动等,都将有利于孩子的艺术文化传承,从而培养他们未来消费文化产品的习惯。因此,没有从父母那获得高雅艺术文化资本的孩子,仍可能通过学校组织的博物馆参观或观看演出等活动获得这种社会化的资本。[9]但是,学校的艺术教育课程无法直接影响孩子未来的文化消费习惯。[10]

  有人也许会问:为什么来自同一个家庭的两个孩子对艺术的兴趣可能截然相反呢(例如,一个对艺术充满热情,而另一个却完全不感兴趣)?由于共享着同样的社会背景,所以人们会假定他们具有相似的价值观、相似的品位和偏好。但事实上,这个例子恰好说明了消费者行为分析的复杂性以及消费与非消费模式之间难以解释的灰色地带。[12]

  基于不同的分类方法,另一个针对文化消费者的典型特质的分析报告详细地揭示了一些其他的细节(拓展阅读3.1讨论了艺术消费者的品位的变化)。例如,与其他表演艺术的观众相比,舞蹈的观众群体相对来说更年轻,并且女性观众更多。类似的还有:尽管大部分男性每天阅读报纸,但在小说的消费群体中,女性比男性更多。在电影行业中,狂热的电影观众主要有两类,一类是年轻人(15—25岁),另一类则是受过高等教育的人。大部分电影消费者不是属于第一类,就是属于第二类。

  因此,艺术企业和那些属于文化产业范畴的企业(那些提供标有"艺术剧院"或"当代"的产品的企业)会以一个有限的市场作为目标市场,而所谓的"大众艺术"企业则会迎合那些范围更广的细分市场。

  图3.1说明了大众艺术、高雅艺术、单位销售数量以及产品复杂性之间的关系。

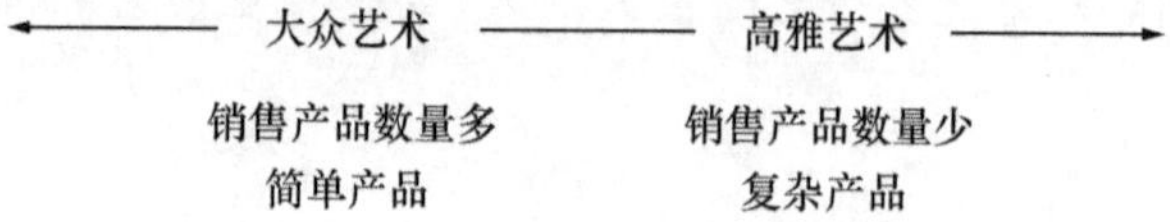

```
    ←————  大众艺术  ————————  高雅艺术  ————→
           销售产品数量多          销售产品数量少
             简单产品                复杂产品
```

图 3.1　大众艺术至高雅艺术的区间

二、合作者市场

尽管一些企业选择直接面向终端消费者销售商品,但更多的企业是通过与合作伙伴的合作来接触消费者的。这可能是由企业的战略决策所决定的,也可能是由企业的资源、消费途径、行业或者地域结构所限而导致的。

合作伙伴是企业在有需要的时候与之联合的组织机构,它在不同程度上分摊及分享了企业为了经营消费者市场而承担的风险和获取的成功。文化企业有四种主要类型的合作伙伴:分销中间商、联合制作方、分销伙伴以及媒体伙伴。每一类合作伙伴都可以被视作一个单独的市场,或者是合作者市场中的一个细分部分。

分销中间商

以表演艺术行业为例,地方性的销售商或推广商就可以被认为是分销中间商。巡回演出的艺术团体需要通过当地的组织去接触特定城市或地区的观众。在这种情况下,文化产品的市场营销过程可以说只有两步:第一步是通过演出团体说服当地机构,使其将演出活动纳入当地的季度项目里,从而起到分担风险的作用;第二步是由地区性组织接近本地的潜在观众,以便进行宣传和沟通。一般说来,制作方需要制定一个针对当地组织者的特定策略,也需要设计宣传推广工具以协助当地组织者接近终端消费者。

当制作方推出的艺术家或是演出非常受欢迎的时候,他们可以选择自己属意的当地合作者,并且根据自己的需求制定条款和条件。加拿大魁北克省的电视真人秀节目《加拿大偶像》(*Star Academie*)就是一个典型的案例。电影业的类似案例则是《星球大战》(*Star Wars*),在最后一部《星球大战》系列电影上映时,制作方不仅自己挑选放映的院线,还实行了与之前完全不同的收费结构。在这种情况下,分销中间商的角色更类似于消费者,而非产品供应商。

联合制作方

如果制作方无法找到一个联合制作人,并且获得其在经济上的支持,那么很多文化产品将无法面世。在电影行业,国际联合制作是十分普遍的事情。这种方法不仅确保了项目的资金来源,而且合作方对当地市场的熟悉度还能够提高电影成功率。(附表 3.1 概括了合作生产制作的不同模式)

分销伙伴

企业可以选择与其他制作方联手,也可以选择与分销商建立合作伙伴关系。加拿大渥太华国家艺术中心(The National Arts Centre in Ottawa)偶尔会以投资的方式与制作伙伴联合,从而成为其分销伙伴;通过将类似的产品纳入整体规划,渥太华国家艺术中心便成为这类产品的合作生产者和分销商。地域性的分销商和国际分销商所扮演的角色通常比较类似。例如,在接受了合作伙伴的驻地演出邀请之后,一些舞蹈企业反而会寻找国外的分销伙伴进行分销合作。

媒体伙伴

最后,为了保证产品的顺利推广,绝大多数文化企业都会尽力维持与媒体的合作关系。那些无法承接大型宣传活动的小型广告企业尤其如此。在这种情况下,媒体是企业必须争取的、至关重要的合作伙伴。但这并不是一项简单的任务,因为优秀的媒体代表往往数量较少且供不应求,而需要他们协助宣传的产品又数不甚数,超出了可供他们支配的工作时间范畴。一个优秀的市场经理会针对这一市场设计出特殊策略,以便让媒体体会到与之合作的好处。

三、政府市场

"政府"一词在这里意指不同级别的政府,包括联邦政府、省政府、市政府等,不同级别的政府对文化企业的支持方式各不相同。在大多数的西方国家,政府在文化行业中起主导作用。有时候,政府仅扮演着消费者的角色;但也有一些政府对文化行业有着不同程度的介入,从简单的合作到足以控制整个国家文化行业的资助,都有政府的参与。

政府不仅是经济上的扶持者,也是企业要面对的一种细分市场,这种双面性使得文化企业必须制定一些策略，以说服政府决策者，使之成为自己活动的合作方。在这种情况下，文化企业需要与同领域内的其他企业展开竞争，因为获得更多的政府资助就意味着可以赢得某特定市场内更大的市场份额。由于政府在艺术方面的资助预算不足以满足整个文化行业的需求，所以一旦有新的文化企业进入或是某家企业获得成功，那么原本分配给某一企业的资金则会通过再分配的方式成为另一家企业的盈利。

▲ 拓展阅读 3.2

对文化和艺术的公共投资

由于历史传统的差距，不同国家对文化艺术的公共资助水平各有高低。在欧洲大陆国家，政府参与到这个领域已经有很长时间，大型剧院和博物馆能够获得的政府资金支持约占它们运营预算的80%至100%。然而，在美国，政府对艺术的公共投资并不占据主导，私营部门和个人捐赠者在文化企业的生存上扮演了重要角色。平均而言，在美国的歌剧企业的资金来源中，仅有3.2%来自政府投资[13]，而戏剧企业的这一比例为10%[14]。加拿大和澳大利亚所采取的制度是仿效英国而来的。在英国，虽然政府对文化行业进行扶持，但其程度远比欧洲大陆国家要低。

相应地，为了公共资金的分配而创建的组织结构也各不相同。一些国家，例如法国实行中央集权模式，即由文化部部长确定文化政策的优先考虑顺序和目标宗旨。相反地，美国采用的则是高度分散化的模式，该模式是建立在美国本土的近3000个艺术委员会的基础之上的，这些地区性的艺术委员会在美国的社区文化生活中扮演着非常重要的角色；考虑到美国的国土大小，国家艺术基金会（The National Endowment for the Art）的预算实际很低（2012年大约为1.46亿美元），但基金会仍有义务将部分预算分发给国家艺术委员会和地方性艺术委员会。在加拿大、澳大利亚和英国（前两个国家的模式借鉴自英国），国家艺术委员会在授予资金资助上扮演着重要的角色。然而，该委员会的存在并不排斥其他部门和地方当局建立它们自己的艺术财政援助项目。

在加拿大，一个与资助相关的有趣的特点是，艺术企业可以分别从三个级别的政府部门获得支持，即联邦政府、省政府和市政府。这三个级别的政府文化支出总额高达80亿美元，其中46%为联邦政府支出，32%为省政府支出，22%为市政府支出。[15]这种政府高度介入文化艺术的情况世界少有。

在欧洲，政府的文化扶持政策反映了其具有王权和贵族风气的历史传统。时至今日，这些传统仍旧持续地影响着政府对文化的干预。例如，法国并没有省级政府，中央政府的主导作用辅以市政府的辅助作用恰巧反映了其君主制的本性。在德国，第二次世界大战后宪法规定禁止联邦政府干预文化事务，从而将权限下放给省级和市级政府；这承袭自德国历史中的公国制度传统。在瑞典，省级政府仅占据国家文化预算的7%。意大利则相反，文化企业可以从四个级别的政府获得资助——联邦政府、省政府、地区政府和市政府，但有些政府提供的文化补贴的数额却非常少。

政府机构会以各种形式的财政政策扶持文化企业的发展：有些为基础设施建设提供资金支持、有些则资助一些特定的艺术项目，还有一些为文化企业的日常运营提供资金。

四、私有资金市场

本书中的私有资金市场概念包括：个人捐赠、企业捐赠、基金会和企业赞助。

早在20世纪80年代，加拿大政府就开始鼓励文化艺术机构获取私人性质的捐赠和赞助来增加收入。这种转变是随着私营企业对艺术市场的重视而出现的。对于企业来说，艺术消费者是一个具有相当吸引力的市场，因此，私营企业对艺术的资金支持与日俱增。在魁北克省，私有资金市场对艺术的支持远远落后于其他省份，并且大幅度低于美国。在魁北克，1981年私有资金市场对表演艺术的经济贡献为8.4%[16]，1995年为10.0%，2003年为14.8%；而同一时间，在相同的年份，加拿大的平均水平为13.0%、17.7%和21.1%。[17]

在公共企业和私营企业的捐赠对象中，艺术总是排在末尾。这种现象不仅出现在加拿大，其他的国家（包括美国）也是如此。而宗教团体则一直位居榜首。

第二节 市场需求

一、需求的定义

产品的市场需求体现为产品的购买量(在数量或金额上)。市场需求可以用量化的单位(比如数量)或者金额来表示。文化企业的市场需求是可以被提前预估的。本节以消费者市场的需求为例,但是这一逻辑同样可以被应用于文化企业的其他市场(如政府市场、私营市场或者合伙市场)。

在通常情况下,用数量来表示需求更能反映出真实的市场概况,因为这一数据不会随着价格的增高而上升。由于比较的基础一致(都是使用数量为单位),所以对某一年和下一年的数据的对比会更为容易。有时,金额反映出的需求增长仅仅是价格升高的结果(通货膨胀的原因),而真实的市场需求水平仍维持不变。如果某一市场的需求仅仅是以金额总数计算的,而没有具体价格作为参考的话,那么这一数据则应被视作是以现值美元为单位进行统计的。如果市场分析人员参照同年的通货膨胀因素进行预估,则该测量是以定值美元为单位进行统计的。如果数量型的数据不可用,那么需求必须以定值美元统计,以便抵消价格变化产生的影响,并提供市场情况的真实反馈。

尽管以具体数量衡量市场需求十分有效,尤其是研究市场需求的发展变化时,但有时候这一方式的操作难度却较大。因为类似的数据很可能难以获取,或者产品本身可能存在着一系列不同的元素。比如在休闲市场里,需求就不能用数量进行评估,因为显而易见,不同种类的产品(如苹果和橘子)的销售额是不能相加的;剧场的座位、旅行和图书采购也是如此。

市场需求(MD)和企业需求(CD)通常需要被分开考虑。企业需求是用数量或金额表示的一家企业制造的某个产品的购买情况。市场需求则包含所有的企业需求。

$$企业需求(CD) = 企业销售的数量$$
$$市场需求(MD) = \Sigma CD_i$$

因为一个产品的市场需求是由单个企业的需求所组成的,所以总需求反映出的趋势可能与单个企业需求的趋势相反。例如,剧院的门票需求量可能在某一年里有所上升,但是某剧场的门票需求量却可能在同年内暴跌。这样的情况也可能出现在某特定行业的总体需求量与部分需求量的对比上,比如休闲活动、演出或体育活动等。

从创造到生产、分销、消费,我们可以沿着这一生产消费链,测量该产业链上不同点位的需求。这种情况下,对某个特定链接的需求相当于该链接里所有消费者购买的产品总量或总金额。

有时候,一些企业会协力刺激整个市场的需求。这些企业认为,整体市场的需求尚有上涨空间,并且各企业都可以获得与自身市场地位相符的收益。例如,在加拿大,作为由魁北克博物馆社团主办的"Musees en fete"博物馆节日节庆的一部分,蒙特利尔博物馆董事会每年都会组织蒙特利尔博物馆公共开放日。这些活动的举办源于联合国教科文组织举办的国际博物馆日(www.museesmontreal/site/idmmhtm.org)的启发。在蒙特利尔博物馆公共开放日期间,公众可以免费参观、探索城市中所有博物馆里的珍藏。

类似的活动有时也在地级或区级地区举行。例如,在美国,一些博物馆为了增加特定区域内的总需求,成立了便于进行联合促销活动的协会组织。

二、市场份额

本书对于市场的定义,包含了所有进行产品消费的个人和企业。为了占取一定比例的市场需求,企业会尽量鼓励自己的目标细分市场购买自己的产品。在现在的市场营销术语中,这被称为"市场份额",它描述的不是购买产品的消费者的需求,而是属于企业的那部分需求的比例。确切地说,它应该被称作"需求份额",而非市场份额。但目前,"市场份额"是最广为接受的说法。由于这一词语也含有需求份额的意思,所以本书选取这一词的"需求份额"的含义。

一家企业的市场份额的计算方式如下:

$$市场份额 = \frac{CD}{MD}$$

一家销售额为40万美元的企业在一个100万美元的市场中的市场份额为40%($400,000 ÷ $1,000,000)。对于企业来说,这类信息很实用。通过与其他企业进行对比,企业可以了解自身在市场竞争中所处的位置。一家企业在不同市场中的份额也可以通过计算得出。然而,在非营利性的艺术行业中,大多数组织的规模都很小,因此,从企业决策的角度看,测量市场份额并不能起到很大的作用。事实也的确如此，当企业的市场份额只有0.03%，而竞争对手的份额也如此稀少的时候，对市场份额的对比又能得出什么结论呢？

三、需求状态

对一个产品的需求可以从两方面进行考虑：实际的和潜在的。每一个方面都包含三个阶段：过去需求、现在需求和预期需求。

实际需求

一家企业的实际需求相当于它在特定时间内的销售数量。同样的解释定义也适用于市场需求。市场需求是对现在或过去的某个特定时间内的需求的测量。我们可以将一个领域、行业或企业的动态历史背景记录下来，以便衡量过去几年内需求的演变。同时，在一般情况下，一家企业或一个市场的未来需求水平也是可预测的。

潜在需求

潜在需求是指，在特定的环境下，一个产品能接触到的消费者的最大数量。消费者不可能购买市场上所有的商品，尽管常用消费品的市场需求往往被过度放大，但从未有哪个产品可以覆盖整个消费者人群。我们称那些从未消费过某一特定产品，但未来有可能会消费的人为潜在消费者。为了增加销售额，制造商会尽力劝说这些潜在的购买者尝试自己的产品。

然而，每个需求都有最高临界值。这取决于消费者的意见、品位和偏好，以及他们对营销策略的接受能力和他们所处的环境。市场经理的任务是预估任何特定时间的最大市场需求水平——市场的潜在需求。同样地，市场经理也可以预估企业的潜在需求。

与实际需求一样，对潜在需求的计算也可以按照时间点分为过去、现在或是未来。

不同情况下的市场需求

如果实际需求少于潜在需求，企业会希望增加自己的销售量或是市场份额。如果实际需求与潜在需求相一致，那么我们可以说，市场已经达到了饱和点，产品进入了其生命周期的成熟阶段。

因此,所有的销售预测都必须将可预见的竞争行为和预估的潜在需求演变考虑在内。这样,市场经理才能期待潜在需求和企业销售的数据有所上升。另一方面,当潜在需求处于下降市场时,企业若想维持现有的需求水平和市场份额,则会面临较大的困难(见图3.2)。

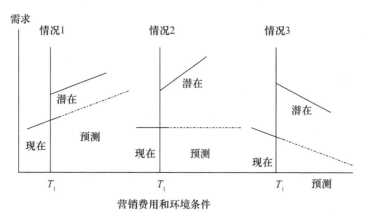

图 3.2 不同情况下的市场需求

这些概念不仅适用于需求,也适用于市场。市场也有着实际和潜在之分,也可以按照过去、现在和未来进行估量。

我们可以举一个具体的例子来说明这一概念。一个巡回剧团将自己的演出提供给某个特定区域的剧场。剧团在那个区域的潜在市场与演出场地和剧场所提供的总票数一致。由于剧团已经实际演出过,所以实际市场是已知的。预期市场是预测第二年的买家数量。而预测则需要考虑两方面的因素:市场里现存的剧场的数量(潜在市场)和可能会购入演出的剧场的数量(实际预估市场)。

四、休闲市场需求的演变

在20世纪60年代到80年代,世界休闲市场经历了大幅的增长。这一需求的增长基本使整个文化行业都有所收益。值得注意的是,在一些国家,如加拿大等,舞台剧受消费者欢迎的程度已经超过体育赛事。表3.1显示了1974年,以家庭为单位的消费者在这两项休闲活动上的花费比例的反转,舞台剧受欢迎的程度超过了体育活动。

表 3.1　家庭文化活动平均支出的发展变化

年份	体育活动 %	定值加元（$ constant）	舞台演出 %	定值加元（constant）	博物馆 %	定值加元（constant）	电影院 %	定值加元（constant）
1964	35.5	10.6	26.0	5.1	n/a	n/a	61.0	16.1
1974	31.6	15.2	32.2	8.7	n/a	n/a	62.5	20.0
1984	28.4	8.3	43.1	11.8	39.5	5.4	59.9	13.4
1992	25.7	7.0	35.1	9.9	32.9	4.3	48.9	9.3
2004	18.2	6.2	37.9	13.8	33.0	6.3	61.7	17.9
2009	15.9	6.8	35.0	14.4	27.8	5.1	54.7	14.6

来源：Statistivs Canada. 2000. Family Expenditure in Canada. Ottawa：Author. Catalogue No. 62—555.

这种趋势不仅可以归功于艺术和文化产品的增多，而且与需求水平的显著变化密不可分。

潜在趋势和当前的挑战

20世纪60年代至80年代期间在工业国家出现的包括艺术市场在内的休闲市场的需求急剧上升，其原因可以从五个方面解释：(1) 人口增长；(2) 休闲时间增加；(3) 个人可支配的定值美元收入增加；(4) 教育水平提高；(5) 女性劳动参与率增加。

这五个强有力的因素结合到一起导致了文化休闲市场需求的急剧增加。但时至今日，它们对需求的积极作用却在一定程度上有所降低。比如，尽管整体教育水平轻微上升，但是人口增速缓慢，可用的休闲时间已经达到了稳定水平（或者甚至在某些工作种类里减少了）；个人可支配的定值美元收入要么趋于平稳，要么只有轻微上升，并且新时代的女性早已融入了职场。

在这些引起文化产品需求增加的因素中，有两个尤其值得市场经理注意：女性的存在和人口增长。文化休闲活动参与率的显著增长可以被部分归功于占主导地位的女性客户群。20世纪60年代的妇女解放运动和女性在劳动市场上的出现，造就了一个新的消费群体——受过教育的、财务稳定的、拥有闲暇时间并且有与男性消费者不同品位的女性客户群。她们可以自由地做出购买决定，独立于自己的丈夫，并且渴望家庭之外的休闲娱乐活动,因此,大多数女性选择了艺术和文化。在那时,职业女性是一个新生的客户群体。在21世纪初,人们经常听到媒体对"超级女人"这个社会现象的讨论,她们为了扮演好生活中的每一个角色(母亲、职员、妻子和主妇)而筋疲力尽,并且还要尽力平衡自己的工作与家庭。考虑到很多领域的多数消费者都是女性,市场经理最好将这个现象牢记于心。

20世纪60年代至80年代间的需求增长很大一部分原因是从1960年开始的婴儿潮。这一群体主导并支配了过去几十年间的文化消费行为。并且,他们还是选择晚生或少生孩子的一代人。这导致在生育率缓慢下降之后,育龄女性平均生育小孩的数量自1980年以来又有所上升。生育率的增长导致了现在20多岁的人口增加。这一代人(通常被称为回潮世代)的人数与之前的一代人相比有所增加,但是比起婴儿潮世代又有所减少。他们被认为是未来10年到15年里的一个重要细分市场。

在2015—2020年的时候,最大的两个细分市场将分别位于年龄金字塔的两极:年龄超过50岁的婴儿潮时期出生的人,以及年龄在15岁至35岁之间的第二代。这两个细分市场都比由35岁至50岁的人组成的第三个细分市场规模大。由这一现象引发的一个主要问题是:这两个消费者群体是否将会有相似的偏好,还是会被不同的文化产品所吸引。基于后一种情况,企业将面临两难的局面:它们要么在两个细分市场中选择一个,要么调整自己的产品以同时满足这两个潜在互不相容的细分群体。对于那些只能提供一种产品的企业来说,这个困境是必然的,而那些能够提供多种演出或展览组合的企业则拥有更大的调整空间,尽管这并不容易实现。

事实上,在加拿大、美国和欧洲,基于年龄分组的各项研究都表明年轻一代的文化消费习惯跟老一辈人不同[18],这一区别在音乐方面尤为明显。例如,出生于1966—1976年之间的人(在做这份美国的调查时,他们的年龄段位于17—26岁之间),对爵士乐有着明显的偏爱,而对古典音乐和歌剧则明显缺乏兴趣。如果这一偏好被他们的下一代(出生于1976年之后的人)所承袭,除非出现逆转,那么交响乐团和歌剧企业的观众人数将会在未来的几年里持续下降,尤其在老年观众明显减少的情况下。

情况更为严峻的是,据莫塔(Motta)和谢尔维(Schewe)的描述[19],老年人无论在生理上还是心理上都有专属于他们自己的特殊需求。他们的生理需求包括衰退的视觉、听觉、身体耐力和由于年龄的增长所带来的行动不便,与此同时,他们的心理需求又与减退的识别能力和记忆力紧密相关。比如,很多的老年人对声音不再敏感,或者他们可能更愿意频繁地坐下休息。一般而言,对于那些处于这一年龄阶段的人来说,相较于那些需要独自一人沉思的事情,他们更喜欢做那种可以为他们提供社交机会的事情。

因此,不只是那些特定的艺术作品或曲目受到了影响,当前整个消费环境都受到了这些趋势的影响。

第三节 市场和竞争

一、广义上的竞争

所有对文化艺术的竞争问题的探讨都必须放在一个更加广阔的语境背景之下,即文化休闲市场。虽然人们不会将文化产品视作单纯的消遣品,但他们的确只能在非工作和非睡眠的时间去消费它。因此,文化产品不仅与其他文化产品竞争,还与其他各种占用消费者空闲时间的产品(如运动和其他体育活动、餐馆用餐、旅行,以及继续教育等)进行竞争——无论它们是属于室内消费(电视,网络)还是室外消费,无论这些竞争是地区性的、国家性的还是国际性的。

竞争有四种基本形式。第一,某一类产品间的内部竞争。这种情况存在于地区性市场。例如,不同博物馆举办的展览之间的竞争。第二,不同类型的文化产品之间的竞争。例如,古典音乐会和舞蹈演出之间的竞争。第三,文化产品和其他休闲产品之间的竞争。例如,电影和滑雪之间的竞争。第四,由于科技发展而得以实现的本地文化产品和国际文化产品之间的竞争。广播、杂志、报纸和博物馆提供的教育性资料等都可以通过互联网获得,就连歌剧表演现在也能在电影院进行现场直播。

文化休闲企业间的竞争相当激烈,它们希望尽自己所能地夺取人们的宝贵的自由时间以及分配给自由时间的消费金额。大城市的竞争则更为激烈,在那里,文化产品和休闲活动的数量多到令人难以想象。人们在阅读大城市的报纸的时候就能发觉其市场里供应的文化产品和休闲活动的丰富性和多样性。

▶▶▶ 案例 3.2

河畔博物馆：一个关于城市再生、社区参与和城市营销的故事

安特卫普（比利时北部）是一座拥有48.2万人口的城市——其中移民人口占很大比例。它也是一座非常多样化的城市，大约有170个民族。在西欧国家的城市中，安特卫普城市人口中不同民族的数量仅次于阿姆斯特丹。同时，安特卫普是欧洲城市中仅次于鹿特丹的第二大港口城市。

在20世纪末，与其他佛兰德城市一样，安特卫普也遭受着环境恶化、多民族共存以及违法犯罪等问题的困扰。从1983年到2000年，安特卫普的人口数量从490,524人降至446,525人。但现在，安特卫普的人口数量又再一次开始上升，从2006年461,496人升至2011年的500,000人以上。

安特卫普每年分配给艺术和文化的预算大约为6000万欧元，占总预算的6%。安特卫普城内坐落着六所著名的佛兰德文化机构，包括：佛兰德歌剧院、佛兰德斯皇家芭蕾舞团、佛兰德爱乐乐团、皇家美术博物馆、佛兰德当代艺术美术馆（MuHKA）和德新格尔国际艺术中心（DeSingel International Arts Centre）。

新博物馆项目：The MAS（河畔博物馆）

1998年，安特卫普决定建立一个新的博物馆。该博物馆的地址被选定在城市的北区Het Eilandje，并且由著名的荷兰建筑企业Neutelings Riedijk Architecten设计。新博物馆将综合既有的三个博物馆的收藏：国家海事博物馆、民俗博物馆（当地文化遗产）和民族博物馆。

事实上，河畔博物馆不仅仅是一个博物馆，它更像是一个聚会场所。博物馆建筑的主体包含了一条独特的从底层到顶层的"大道"，免费向大众开放，人们在建筑的每一层上都能欣赏到城市的不同美景。建筑设计师希望将鲜活的城市融入博物馆。河畔博物馆成为一个从安特卫普的每个角落都能看见的地标。

市场营销和推广

为了在本地居民中推广河畔博物馆，安特卫普提供了一次预览：在博物馆开放的前一年，邀请附近的居民和赞助者参观空荡荡的大楼。这为博物馆的周边营造了积极动力。对博物馆即将开放的庆祝活动于2010年夏天伴随着一系列的艺术活动而举行，法国街头剧团皇家豪华剧团（Royal de

Luxe)演出的《巨人的故事》将活动带向高潮。一年后,2011年5月,为了庆祝博物馆的正式开馆,安特卫普全城进行了为期四天的节日活动,活动包括戏剧、音乐、舞蹈、电影等,并最终以烟火表演告一段落。人们不仅可以到博物馆进行实地参观,还可以通过 Web 2.0 活动实时在线参观河畔博物馆。

安特卫普的城市营销和宣传部门与河畔博物馆小组联合开发了企业的传播策略。这是有史以来最大的跨部门合作市政项目。此外,国际宣传和推广活动则由安特卫普城和其他佛兰德地区的旅游部门共同推动。仅国际新闻发布会就吸引了超过100名记者做广泛的报道。《纽约时报》记者吉塞拉·威廉姆斯(Gisela Williams)写道:比起柏林,她更喜欢安特卫普。荷兰媒体则指出,河畔博物馆是荷兰博物馆学习的范例。

成果

自2011年5月开馆,仅在10个月的时间内,河畔博物馆就接待了超过838,000位参观者——远远超出了最初预测的每年220,000位参观者的数量。事实上,河畔博物馆成为全比利时客流量最大的博物馆。

参观"大道"(以及在河畔博物馆顶层观景)的游客数量和参观馆藏的游客数量分别为396,652人和440,000人。博物馆中被参观最多的是"露天仓库"(open depot)。此外,河畔博物馆的线上访问量达到4,000人,他们或者直接访问博物馆的网站,或者通过 Facebook 的链接点击进入。博物馆的参观者中有大量的外地游客,涵盖了各种各样的文化群体。

跨出博物馆的院墙:创新合作关系

当地大学和一些文化组织(如市政档案馆、市图书馆和古籍图书馆,以及一些博物馆等)是河畔博物馆的知识伙伴,他们共同为博物馆的成员和公众创造了一个创新开放的资源中心。资源中心包含各种文件、录音书籍以及登记和数据系统。所有的这些都将成为集成数字数据系统的一部分——这一创举的最终目标是形成一个将整个安特卫普城和佛兰德地区的遗产资料都囊括在内的管理网络。

可持续赞助

虽然受到金融危机的负面影响,但河畔博物馆的战略合作伙伴早在2009年时就已确定。河畔博物馆的创始赞助商包括以下四大企业组织:优美科(Umicore)、SD Worx、安特卫普港务局和比利时联合银行。这些创始企业为河畔博物馆提供了为期五年的赞助,并且是河畔博物馆在它们各自领域里的独家合作伙伴。除此之外,河畔博物馆还有其他七家主要的赞助商。

优美科,作为河畔博物馆的创始企业之一,为其制造了超过3,000个铝制的"手"。这些"手"成为安特卫普的象征符号,它们被认为是安特卫普居民在新博物馆里展示其地区自豪感的一种方式。居民可以花1,000欧元购买一只"手"并成为"他们的"博物馆的赞助者。一旦被购买,这些"手"就会被装饰在博物馆的外墙上。最后,值得一提的是,由河畔博物馆于2009年发起的众筹活动至今已筹集902,000欧元。

来源:比利时安特卫普大学(Universiteit Antwerpen)安妮克·施拉姆(Annick Schramme)撰写。

因为特定产品的生命周期短且稍纵即逝,竞争由此显得格外激烈,尤其是对那些处在图1.2中第一象限和第四象限的文化企业和产品来说(详见第一章)。展览的时间有限,所以这类产品不能被储存以用于未来的展示,并且消费者也不能将他们的消费推迟到特定时间之后。因此,消费者必须马上做出自己的选择。这种时间压力加强了产品之间的竞争。

二、市场间的相互依赖与连锁反应

那些从多个市场获取利润的企业必然要面对每个市场里的激烈竞争,这是绝大多数企业都必须面对的问题。这些竞争是同时发生的,但不同市场中的竞争对手并不相同。为同一个赞助机会而彼此竞争的两家企业,可能不会申请同一个政府资助项目,或寻求同一个分销伙伴。因此,对于市场经理来说,多角度、全方位地了解竞争是至关重要的。而且,他们必须考虑到市场之间的协作和连锁反应,而不能将它们分开考虑制定独立的营销策略。通过对市场之间的相互联系的分析,一家企业可以利用某一个市场撬动其他市场,产生杠杆效应,并激发螺旋式的增长。例如,一家企业必须尽可能地了解它的消费者,这不仅仅是为了能够与市场进行有效的沟通,更是为了给赞助者、合作伙伴,甚至(在某些时候)给政府提供更多的信息。

反之亦然。一家在某一特定市场内日渐衰弱的企业将很可能进入负增长的螺旋,并且最终走向消亡。消费者数量的下降会导致赞助者数量的减少和资金的流失,从而使该企业失去对潜在合作伙伴的吸引力。在这种状况下,企业若要反转螺旋增长的方向,就必须在基于对四个市场情况的分析的基础上采取强有力的措施。然而,这并不是一件简单的事。

三、竞争全球化所带来的影响

竞争的全球化已经使消费者有了新的期望,某些文化产品的出口也变为可能。作为交换,其他国家的产品也可以通过进口进入本国市场。产品进口意味着本地产品所面临的额外竞争。此外,虽然国际市场的吸引力毋庸置疑,但艺术企业的市场经理必须牢记,所有工业化国家里的市场竞争都非常激烈;在那些人口基数更大的国家中,供过于求的情况也会更加普遍。

在文化产业中,企业往往呈聚落式分布,因此,大多数的文化产品的制造都为少数的跨国企业所控制。这些跨国企业不断拓展自己的活动范围,这就导致每个文化行业中都有一个企业占据着行业的主导地位:艺术家管理、唱片制作、现场表演、表演场地、票房、娱乐设施、电影制作和发行、出版、广播和电视网、舞台设计等。那些人口基数少的国家中的文化企业必须团结一致、共同协作,以便与国外企业抗衡。但这种协作所要面对的,或者说必须包括的,不应仅仅是产品而已,还有由合作伙伴和合作关系所形成的销售渠道,包括供应商和分销网络等。这一有关产业聚集的观点来源于波特(Porter)有关国际竞争优势和战略策略的理论。[20]波特还指出,除了合作之外,国与国之间也存在着内部的竞争关系。

四、产业分散

产业分散化趋势也是加剧竞争的一个因素。波特指出了五个迫使产业分散化的压力源头(详情见图 3.3)。它们是:(1) 行业内部的竞争对手;(2) 新的进入者——例如,刚刚进入某行业的企业;(3) 供应商;(4) 购买方;(5) 替代品。

如果竞争者的规模小且数量多,阻止新进者的产业壁垒很薄弱,买家和供应商在产业中的控制力可以凌驾于企业之上,那么,我们就认为这个产业是分散的。上述最后一点尤为重要,当某一产业中只有少数的供应者和消费者,且他们都足够强大,有能力去制订产业规则并压制竞争者时,那么该产业中的企业就可以高枕无忧地坐拥收益。如果在这一基础之上,该产业的增长非常缓慢,且企业之间几乎不存在什么差异的话,那么那些无法扩张的小企业之间的竞争将会变得异常激烈。这通常会导致无休止的价格战。而那些参与竞争的企业则可能会自损利益,并最终以破产告终。

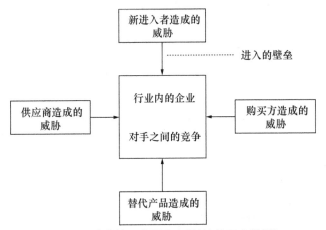

图 3.3　波特的五大压力来源（波特五力模型）
来源：Porter, M. E. 1990. *The Competitive Advantage of Nations*, New York: Free Press, p. 4.

　　如果一个产业变得高度集聚化，那么它很有可能从极端分散型的产业转变为轻度分散型产业。通过集聚，产业内部的大企业和小企业的数量可以达到平衡，并且大企业可以控制整个市场。然而，某些产业是很难聚集化的。波特列举了16种可能阻碍产业集聚的产业特性（详情见表3.2）。其中的任何一条都足以维持产业的分散现状。

　　高端艺术行业是一个分散型的产业，它由许多小型企业组成。然而，这一产业并不具有产业集聚的可能性，因为它至少符合波特列出的16条特性中的四条。第一，这一行业缺乏市场进入的壁垒。我们不难发现，相较于开办传统商业企业，如汽车制造厂，创办一个弦乐四重奏乐团或者剧团所需的经费要求其实很低。第二，因为产品本身的特性，艺术行业是很难实现规模经济的。例如交响乐团，无论科技怎样发展，它们总是需要同样数量的音乐家、同样的练习和表演时间。第三，艺术内容对文化企业来说至关重要。事实上，这是区分活跃在艺术行业里的企业的主要特征。最后，"退出壁垒"可以用来解释为什么那么多的艺术家宁愿选择长期劳累，而不愿放弃他们的艺术生涯。他们的投入与贡献是他们的雇佣者（或者文化企业）得以生存的主要原因。

　　同样的境遇也常见于其他某些文化产业。例如，数字时代的兴起打破了唱片和电影产业的进入壁垒。现在，人们仅仅需要一台电脑和一点点才能，就可以制作一个像样的音乐或者电影产品。据说拉瑟·德·塞拉（Lhasa de Sela)的首张唱片是在蒙特利尔(加拿大)的一个厨房里录制的,在这之后,她的专辑销量却达到了数千万张。当然这仅仅是一个例子。

处在分散产业中的企业必须清楚地找到自己的企业定位,以便能够从众多的竞争者中脱颖而出。换句话说,就是赢得竞争。因此,对竞争优势的把握是一个非常重要的原则。

表 3.2　16 个造成产业分散的原因

1. 较低的整体进入壁垒
2. 缺乏规模经济
3. 较高的运输成本
4. 较高的存货成本或不稳定的销售波动
5. 与购买方或供应方相比没有规模大小优势
6. 在一些重要的方面规模不经济
7. 低开销是运营成功的关键
8. 为多样化的市场需求定制产品
9. 产品中创意内容占比重大
10. 严格的本地控制和运行监督
11. 丰富的个性化服务
12. 地区联系不密切,仅为交易而进行联系
13. 退出壁垒
14. 地区性法规
15. 政府限制产业集中发展
16. 属于新兴产业

来源:Porter, M. E., 1990. The Competitive Advantage of Nations. New York: Free Press, p. 196.

五、竞争优势原则

广泛地说,包括全球化竞争在内的竞争压力可以迫使文化企业确定并发挥自己的竞争优势,展现企业的独特性。由于不同市场的需求不同,因此这种独特性也会因不同市场而异。

每个企业都必须具有一个可以使之脱颖而出的强有力的企业定位。这种强有力的定位只能通过突出企业与众不同的特征,或是突出企业或产品的竞争优势来实现。当然,这些特征必须是可以为消费者所接受的。它可以是产品特征、促销工具、不一样的分销网络,也可以是一个有吸引力的价格政策。

这取决于企业所找到的、能使自己超越竞争对手的、有独特目标的细分市场。

市场经理需要考虑一个问题：相较于其他竞争者的产品，为什么消费者（或者赞助者）会更乐于选择我们企业所提供的产品？这是一个非常重要的问题，因为在一个已经饱和了的市场，例如艺术市场中，消费者会面临无数个选择。在很多情况下，他们必须在多种可能性中做出抉择，对于他们来说，每一个选择都与下一个同样有趣。在消费者市场中，消费者的购买决策可能与购买产品相关的因素（停车场的距离、氛围、买票的方便程度、员工的礼仪、是否有酒吧等）、自己所需付出的精力或先前经历过的消费体验有关。

面对由本土市场和国际市场施加的巨大压力，文化企业别无选择，只能在其目标市场中开发自己的竞争优势，无论目标市场是消费者市场、政府市场、私有资金市场还是合作者市场。

第四节　市场与宏观环境变量

宏观环境变量，也叫作不可控变量，它持续影响着市场和企业组织的生存。有时，当企业没有能力采取相应行动时，它们必须去适应一些翻天覆地的变化。宏观环境的主要变量有五个：人口统计环境、文化环境、经济环境、政治法律环境和科技环境。企业不仅需要在国内的市场环境中考察这些变量，在进入国际市场时，也需要考虑这些变量。

一、人口统计环境

人口统计在市场中扮演着重要的角色，因为人口的变化意味着需求的变化。某个区域的人口是如何分布的、以哪个年龄层为主、是哪个民族的聚居区等，这些都是影响市场的重要的环境因素。当然，环境因素的涉猎范围不仅限于此。比如，15岁至17岁的青少年大多会购买流行音乐唱片。毋庸置疑，变量"15岁至17岁的青少年"将影响音乐行业的发展。那些为儿童设计的产品也是如此，产品的种类取决于每个年龄层中孩子的数量。

二、文化环境

社会的价值观，也叫作文化环境，在产品营销上扮演着领导角色。价值观的改变会引发消费习惯的改变。因此,在 20 世纪 40 年代看似不可思议的事情,在现在看来却是非常正常的。例如,传统的女性社会角色是家庭主妇,他们的理想是拥有一个大的家庭。但现在并非如此;18 岁以上的女性大多都有自己的工作。此外,现代的夫妇大多选择少生和晚育,即希望在他们 30 多岁而非 20 多岁的时候有自己的孩子。这就解释了,为什么现在的年轻夫妻有更多的休闲时间去消费文化产品。自然而然地,这些改变也会影响文化组织。

三、经济环境

企业,如个体企业,必然会与所处的经济环境打交道。通货膨胀、失业或者经济萧条,在现在的经济环境中都是非常常见的。如在经济萧条时期,潜在消费者和可用的资金都会骤减。这种情况不仅影响文化企业,同时会影响赞助商:商业企业的赞助或捐献预算会立即收缩。任何商业企业都会尽力去削减不必要的活动开支,在这其中,捐献和赞助首当其冲。国际经济环境的变化可能引发某一原材料的价格下降,这可能进而导致一个城镇随之消失。此时,文化领域也会遭到彻底的冲击,因为文化需求的规模通常是由消费者可随意支配的收入所决定的。

四、政治法律环境

法律和法规是另外一个主要的变量,因为政府行为能从根本上改变一个产业的面貌。直接对文化产品的价格征税可能会减少市场需求。政府干涉或行动的效果也许是积极的——比如为刺激电影制作产业而设计的征税措施。

五、科技环境

所有的企业都会受到科技环境的影响。跨越式的科学进步和发现已经触及人类生活的方方面面。科技对艺术的影响也是如此。如在视听装置等艺术领域,竞争主要受创新力的驱动;这种由创新驱动的竞争来势汹汹,并且可以从根本上改变文化艺术产品的生产和分销方式。虽然在一些如艺术生产和贮存的领域中,科技发展的影响可能并不深远,但分销方式和渠道却已经随科技环境的发展而改变。例如,传统的工匠,如玻璃工人,他们通常继承并采用古老的制作工艺进行玻璃雕花;他们所生产的玻璃工艺制品与现代机械化的制品完全不同。这些工匠可以坚守原来的手工工艺,但不能无视互联网作为一种分销渠道和推广工具的作用。他们需要通过网络来接触市场。另一方面,全息摄影技术和电脑制图技术的发展已经改变或强化了传统的绘画技术。画家可以使用更持久的、更易溶的人造颜料。最近,化学界的一个新发现导致了一种新的粘接物质和亮光漆的诞生,它为保护艺术作品提供了一种新的可能性。

科技对市场也有着巨大的影响,电影就是这样一个非常戏剧性的例子。在其诞生之初,电影被认为是一种需要在配备大屏幕的影院里进行观赏的集体消费活动。但随着电视、光纤电视、付费电视、录像机、卫星电视、DVD、网络广播和最近的移动下载技术的发展,电影消费者的选择范围不断扩大,电影的观看方式正在不断改变。

六、国际市场

除了以上的宏观经济环境变量之外,一家企业在进入全球市场或者产品出口时还需要考虑其他两个变量:地理区域和基础设施。地区的可及性、气候和交通网络等仅是影响产品出口方式和时间的一部分原因。例如,如果一个国家的电力系统功率为 220 伏特,那么当向其出口运转功率设定为 110 伏特的电器设施时,企业就需要将该国的电力系统情况纳入重点考虑范畴。另外,不同地区的电视机所使用的系统也有 PAL 和 NTSC 之分。在巡回演出中,道路交通运输网络的便利性也是一个关键的影响因素。

在对出口商品进行分销时,企业必须提前熟悉当地的分销结构,包括它们的效率和可靠性等。例如,为了让观众可以在电影院内观看到一部有异域风情的电影,企业必须在目标市场区域内设置一个中介管理机构,以负责管理或者协助电影的当地分销。

小 结

文化市场可以被分为四部分:消费者市场、合作者市场、政府市场和私有资金市场。其中的每个市场都对应着不同的动机,且覆盖着产品营销活动的不同方面。因此,企业需要针对各个市场开发不同的市场战略。

一些工业化程度较高的国家调查显示,高雅艺术的消费者一般拥有较高的收入和教育程度,而流行艺术的爱好者则涵盖了各类人群。

除美国以外,在大多数的国家中,国家补贴总是文化艺术企业预算收入的重要组成部分。但是,美国政府对艺术的资助不多,私人企业赞助和个人捐赠却非常常见,这弥补了政府在这方面的缺失。

需求是以数量或者金额为表现的市场成员的购买力。需求这一概念有助于企业准确地判断自己在既定市场中过去、现在和未来的竞争地位。

从20世纪60年代到80年代开始,文化休闲市场的内部需求开始大幅上升。其主要原因为人口的增加、消费者可利用的休闲时间的增加以及收入和教育水平的提高。在这之后,艺术消费逐渐超过体育消费,占据了更大的休闲市场份额;这是由于在20世纪60年代女性消费者的大量出现。同时,供应方数量的增长也不容小觑。

文化和休闲产品市场中的竞争可以表现为不同的形式,但这些竞争都很激烈。为了生存,企业必须拥有一项竞争优势以抵抗由于科技进步和市场全球化造成的竞争压力。此外,由于艺术企业的规模往往较小,所以艺术部门是且只能是一个分散的行业。

问题

1. 为什么说文化产品的消费者是那些受过良好教育的并且富裕的人,而非所有人呢?
2. 为什么加拿大、美国和欧洲的政府对艺术文化行业的资助比例各不相同?
3. 阐述来源于私有资金市场的资助对文化企业预算的重要性。
4. "需求"和"市场"概念的不同之处在哪里?
5. 通过对实际需求和潜在需求的比较,你能发现哪些不同?
6. 请描述从20世纪60年代开始的文化休闲市场中需求的变化。
7. 为什么艺术行业的分散化问题是无法解决的?
8. "拥有一个竞争优势"意味着什么?
9. 科技发展对文化企业造成了怎样的影响?

注释

1. Statistics Canada. Family Expenditure in Canada. Ottawa: Author. Catalogue

No. 62—555.

2. National Endowment for the Arts. 1997. Survey of Public Participation in the Arts: Summary Report. Washington: Author, p. 17.

3. Australian Bureau of Statistics. Australia Now—A Statistical Profile. http://www.abs.gow.au/

4. 例如: Conseil de l' Europe. 1993. "Participation a la vie culturelle en Europe: Tendances, stratégies et defies." Table ronde de Moscou-1991. Paris: La Documentation française, p. 229; Donat. O. 1996. Les amateurs: Enquête sur les actiavités artistiques des Français. Paris: Département des études et de la prospective, ministère de la Culture, p. 229; Fernandez-Blanco, V., and J. Prieto-Rodriguez. 1997. "Individual Choice and Cultural Consumption in Spain." In Proceedings of the 4th International Conference on Arts and Cultural Management, A. W. Smith, ed. San Francisco: Golden Gate University, pp. 193—205; Ford Foundation. 1974. The Finances of the Performing Arts, Vol. 2. New York: Author; Japan Council of Performers' Organisations. 1995. "Professional Orchestras in Japan." Geidankyo News, Vol. 1 (Spring), pp. 6—7; McCaughey, C. 1984. A Survey of Arts Audience Studies: A Canadian Perspective 1976—1984. Ottawa: Canada Council for the Arts; Myerscough. J. 1986. Facts about the Arts 2: 1986 Edition, London: PSI Policy Studies Institute; Rubinstein, A. 1995. "Marketing Research into Theatre Audiences in Russia." In Proceedings of the 3rd International Conference on Arts and Cultural Management, Michael Quine, ed. London: City University, pp. 51—67; Throsby, C. D., and G. A. Withers. 1979. The Economics of the Performing Arts. New York: St. Martin's Press。

5. D'Angelo, F., F. Donatella, A. Crociata. A. Castagna, (2010). "Education and Culture: Evidence form Live Performing Arts in Italy." *Procedia Social and Behavioral Sciences*, 9, pp. 1373—1378.

6. Donnat, O., 2002. La démocratisation de la culture en France à l'épreuve des chiffres de frequentation, Circular No. 14, Ministère de la Culture et de la Communication de la France, Départment de la recherche et de la prospective, pp. 2—3.

7. Rubinstein, A. 1995. "Marketing Research into Theatre Audience in Russia." In Proceedings of the 3rd International Conference on Arts and Cultural Management, M. Quine, ed, London: City University, pp. 51—67; Levshinal, E., And Y. Orlov. 2000. "General and Specific Issues in Russian Theatre." *International Journal of Arts Management*, Vol. 2, No. 2 (Winter), pp. 74—83.

8. Gainer, B. 1993. "The Importance of Gender to Arts Marketing." *Journal of Arts Management, Law and Society*. Vol. 23, No. 3, pp. 253—260; Gainer, B. 1997. "Marketing Arts Education: Parental Attitudes towards Arts Education for Children." *Journal of Arts Management, Law and Society*, Vol. 26, No. 4, pp. 253—268.

9. Kracman, K. (1996), "The Effect of School-Based Arts Instruction on Attendance at Museum and the Performing Arts." *Poetics*, 24, pp. 203—218.

10. Nagel I., M.-L. Damen and F. Haanstra. 2010. "The Arts Course CKV1 and Cultural Participation in the Netherlands." *Poetics*, Vol. 28, pp. 365—385.

11. Bourdieu, P. 1984. *Distinction: A Social Critique of the Judgment of Taste*. Boston: Harvard University Press.

12. Warde, A., and M. Gayo-Cal. 2009. "The Anatomy of Cultural Omnivorousness: The Case of the United Kingdom." *Poetics*, 37, pp. 119—145.

13. Opera America. 2005. "The 2003 Annual Field Report." *Newsline*, Vol. 14, No. 5, pp. 19—32.

14. Theatre Communication Group. http://www.tcg.org/.

15. Statistics Canada. 2005. Government Expenditures on Culture. Ottawa: Author. Catalogue No. 11-001-XIE.

16. Groupe de recherche et de formation en gestion des arts, HEC Montréal. 1986. La levée de fonds: Panacée ou utopie. Montreal: Author.

17. Statistivs Canada. 2000. Canadian Culture in Perspective: A Statistical Overview. Ottawa: Author, Catalogue No. 87-211-XIB.

18. Colbert, F. 1997. "Changes in Marketing Environment and Their Impact on Cultural Policy." *Journal of Arts Management, Law and Society*, Vol. 27. No. 3 (Fall), pp. 177—187; Colbert, F., ed. 1998. "Changes in Demand and the Future Marketing Challenges Facing Cultural Organisations." In *Cultural Organisations of the Future*. Montreal: Chaire de gestion des arts, HEC Montréal, pp. 69—87; Conseil de l'Europe. 1993. Participation à la vie culturelle en Europe: Tendances, stratégies et défis, Table ronde de Moscou-1991. Paris: La documentation française; Pronovost, G. 1998. "Shifting Cultural Practices: An Intergenerational Perspective." In *Cultural Organisations of the Future*, F. Colbert, ed. Montreal: Chaire de gestion des arts, HEC Montréal, pp. 89—110.

19. Schewe, C. D., and P. C. Motta. 1993. "Targeting Mature Adult Patrons: Some Marketing Directives." In *Proceedings of the 2nd International Conference on Arts and Cultural Management*, Y. Évrard, ed. Jouy-en-Josas, France: Groupe HEC School of Management.

20. Porter, M. E. 1990. *The Competitive Advantage of Nations*. New York: Free Press.

扩展阅读

Colbert, F. 2003. "Entrepreneurship and Leadership in Marketing the Arts." *International Journal of Arts Management*, Vol. 6, No. 1(Fall), pp. 30—40.

Cuadrado, M., and A. Molla. 2000. "Grouping Performing Arts Consumers According to Attendance Goals." *International Journal of Arts Management*, Vol. 2, No. 3 (Spring), pp. 54—60.

Fishel, D. 2002. "Australian Philanthropy and the Arts: How Does It Compare?" *International Journal of Arts Management*, Vol. 4, No. 2(Winter), pp. 9—15.

Octobre, S. 2005. "La fabrique sexuée des goûts culturels: construire son identité de fille ou de garçon à travers les activités culturelles." Développement culturel. Paris: Départment des études et de la prospective, ministère de la Culture, No. 150.

Porter, M. E. 1980. *Competitive Strategy*. New York: Free Press.
Rabking, Nick et E.C. Heldberg. 2011. Arts Education in America: What the Declines Mean for Arts Participation, Washington, D. C.: National Endowment for the Arts, p.58.

> 附录 3.1

产品合作生产

越来越多的文化产业将产品合作作为国际化的一种手段。这种合作允许来自不同国家的合作伙伴在创意或财政上为同一个项目努力。

在电视电影制作上，很多国家采用双边协议。这些遵循特定规矩的协议使合作产品达到每一个国家对内容质量的要求，即使这个国家并不是主要的合作伙伴。

为什么要合作生产？

生产商选择合作生产的原因有许多：

- 进入新市场：国际产品合作提供了进入通过其他方式无法进入的新市场的通道。
- 政府保护主义：某些政府可能强加特定的限制，只有通过国际合作才能被允许进入上述市场或使用资源。
- 共担财政风险：产品合作生产能在主要项目上分担风险。
- 规模经济：在主要项目中，合作可能对生产的各个方面产生规模效益，并因此使合作伙伴在产业内更具有竞争力。
- 技术转让：产品合作生产允许合作伙伴从其他伙伴的专有技术中受益。

产品合作生产：少数还是多数

不同的合作伙伴之间，产品合作生产可能仅是一份股权多少的协议。产品合作生产模式现在已在大多数的文化产业中被运用。奥斯卡得奖影片《野蛮入侵》(*The Barbarian Invasions*)是加拿大和法国合作的产物，加拿大为主要制作方。很多纪录片是由英国与加拿大或是美国合作制作的。在出版业，合作出版使单位生产成本降低。博物馆现在也进行合作展览，展览从一个博物馆到另一个博物馆。

合作生产的劣势

合作生产的劣势如下：

- 合作成本通常较高，因为合作的项目一般更为复杂。
- 可能会存在一些产品内容失控和文化特性消失的情况。
- 国外合作伙伴可能会利用这个机会成为一位竞争者而非合作伙伴。

> **附录 3.2**

合作生产的关键成功因素

合作关系并不容易管理。一个合作者的目标也许与另一个合作者的目标不一致。然而，经验表明，某些特定的因素有助于建立成功的合作关系。

合作伙伴的选择

合作伙伴的选择是最重要的需要优先考虑的因素。合作伙伴的选择和项目目标是一致的，这是合作的基本条件。对一个企业来说，与第一个到来的潜在合作伙伴结盟是非常危险的。

伙伴间的关系会在很大程度上影响着项目进行的氛围，并且，将最终影响项目的成功或失败。合作伙伴应该拥有互补性资产和可能的协同效应。如果企业在规模上不同，那至少目标和兴趣应该相容。他们应该有一样的企业文化。合作关系应该是灵活的、坚定的并且相互信任的。

项目负责人的选择

项目负责人应该是对不同文化有着丰富经验和一定敏感度的人。项目负责人必须能在复杂的环境中工作，适应多领导汇报工作体制。项目负责人必须是一位出色的沟通者和善于外交的人，因而团队和合作伙伴能在信任的气氛中工作。项目负责人必须能够满足所有相关合作伙伴的目标。

团队的选择

团队的成员必须能适应半结构化的工作环境。他们必须自主，然而又能在复杂的环境中合作。他们的任务是不可重复的。他们必须能够进行团队工作，与同事步调一致，关注项目进程和结构。他们应该拥有直觉、对不确定性的容忍度，以及充足的自信心。

合同

为了避免任何争论，从项目开始，就应该有一个清晰、准确、详细的合同。合同能帮助理清项目中出现的任何疑惑。合同应该具体规定各自的角色和责任。合同还应该包含处理、解决矛盾的条款。

第四章
CHAPTER 4

消费者行为*

Yannik St. James

教学目标

- 识别影响消费者文化活动参与强度和消费选择的关键因素
- 了解刺激文化消费的各种不同动因
- 认识文化消费行为的本质,包括决策过程、体验式消费行为和后消费行为
- 探寻消费者行为与文化艺术营销决策之间的关系

》引言

尽管参与文化活动的强度和目的因人而异,但总的来说,所有人都是文化消费者。英国一项有关视觉艺术消费的研究[1]识别出三类文化消费者。第一类是"文化杂食者"(omnivores),大约占总人口的 7%,几乎所有种类的文化产品他们都消费。第二类是"文化独食者"(paucivores),大概占人口总数的 34%,他们只在有限的范围内消费少量的视觉艺术产品。第三类消费群体主要指那些"不活跃"(inactive)的消费者,约占总人口数量的 59%,他们几乎不参与任何视觉艺术活动。因此,文化企业需要识别真

---

* 作者:耶尼克·圣詹姆斯(Yannik St. James)。

正的产品消费者,并且了解消费者的选择原因和消费过程。通过了解消费者行为,营销人员可以预测并且影响消费者在文化活动中的花销、出席以及参与情况。

对消费者行为的研究事实上是对市场中的人类行为的研究。这一范围广泛且内涵复杂的学科研究需要借鉴基于心理学、社会学、人类学、生物学和经济学等跨学科的研究方法。我们可以从以下三个角度了解文化消费者:

- 信息处理角度。基于微观经济学、决策理论和认知心理学,信息处理角度将消费者视为理性的思考者,在一定范围内,消费者会依托逻辑思考来进行消费决策。[2]

- 体验消费角度。利用多元化理论方法,比如人类学、符号学、社会学和媒介理论,体验消费的角度更关注产品感性消费而非实用功能,强调产品的象征维度而非有形属性,更看重消费者的想象力而非他们对客观现实的了解。因此,消费体验方面主要指的是从感性、符号、创意方面定义消费体验。[3]

- 社会学角度主要探寻文化消费与社会结构之间的关系。这类研究的一个重要议题是社会阶层如何影响文化实践,同时又如何被这些实践所强化。[4]

基于这些不同角度,图4.1主要从三方面展示了文化消费者行为的研究框架。首先,我们必须识别影响消费者参与文化活动的强度和选择不同文化活动的背景因素。其次是消费动机,即鼓励消费者参与文化活动的因素和能解释消费者参与文化活动原因的因素。最后,营销人员需要在决策过程、消费者体验和后消费行为的框架下理解消费实践。这三方面构成了本章讨论内容的基调。

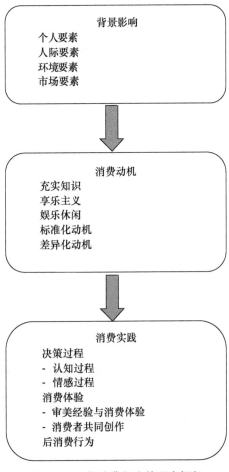

图 4.1 文化消费行为的研究框架

第一节　背景影响

　　文化消费被许多因素所影响,这些因素可以被归为四大类:个人因素、人际因素、环境因素和市场营销因素。在本节中,我们仅分析前三类因素,因为市场营销策略的影响将会在本书其他章节中被重点讨论。

一、个人因素

一个人的审美和文化消费实践受到各种各样的个人因素影响。我们将关注三类主要因素:社会经济变量、社会阶级和文化资本,以及涉及的风险和感知到的风险。

社会经济变量

很多研究都发现:社会经济变量是预测文化活动参与程度的有效指标。例如,一份报告[5]显示加拿大人参与文化活动(包括观看戏曲或者流行音乐演出;游览历史名胜、保护区或者自然公园;参观公共美术馆或者艺术博物馆)往往受到年龄、性别、受教育程度、职业、家庭收入、父母或者配偶父母教育背景的影响。在加拿大,女性往往比男性更容易成为剧院的常客。剧院的上座率往往与消费者的受教育程度、其父母配偶的受教育程度、收入水平、专业或者职业化程度呈正相关。

对于营销人员来说,确定一个给定文化活动中的个体消费者的社会经济概况,是十分有用的。营销人员从而可以识别目标客户,并且可以根据所预测的社会经济变量的演变,来预测消费者的未来需求。了解社会经济特征和文化参与之间的联系也很重要。例如,家庭收入影响文化参与,至少部分影响了消费者的支付能力。类似地,无论是消费者的受教育程度还是其父母配偶的受教育程度,教育因素都能促使消费者接触某种艺术类型,并从而刺激消费者对某种文化实践活动的兴趣。这种关系在一定程度上引出了"文化资本"的概念,我们会在后面继续讨论。

社会层级和文化资本

对文化消费的社会学研究十分关注社会地位对文化实践的影响。这类研究很大程度上是基于皮埃尔·布尔迪厄[6]的理论。布尔迪厄认为,一个人的家庭背景将为其提供一定的经济资本(如金钱、财富等)、社会资本(如人际网络等)和文化资本(如品位、技艺、知识等)。这些资源是罕见的,且在各社会阶层中不平均分配。一个人的资源配置将导致个人独特的"惯习(habitus)",即个人的爱好、性情、选择倾向等;而"惯习"则会影响个人的文化实践。文化资本和惯习对文化消费的影响可以用来区分不同的社会群体;对此有三种可能的解释:差异化效果、抹消效果和杂食效果。

差异化效果理论认为,对文化产品的消费可以维持并加重社会阶层差异。[7]人们一直认为,处于较高社会阶层的人士更乐于欣赏高雅的文化产品,如古典音乐或者剧场戏剧等,而处于较低社会阶层的人士更喜欢大众文化产品,如流行音乐和电影等。社会阶层及其相关因素导致了不同消费模式的产生,而这种消费模式又反过来象征消费者的社会地位,并加重了社会阶层的差异。

抹消效果理论则相反,它认为,高雅艺术和大众文化产品之间的区别正在消失,不同的社会群体间的消费偏好逐渐相似。这种模糊的界限与大众文化产品日渐流行有关,而大众文化产品的盛行是因为文化(过度)商业化而造成的。[8]约翰·西布鲁克(John Seabrook)在他的著作(*Nobrow*)[9]中提供了一个有关抹消效果的有力例子,他认为,"市场营销文化"已经逐渐取代了"文化市场营销",因此,原本的"社会阶层"被"流行分层"(hierarchy of hotness)所取代。

最后,杂食效果理论是指:处于较高社会阶层的人士对文化产品的欣赏范围较为广泛,既包含高雅艺术又包括大众文化产品;而处于较低社会阶层的人士主要欣赏大众文化产品。因此,虽然文化产品消费仍可以体现社会差异,但这种差异已经不再严格按照"高雅—大众"的框架进行区分了。相反,差异体现在文化产品消费的多样性上,这反映了消费者的品位和消费实践的多个维度。例如,来自较高社会阶层的消费者展现出更国际化的品位,并且接受更具有批判性的艺术解读,但来自较低社会阶层的消费者的品位更本土化,且倾向于以自我参照的方式对艺术作品进行解读。[10]总而言之,个人所处的社会环境可以为其提供一些特定的资源,这些资源则能够塑造他对某种文化产品的偏好(高雅或通俗)和消费动机(如欣赏或娱乐)。

差异化效果、抹消效果、杂食效果并不互斥;相反,它们可以彼此互补以解释消费者行为。[11]一份有关西班牙表演艺术市场的研究报告证明了三种效果之间的相互作用,并且识别出三种类型的消费者:少量消费各种文化产品的消费者、只消费高雅艺术或者大众文化产品的消费者,以及大量消费各种文化产品的消费者。[12]

介入和感知风险

个人的关联度、个人重要性或个人消费活动,被称为"介入"。介入是我们理解文化消费的一个中心概念:在高介入的情况下,消费者往往有更强的积极性并且会为消费的决策过程花费更多的精力;而低介入的消费者往往倾向于简化决策活动。[13]

"介入"可以分为两种类型[14]：持续型（enduring）和间歇型（situational）。持续型介入（或者产品介入）指的是对某类产品长期的、内在的兴趣。基于体验的显著性或者象征性，它反映了消费者对于某一类产品的忠诚度。假设有一位消费者名叫理查德，他热衷于歌剧。他对歌剧的热情，起源于童年时期母亲经常播放自己最喜爱的唱腔，后又因为发现了一位自己喜欢的作曲家，该作曲家的作品对他有着特殊意义，从而他对歌剧的热情更深。无论是在家还是外出，理查德都经常观看歌剧演出。他阅读专业杂志并且喜欢与具有相关知识的朋友讨论歌剧。无疑，歌剧对理查德是持续型介入，并且这种文化实践在他的生活中扮演了重要的角色。

相反地，间歇型介入（或者购买型介入）指的是消费者基于对购买后果的考量而对产品产生的临时兴趣。间歇型介入经常伴随着较高的感知风险；在这种情况下，消费者更愿意在决策过程中花费更多精力，以避免做出"错误"的决策。在文化消费过程中，感知风险主要表现为以下几种形式：功能风险、经济风险、心理风险和社会风险。

功能风险是指所购买的产品不符合消费者心理期待的可能性。许多文化产品（如现场表演）是无形的，这就导致消费者在购买之前不能提前检视或者体验。因此，消费者很难在实际消费之前预估产品的质量，从而导致了高感知风险。为了将功能风险最小化，消费者可能会寻求可靠的信息帮助他们做出决策；例如，为了减少功能风险，很多观影者会提前阅读影评或者选择观看那些自己熟知的演员所出演的电影。[15]文化组织也可以通过提供一些可靠的资讯的方式，让消费者提前体验一部分产品，以减少功能风险。例如，音乐公司可以在正式售卖唱片之前先行开放部分试听等。[16]

经济风险是指消费者为了参与一项文化活动而做出的经济方面的牺牲，这不仅仅是为支付产品价格而发生的开销，而是涉及所有由消费该文化产品所导致的经济方面的损失。经济风险随着消费者的资源水平增高而递减，这就能部分解释文化参与与家庭收入呈正相关的原因。年龄也会影响人们对某种文化活动的参与水平，这是由于消费者会在他们生命中的某一时段拥有更多的空闲时间。[17]

文化或者审美产品拥有丰富的象征意义，这是因为它们体现并强化社会联系与社会差异。这种象征维度导致文化产品具有较高的心理和社会风险。心理风险是指，产品购买或消费可能与消费者所期待的自我形象不符。

社会风险则不同,它是指消费或者购买某产品可能会导致其他人对于消费者的负面评价。假设一位名叫苏珊的消费者,她将巴洛克音乐与年长的、保守的人群联系在一起,那么她可能会认为参加巴洛克音乐会与自己青春、时尚的形象不符(心理风险),并会据此劝说他人也不要参加(社会风险)。

二、人际因素

一个人的文化实践,尤其是在公开场合下进行的文化消费活动,往往会被他人的态度和行为所影响,这些其他相关人士即所谓的参照群体和同伴。

参照群体是指消费者所属的(或者希望自己所属的)群体。参照群体内部往往会有一套理想的行为规范,这些规范会时刻约束着群体内部的成员。一项关于年轻人音乐消费与社会互动的研究[18]表明,年轻人对于音乐的选择往往受参照群体内部对音乐象征意义的接受程度所影响。如果一种音乐不被参照群体认可,那么即使个人十分喜欢这类音乐,消费者也会限制自己的购买和欣赏行为。

对文化活动的选择和体验也很容易受到同伴的影响。例如,在分析是否参加古典音乐会的决策时,研究人员将消费者划分为"发起者"和"呼应者"。[19]发起者是指那些乐于组织他人一起参与文化活动的人。他们往往对艺术形式有较高的介入度,并且主动寻找活动的相关信息。呼应者则更乐于被动地参加艺术活动。他们通常对该艺术形式持有积极态度,但是并没有太大可能将他们的兴趣主动转化为购买行为。由于呼应者的数量有时高达参加音乐会的人数的一半以上,因此同伴的作用不容小觑。

一项有关交响乐团观众集体性消费的研究[20]表明,周围人的参与对于文化消费体验而言有着强烈的影响。消费者认为,周围人可能造成自己分心,如过重的香水味或者噪音,这会导致消费者无法享受音乐会。相反地,他人的参与也可能为听众创造一种共享的氛围,从而将音乐会的乐趣放大。有时,甚至是伙伴的缺席(如爱人的临时爽约)都可能为乐迷的音乐会体验添加不同的色彩。

三、环境因素

文化消费还被各种环境因素所影响,这些环境因素通过改变人们的心理或者生理状态而发挥作用。环境因素包括物理环境、当下的压力和前期状态。[21]

　　物理环境对消费者的文化活动体验有着直接影响。例如,服务环境会直接影响音乐会的乐趣,如礼堂建筑的环境设计、消费者的观赏位置、座椅的舒适程度等。[22]

　　类似地,当下的压力可能会影响决策过程和消费过程。例如,一个非常忙碌的消费者很少有机会和时间去了解文化产品的相关信息,因此,他们倾向于选择更简单的决策策略。

　　最后,消费者的前期状态,如情绪、精力、注意力等,会影响消费者的消费过程。这就是为什么一些消费者会选择听特定类型的音乐来维持或者转换自己的情绪。

第二节　消费动机

　　文化消费受各种动机的影响,所谓动机是指消费者试图实现预期目标的意图。这些动机,或者被称为目标或利益寻求,可以促使一个人采取行动。消费者的文化实践活动存在以下五种主要动机。[23]

- 充实知识(enrichment motives)。个体消费者消费文化产品可能是为了丰富充实自身文化和知识。丰富充实这一动机揭示了消费者的欲望,包括想要更多地学习了解艺术、想要扩展知识面、满足个人的求知欲,或拥有教育体验等。例如,一个消费者去历史博物馆的目的是进一步受教育和学习历史知识,那么该消费者的动机就是丰富充实自己。

- 享乐主义(hedonic)。如果说丰富充实这一动机是理性的,那么享乐主义动机本质上是感性的,并且需要多感官刺激。无论是观看易于理解的娱乐大片,还是欣赏并体会较复杂的艺术作品的美感价值,消费者往往希望通过艺术产品来寻找能引发自己兴趣的事物。当然,享乐主义的概念不仅限于愉快的体验。人们有时会选择消费那些可能会导致负面情绪的文化产品。充斥着暴力的艺术作品在一定程度上可以释放人内心的痛苦感情,如恐惧或者悲伤等。

- 休闲娱乐(recreation)。人们有时会因为试图逃避一成不变的日常生活而参与文化活动。休闲娱乐动机是指,消费者希望通过娱乐放松自我,或是通过沉浸在文化体验中的方式试图逃避现实,或是忘却世俗的烦恼。

一项研究[24]显示,老年消费者参观博物馆时会体会到怀旧之情,即对于过去时光的怀念,这既是一种移情(light diversion),也是一种逃避。与社会紧密联系并对目前生活满意的老年参观者,在博物馆里感受到的怀旧之情会是短暂的、有趣的情绪。另一方面,那些感到非常孤单且无法掌控生活的老人则会将博物馆视作可以梳理自己负面情绪的临时避难所。

- **标准化动机**(normative)。标准化动机是消费者希望能够达到社会期望并且获得社会认可,以及与他人产生联系或者互动的期望。由于文化产品具有丰富的象征意义,所以为社会互动提供了一个独特的舞台,为消费者提供了加强人际关系和沟通的机会。例如,研究者注意到,消费者通常将参观博物馆作为放弃或维持与同伴间社会关系的方式。[25]
- **差异化动机**(distinction)。如果说标准化动机是渴望与他人拉近距离的话,那么差异化动机则相反。差异化动机是指消费者希望将自己与他人区别开来,彰显自己的社会地位,强化自我身份以及构建自己的独特性或者甚至是优越性。例如,研究者曾经认为,参观博物馆本身构成了一种阶级象征符号,对于许多参观者来说,"去过"某博物馆比"正在参观"更重要。[26]

值得注意的是,人们可以同时持有多种消费动机。例如,在博物馆参观者中,很多参观者都抱着"寓教于乐"的目的,即消费者同时持有"充实知识"和"休闲娱乐"双重动机。[27]此外,由于动机是动态的,所以消费者会在不同的时间持有不同消费动机(一个或者几个)。

正如前文所提到的,特定动机的激活与个人、人际、环境、产品等因素紧密联系。特别是,文化产品消费的主要动机往往与个人的文化资本有关:持有大量文化资本的消费者倾向于寻求理性主义(充实知识)、个人主义和原真性;而持有少量文化资本的消费者则更容易被转移注意(休闲娱乐)、社群主义和标准化动机激发消费积极性。[28]

营销人员必须仔细分析消费者的潜在动机,因为这些动机驱动消费者行为,并影响消费者在各阶段的决策过程。例如,艺术品的大顾客和小顾客往往持有不同的购买目标,这就说明了动机可以在一定程度上影响文化消费的强度。[29]因此,消费动机构成了文化产品的市场细分变量。在法国的当代艺术中心,基于所寻求的观展体验类型不同,市场被细分为三类。[30]第一类为享乐主义者,往往拥有较少的专业知识,喜欢互动式的展览,并且基于展览的娱乐价值(休闲娱乐动机),以自我参照的方式,评估自己的观展体验。相反,活跃积极型的消费者则希望展览能够多体现文化价值,并且对社会矛盾进行批判(标准化动机)。最后,知识分子希望通过采用理性观点来衡量艺术作品的好坏(充实知识),理解并且解读展览。

市场营销人员还需谨记,满足消费者动机的方式有许多种,消费者往往会选择参与那些他们认为最可能满足自己需求的活动。因此,文化组织可以通过设计和传播迎合消费者动机的体验来吸引消费者。

第三节 消费者行为

前文我们探究了消费者进行文化实践的原因,现在我们可以将注意力转向审视这些实践的本质,即消费者做了什么以及他们怎么做的。我们可以将文化消费活动分为三种:消费前的决策活动、消费体验中的参与活动,以及消费后的评价及忠诚行为。

一、决策

一位消费者是如何决定要在周六晚上观看戏剧而非曲棍球比赛的?消费者是如何在众多的剧目中挑选出特定某一出戏剧的?消费者所采用的决策策略取决于他的介入程度和取向,即是理性(思考)主导还是感性(感觉)主导。

认知过程(理性过程)

认知(理性)过程是决策过程的其中一个模式。认知过程诠释消费者为理性的信息处理者,他们致力于解决问题,并最终根据态度选择消费。态度是持久的、全球性的、评价性的判断。它反映了个人的信仰、感觉以及反应趋势。这种态度与文化产品的种类(例如,对现代舞的态度)、文化产品的组成(如舞蹈或者音乐)、文化企业、工作人员以及其他要素有关。

当消费者发现自己身处一个高介入程度却经验有限的决策环境中时,理性决策模式开始启动。认知过程一般用以解决复杂化的决策问题,通过收集信息,消费者可以识别那些能够满足他们消费动机的替代产品,并且可以建立相关评判标准。想象一个名叫盖里的消费者,他只在朋友的邀请下看过几场当代舞演出,但现在他希望深入地了解这门艺术并且正在考虑购买演出季的套票。盖里希望通过观看当代舞演出实现学习和娱乐的目的,而套票价格高昂，所以对盖里而言，这是一个典型的高介入情形。由于不同的文化企业所提供的套票种类各不相同，盖里必须确定用来评估这些替代演出的评判标准（舞蹈编导的声誉、节目的质量、价格等）。使用这些评判标准来评估这些替代演出，盖里能够对每个替代演出都有一个初步印象，并从中选择最符合自己偏好的那一场演出。

随着时间的积累，消费者对决策的过程越发熟悉，以上评判标准将很可能不再被需要。在这种情况下，消费者将更依赖自己以往的消费经验而做出抉择。

情感决策过程（感性过程）

尽管认知过程在很多情况下都行之有效，但是有时候，高介入型消费者会依据自己的直觉进行消费。在这种情况下，消费者倾向于基于整体情感反应而非理性问题分析来做出决策。

对涉及具有强烈享乐价值的文化产品进行决策时，感性过程尤为盛行，比如艺术、娱乐或者休闲等。[31]假设一位名叫芭芭拉的消费者在观看一位当地艺术家的画展时，突然发现了一幅自己很中意的画作。她很喜欢这幅画，能感觉到与画作的交流，甚至希望将其挂在自己的客厅里，她能够想象每天看见这幅画的愉悦感。着迷的芭芭拉决定听从自己的心声买下这幅画。在这个案例中，芭芭拉并没有考虑购买这一文化产品的后果，也没有衡量这幅画能为她带来什么，她的购买行为仅仅是因为自己的情感和感觉。文化消费很大程度上都被这类情感过程所支配。

低介入式决策

理性过程和感性过程都建立在消费者介入程度高的基础之上。相反，在低介入环境下，即决策对于消费者来说并不重要，并且当感知风险较低的时候，消费者希望能尽可能地简化决策过程。探索式（heuristics）的购买和冲动式（impulse）的购买是低介入式决策过程的两个典型例子。

探索式的购买是消费者用以简化决策过程的心理捷径和经验法则。例如，菲利克斯固定在每周二观看电影。对于他来说，这是一种负担得起的娱乐活动并且不会导致任何负面后果。当选择电影时，菲利克斯往往倾向于选择最新上映的那部。通过这一个简单的原则，菲利克斯迅速、省事地解决了一系列的决策问题。

一般情况下,冲动式的购买决策也不基于文化产品的属性。这种决策常见于对非常便宜的产品购买过程中。假设谢莉正在 iTUNES 上收听自己最喜爱的音乐歌曲,但突然她看到界面的侧边栏上弹出了推荐的类似曲目,她很喜欢这首曲子的名字而且购买这首曲子只需要 0.99 美元,于是她会毫不犹豫地点击"购买"按钮。

值得注意的是,探索式的购买和冲动式的购买并不是常见的文化产品购买决策过程,因为消费者通常认为文化产品意义十分重大(高介入性)或是文化产品具有较高的感知风险。

二、消费体验

"消费体验"概念占据市场中的核心角色。随着产品和服务越来越商品化,向消费者提供令其难以忘怀的体验,成为企业区别自家产品或服务的有效方式。[32] 菲拉特(Firat)和多拉基亚(Dholakia)[33]这样描述消费体验对于现今消费者的重要性:

> 对于后现代消费者来说,消费不仅仅是一个吞噬、毁灭或者使用事物的过程。它也不是经济周期循环的终点,而是产生体验和制造自我形象的行为……优化生活就是允许多样体验,既要感性又要理性,利用身为人类的各个方面的功能进行体验……实际上,生活是被消费者的消费体验所构建、生产和创造出来的。(p.96)

这个描述在三方面低估了消费体验,而这三方面又是彼此相关联的。首先,这些与个人所有方面都密切相关的体验都仅以感性或理性进行区别分类。其次,消费者正越来越重视消费体验,并且试图多角度地、全方面地、沉浸式地进行感受。最后,消费者在消费体验中并不是被动的,而是积极的、具有创造力的且有生产力的。

审美和消费体验

对于文化产品营销人员来说,区别审美和消费体验十分重要。审美体验是由消费者与艺术作品之间的互动引发的,与艺术作品欣赏有关。从根本上来看,审美体验是主观的、感性的、有目的的,因此审美体验往往是内在驱动的,并且是独立于其他体验的。[34] 审美体验也是身体作用的体现,感官影响着人们对于艺术的感知,即我们考量、感受艺术作品的方式。[35] 消费体验则

相反,它伴随着大量与审美体验相关的其他活动。消费体验包含四个主要组成部分[36]:

- 预期体验包括前文所述的决策过程,也包括那些消费活动之前的不切实际的预想和想象。
- 购买体验是指采购和付款全过程中所涉及的相关交易活动。
- 核心消费体验包括审美体验、与消费相关的服务活动,以及环境因素(互动、物理环境、设备等)。
- 在所记住的消费中,人们通过谈论和想象来释放过去的体验,来评估消费体验。

研究剧院消费者和管理者的一项研究报告[37]发现,消费者诠释消费体验更为广泛,如消费前的活动、审美经验、附加服务、消费后的活动等。管理者的分析角度相对较窄,因为他们往往更关注艺术核心产品。了解并且熟悉消费者的消费体验有利于文化组织的发展,因为消费者的满意度和忠诚行为将在很大程度上被消费体验所影响。

消费者体验中的参与:协同生产、共同创作与产销合一

当前,很多研究者开始关注消费者如何在消费产品、服务和体验的同时又生产产品、服务以及体验;这类活动通常被称作"协同生产""协同创新"或者"产销合一"。因此,文化产品的消费者不仅仅是被动的观察者或受众,更是消费体验的共同创造者。消费者的参与有时表现在实际行动上,如在表演过程中的欢呼、鼓掌,以及在演出结束后与他人分享感受等;但有时也是一种想象或者情感上的参与,这种无形的参与往往很难被测量。对文化产品的体验包括视觉、听觉、嗅觉、味觉、触觉等各种感官刺激。消费者不仅简单编码这些多重感官刺激,还会利用这些感官刺激产生既定印象。消费者使用文化产品所提供的符号表征来建构与自己的经历和幻想相关的虚构故事。因此,他们对于文化产品的解读较为主观且超越产品本身。[38]正是因为文化产品的价值和意义是消费者在脑海中创造的,所以柯林·坎贝尔(Colin Campbell)才称消费者为"想象的艺术家"[39]。

消费者对于文化活动的踞位过程(the appropriation process)可以被划分为三步。[40]首先,"栖息"(nesting)是指,消费者会首先识别出他在某艺术体验中最熟悉的要素,如歌剧中的一小段咏叹调或者交响乐团中的一件乐器;消费者在陌生的体验中找到一个立足之处并且身心得以放松。其次,消者"探察"(investigating)艺术体验中的新元素,如某知名艺术家的新曲目等;在这个过程中,消费者会逐渐拓宽自己的知识面和认知领域。最后,通过"烙印"(stamping),消费者给部分或者整个艺术活动赋予了具体特殊的意义。经过踞位过程,消费者缩短了自己与艺术作品间的距离,增强了文化体验的沉浸感(代入感)。这一踞位过程事实上是循环性的,我们称之为踞位周期理论。[41]

消费者协同创新,是指文化企业不为消费者提供严格统一的消费体验,它们为消费者提供的是价值生产的符号和工具。通过这种方式,消费者的想象力被激发,从而感受到个性化的消费体验。值得注意的是,协同创新正越来越受到文化企业和艺术家的青睐,因为这种艺术创作的形式不仅可以打破艺术生产、消费之间的界限,还可以促进艺术生产活动的民主化进程。例如,美国内华达州每年都会举办一个名为"火人节"的艺术活动,旨在鼓励受众与艺术创作之间的双向参与、创意表达和互动。研究者[42]曾专门对这一活动进行探索。该研究展示了组织者和参与者将艺术重新定义为"赠予他人的礼物"的过程。该活动将艺术创作者的范围大幅扩大(甚至将完全的外行纳入其中)。他们认为,那些能够鼓励受众参与和进行互动的艺术才更有价值,消费艺术的过程应该是基于共同经验并且因人而异。最后,互联网和信息技术、通信技术的发展也为打破艺术消费与生产之间的界限提供了助力。[43]

由于审美体验涉及解读、评价、感性回应等方面,所以消费者必须在这个过程中投入大量的情感资源。这一过程通常被称为吸收[44]或者沉浸[45]体验,在沉浸体验中消费者需要消耗自己的精神力量以获得一种幸福感,并且需要消费者有极高程度的介入感。与投入其他资源一样,如金钱或者时间,对于情感资源的投入也能影响消费者的消费决策。[46]欣赏现代舞比听摇滚音乐更具有挑战性,观看实验戏剧比观看爱情喜剧更需要智力和情感上的投入。因此,在给定时间内,消费者需为某一项审美体验配置必需的情感资源。

▶▶▶ 案例 4.1

浸没式戏剧——《死水边的美人鱼》

浸没式戏剧(Immersive Theater)起源于英国,区别于以往的戏剧表演模式,它的表演空间不再局限于舞台,表演者也不仅限于专业演员,观众可以以更自由的方式观剧,甚至可以直接参与到戏剧表演的过程中去。在浸没式戏剧中,舞台与观众席、演员与观众、表演与观演的隔阂被打破,与之相应的,传统的戏剧结构和叙事方式也被极大地改变了。自2000年以来,随着经典浸没式戏剧(Sleep No More)在全球范围内的走红,中国的剧作家与艺术家也开始尝试这种新型的戏剧表演方式,《死水边的美人鱼》就是这样一部作品。

与传统戏剧相比,《死水边的美人鱼》的剧情故事并不十分复杂。故事围绕着男主人公和一对姐妹之间的爱恨情仇展开,主线故事之间夹杂着许多细小的辅线剧情,使整个剧情变得完整且具有可看性。但其表演方式十分特殊。首先,剧场不设观众席,整个剧场都是表演空间。导演将整个蜂巢剧场布置成一个大的演出空间——墙上贴满了墙纸、画报,地上有洋娃娃、足球,桌上有喝到一半的茶水、各种日用品——观众走入剧场就如同走进一间巨大的迷宫,舞台和现实间的空间被扭曲、隔阂被打破,人们在疑惑、不安中感到新鲜和好奇,探索欲和自主性被极大地激发出来。其次,剧场不设主舞台,观众跳脱于习以为常的全知视角。《死水边的美人鱼》在取消观众席这一固定视角的同时,强化了戏剧的多舞台、多空间、多线程的叙事模式,导演将整个剧场划分为三个空间,主线剧情在几个空间中不断交织,而辅线剧情则陆续上演于各个场景中,观众需要根据自己的直觉和判断做出选择和取舍,每个人都囿于自己的位置和角度而无法看到完整的剧情,这种时间上的错位感和情感上的孤立感自然而然地模糊了戏剧和现实生活的边界,将观众拉入剧情,令其不断思考,从而全情投入到舞台表演中去。最后,演员不在固定舞台上演出,并且会带领观众进入舞台,参与表演。演出过程中,十几位演员会不断穿梭于三个表演空间,而跟随他们的、路过的或者围观的观众则会根据剧情需要被演员带入表演空间,与演员共同表演、即兴对话,甚至直接参与故事的主线剧情——比如,有的观众会受邀与美丽的女演员共舞、有的则会扮演男演员的出轨对象等。

可以说,观众从沉浸式戏剧中获得的,是一种完全不同于以往的观剧体验,在这种舞台环境中,人们关于剧情、感情、意义的认知会因时、因地、因人而异。这也是为什么,很多人在看过一次《死水边的美人鱼》后还会反复去看第二、第三次。

来源:北京大学艺术学院鞠高雅撰写。

三、后消费行为

在消费文化产品之后,消费者会从产品的质量、他们获得的价值、对消费体验的满意程度等方面评判一个文化产品。正如图 4.2 所显示的,这些评价将反过来影响消费者的再次消费意愿和他们未来的消费行为。

对产品质量的评价既包括由文化企业提供的核心产品(或者服务)的质量,也包含与核心产品相关的周边服务质量。客户价值是消费者在交易过程中所获得的所有好处,比如智力、学习、享乐和社交方面的收获;成本不仅是产品或服务的价格,而且是消费者做出的所有牺牲,比如时间和精力。客户满意度,是指当消费者对比他对文化产品的期待和他对实际产品的体验时所形成的态度。当实际体验符合或者超出预期的时候,消费者会感到满意,否则便不满。

消费者注重后消费评估中的不同评判标准。例如,研究表明,当戏剧观众评价对戏剧的满意度时,持有不同消费动机的戏剧观众会使用不同的作品进行评价:寻求文化充实的消费者倾向于强调演员和戏剧本身的重要性,而那些寻求休闲娱乐的消费者则将观剧环境、剧院位置等因素纳入评价范畴。[47]

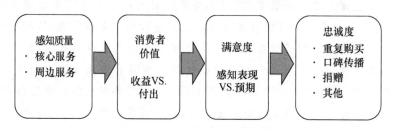

图 4.2 后消费评估和忠诚行为

最后,对于组织来说,消费者的满意度是他们未来行为意向和忠诚度的重要指向标。消费者的忠诚度有以下几个具体体现:后期持续回购、对产品的积极推荐(口碑传播)以及为产品投入大量时间和金钱等。在表演艺术[48]、博物馆[49]和电影研究[50]领域,感知质量、感知价值、满意度以及忠诚度等因素之间的关系相当重要(图 4.2)。

小 结

消费者参与文化活动的本质和参与强度受个人因素、人际因素、环境因素和市场营销因素的影响。这些变量影响着消费者消费文化产品的动机和需求。人们消费文化产品的动机可能与学习和扩展知识的欲望(充实知识)相关,与体验多感官刺激(享乐主义)相关,与娱乐和逃避日常生活(休闲娱乐)相关,与他人社交联系(标准化动机)相关,还有可能与表达个人独特性相关(差异化动机)。

文化消费实践与三个主要活动有关。通过决策过程,消费者首先考虑的是如何通过消费特定的产品以实现自己的需求和目的。为了做出正确的决策,消费者通常会采取三类决策策略:(1) 建立在信息处理之上的认知(理性)决策策略;(2) 源于消费者对于产品的整体情感的情感(感性)决策策略;或(3) 低介入式决策策略,包括探索式购买决策、冲动式购买决策等。

另一类文化实践则涉及审美体验(艺术产品)与消费体验(产品的周边服务)。文化企业在塑造消费体验的过程中起主导作用,但是经过消费者的生理和情绪反应以及想象过程,消费者可以主动地共同创造消费体验。

最后,消费者会评估他们对体验的满意度,并决定是否参与到后消费行为中去。满意度的评估主要是基于感知质量和感知价值。满意度评估能影响消费者的后消费行为。后消费行为主要体现在消费者的忠诚度(忠实行为)上,包括重复购买、口碑传播和捐赠等。

理解消费者行为可以让市场营销人员预测并影响消费者对文化活动的花费、参与率和参与行为等。有关消费者行为的信息可以引导组织识别目标市场、定位产品市场,并开发有效的市场营销组合(核心以及周边产品和服务、价格、分销和传播)。

问题

1. 若社会经济变量是消费者行为的决定性因素,其优点和缺点是什么?
2. 文化资本是什么?它如何影响文化消费?
3. 如果你是博物馆的营销总监,为那些为了丰富生活而来的消费者和为了满足享乐而来的消费者着想,你会如何打造具有吸引力的体验?
4. 参照群体会怎样影响消费者在文化消费中的消费行为?
5. 什么是消费者介入?为什么它是我们理解消费者行为的核心?
6. 消费者是如何同文化企业一起创造消费体验的?请试举有关消费者协同打造戏剧的案例。

7. 什么是消费者态度？它在消费者的决策过程中起什么作用？

8. 对文化企业来说，仅关注为消费者提供高质量的审美体验，是否足够？为什么？

9. 如果你是交响乐队的市场总监，你要如何测量顾客价值？

10. 什么是消费者满意度？消费者如何评估自己的文化体验满意度？

注 释

1. Chan, T. W., and J. H. Goldthorpe. 2007. "Social Stratification and Cultural Consumption: The Visual Arts in England." *Poetics*, Vol. 35, pp. 168—190.

2. 关于信息处理原则的讨论，请阅读 Bettman, J. R. 1979. *An Information Processing Theory of Consumer Choice*. *Reading*. MA: Addison-Wesley。

3. 关于消费体验以及消费体验理论与信息处理理论的比较，请阅读 Holbrook, M. B., and E. C. Hirschman. 1982. "The Experiential Aspects of Consumption: Consumer Fantasies, Feelings, and Fun." *Journal of Consumer Research*, Vol. 9, pp. 132—140。

4. Bourdieu, P. 1984. *Distinction: A Social Critique of the Judgment of Taste*. Cambridge, MA: Harvard University Press.

5. Ewoudou, J. 2008. *Understanding Culture Consumption in Canada*. Ottawa: Statistics Canada.

6. Bourdieu, op. cit.

7. Ibid.

8. Holbrook, M. B. 1999. "Popular Appeal versus Expert Judgment of Motion Pictures." *Journal of Consumer Research*, Vol. 26, No. 2, pp. 144—155.

9. Seabrook, J. 2000. *Nobrow: The Culture of Marketing ＋ The Marketing of Culture*. New York: Knopf.

10. Holt, D. B. 1998. "Does Cultural Capital Structure American Consumption?" *Journal of Consumer Research*, Vol. 25, pp. 1—25.

11. Holbrook, M. B., M. J. Weiss and J. Habich. 2002. "Disentangling Effacement, Omnivore, and Distinction Effects on the Consumption of Cultural Activities: An Illustration." *Marketing Letters*, Vol. 13, No. 4, pp. 345—357.

12. Sintas, J. L., and E. G. Alvarez. 2005. "Four Characters on the Stage Playing Three Games: Performing Arts Consumption in Spain." *Journal of Business Research*, Vol. 58, pp. 1446—1455.

13. Lange, C. 2010. "Visibility and Involvement in Effective Arts Marketing." *Marketing Intelligence and Planning*, Vol. 28, No. 5, pp. 650—668.

14. Hume, M., and G. S. Mort. 2008. "Understanding the Role of Involvement in Customer Repurchase of the Performing Arts." *Journal of Nonprofit and Public Sector Marketing*, Vol. 20, No. 2, pp. 299—328.

15. Suarez-Vazquez, A. 2011. "Critic Power or Star Power? The Influence of

Hallmarks of Quality of Motion Pictures: An Experimental Approach." *Journal of Cultural Economics*, Vol. 35, pp. 119—135.

16. Legoux, R., and Y. St. James. 2010. "A Taste of What's to Come: The Appetitive Value of Sequential Product Launches." *International Journal of Arts Management*, Vol. 13, No. 1, pp. 4—11.

17. Ewoudou, op. cit.

18. Larsen, G., R. Lawson and S. Todd. 2009. "The Consumption of Music as Self-representation in Social Interaction." *Australasian Marketing Journal*, Vol. 17, No. 1, pp. 16—26.

19. Brown, A. 2004. *Initiators and Responders: Leveraging Social Context to Build Audiences*. Knight Foundation Issues Brief Series. Miami: Knight Foundation.

20. O'Sullivan, T. 2009. "All Together Now: A Symphony Orchestra Audience as Consuming Community." *Consumption Markets and Culture*, Vol. 12, No. 3, pp. 209—223.

21. Belk, R. W. 1975. "Situational Variables and Consumer Behavior." *Journal of Consumer Research*, Vol. 2, pp. 157—164.

22. Carù, A., and B. Cova. 2005. "The Impact of Service Elements on the Artistic Experience: The Case of Classical Music Concerts." *International Journal of Arts Management*, Vol. 7, No. 2, pp. 39—54.

23. 改编自 Caldwell, M. 2001. "Applying General Living Systems Theory to Learn Consumers's Sense Making in Attending Performing Arts". *Psychology and Marketing*. Vol. 18, No. 5, pp. 497—511; Swanson, S. R., J. C. Davis and Y. Zhao. 2008. "Art for Art's Sake? An Examination of Motives for Arts Performance Attendance." *Nonprofit and Voluntary Sector Quarterly*. Vol. 37, No. 2, pp. 300—323; Zolfagharian, M. A., and A. Cortes. 2011. "Motives for Purchasing Artwork, Collectibles and Antiques." *Journal of Business and Economics Research*, Vol. 9, No. 4, pp. 27—42。

24. Goulding, C. 1999. "Heritage, Nostalgia, and the 'Grey' Consumer." *Journal of Marketing Practice*, Vol. 5, No. 6/7/8, pp. 177—199.

25. Mencarelli, R., S. Marteaux and M. Pulh. 2010. "Museums, Consumers, and On-site Experiences." *Marketing Intelligence and Planning*, Vol. 28, No. 3, pp. 330—348.

26. Kelly, R. F. 1985. "Museums as Status Symbols: Obtaining a State of Having Been There." *In Advances in Non-profit Marketing*, R. Belk, ed. Greenwich, CT: JAI Press.

27. Mencarelli, Marteaux and Pulh, op. cit.

28. Caldwell, M., and Woodside, A. G. (2003). "The Role of Cultural Capital in Performing Arts Patronage." *International Journal of Arts Management*, Vol. 5, No. 3, pp. 34—50.

29. Zolfagharian and Cortes, op. cit.

30. Aurier, P., and J. Passebois. 2002. "Comprendre les experiences de consommation pour mieux gérer larelation client." *Decisions Marketing*, No. 28, pp. 43—52.

31. Holbrook and Hirschman, op. cit.

32. Pine, B. J., and J. H. Gilmore. 1999. *The Experience Economy*. Boston: Harvard Business School Press.

33. Firat, F. A., and N. Dholakia. 1998. *Consuming People: From Political Economy to Theaters of Consumption*. London: Sage.

34. 关于审美体验的讨论,请参见:For a discussion of aesthetic experiences, see Lagier, J. 2010. "L'expérience esthétique." *In Recherches en marketing des activités culturelles*, Assassi, I,. D. Bourgeon-Renault and M. Filser, eds. Paris: Vuibert, pp. 159—177。

35. Joy, A., and J. F. Sherry Jr. 2003. "Speaking of Art as Embodied Imagination: A Multisensory Approach to Understanding Aesthetic Experience." *Journal of Consumer Research*, Vol. 30, pp. 259—282.

36. Arnould, E,. L. Price and G. Zinkhan. 2002. *Consumers*. New York: McGraw-Hill.

37. Hume, M., G. S. Mort, P. W. Liesch and H. Winzar. 2006. "Understanding Service Experience in Non-profit Performing Arts: Implications for Operations and Service Management." *Journal of Operations Management*, Vol. 24, pp. 304—324.

38. Holbrook and Hirschman, op. cit.

39. Campbell, C. 1994. "Consuming Goods and the Good of Consuming." *Critical Review*, Vol. 8, pp. 503—520.

40. Carù, A., and B. Cova. 2005. "The Impact of Service Elements on the Artistic Experience: The Case of Classical Music Concerts." *International Journal of Arts Management*, Vol. 7, No. 2 (Winter), pp. 39—54.

41. Lin, Yi. 2017. "Promotion or Communication: This is a Question." in *14th AIMAC Conference Proceedings*, China Open University Press.

42. Chen, K. K. 2012. "Artistic Prosumption: Cocreative Destruction at Burning Man." *American Behavioral Scientist*, Vol. 56, No. 4, pp. 570—595.

43. Nakajima, S. 2012. "Prosumption in Art." *American Behavioral Scientist*, Vol. 56, No. 4, pp. 550—569.

44. Swanson, G. E. 1978. "Travels through Inner Space: Family Structure and Openness to Absorbing Experiences." *American Journal of sociology*, Vol. 83, pp. 890—919.

45. Csikszentmihalyi, M. 1990. *Flow: The Psychology of Optimal Experience*. New York: Harper & Row.

46. Hirschman, E. C., and M. Holbrook. 1982. "Hedonic Consumption: Emerging Concepts, Methods, and Propositions." *Journal of Marketing*, Vol. 46 (Summer), pp. 92—101.

47. Garbarino, E., and M. S. Johnson. 2001. "Effects of Consumer Goals on Attribute Weighting, Overall Satisfaction, and Product Usage." *Psychology and Marketing*, Vol. 18, No. 9, pp. 929—949.

48. 例如:Hume, M., and G. S. Mort. 2010. "The Consequence of Appraisal

Emotion, Service Quality, Perceived Value and Customer Satisfaction on Repurchase Intent in the Performing Arts." *Journal of Services Marketing*, Vol. 24, No. 2, pp. 17—182; Johnson, M. S., and E. Garbarino. 2001. "Customers of Performing Arts Organizations: Are Subscribers Different from Nonsubcribers?" *International Journal of Nonprofit and Voluntary Sector Marketing*, Vol. 6, No. 1, pp. 61—77; Swanson, S. R., J. C. Davis and Y. Zhao. 2007. "Motivations and Relationship Outcomes: The Mediation Role of Trust and Satisfaction." *Journal of Nonprofit and Public Sector Marketing*, Vol. 18, No. 2, pp. 1—25。

49. 例如:Harrison, P., and R. Shaw. 2004. "Consumer Satisfaction and Post-purchase Intentions: An Exploratory Study of Museum Visitors." *International Journal of Arts Management*, Vol. 6, No. 2, pp. 23—32; Hume, M. 2011. "How Do We Keep Them Coming? Examining Museum Experiences Using a Services Marketing Paradigm." *Journal of Nonprofit and Public Sector Marketing*, Vol. 23, pp. 71—94。

50. Grappi, S., and F. Montanari. 2009. "Customer Identification and Retention: The Determinants of Intention to Re-patronize in the Film Industry." *International Journal of Arts Management*, Vol. 12, No. 1, pp. 44—59.

第五章
CHAPTER 5

私有资金市场*

(J. Dennis Rich)

教学目标

- 了解私有资金市场的各种组成部分
- 熟悉美国慈善活动的历史
- 探寻赞助作为传播工具的可能性
- 回顾打造成功的赞助活动的步骤

>> 引言

  为了保证收支平衡,艺术企业正越来越依赖私人市场的参与。在过去的 25 年间,许多产业化的国家都效仿美国,通过各类税收手段鼓励个人、基金组织和商业企业参与到文化艺术活动中去。随着公共财政支出的日渐紧缩,政府希望文化企业积极寻求除政府财政支持之外的其他收入来源。私有资金对文化企业的贡献可以表现为捐赠和赞助两种形式。

  本章的第一节简要介绍并区分了捐赠者与赞助者市场。此外,本章还回顾了私有资金参与到社区中的历史,揭示了私有资金对美国市民生活所起到的重要作用,尤其是对艺术和文化环境所起的作用。

---

* 作者:丹尼斯·里奇(J. Dennis Rich)。

第一节　捐赠者市场

近些年来，由于文化企业对捐赠资金的竞争十分激烈，所以传统市场营销概念也被运用到资金募集活动中。很少有艺术机构仅凭项目质量或其所提供的服务来寻求资助。它们更多地强调自己在社会经济、就业创造和吸引旅游者方面的影响。本质上，艺术机构寻求着价值交换。

赞助者和资金募集市场由个人、基金会和那些可能会为文化艺术机构提供资金支持的私人企业所组成。在这个特殊的市场中，文化企业需要彼此竞争、占领市场份额，从而获取潜在的盈利。另一方面，赞助商和捐赠者对捐助决策的判断标准有所不同。每个赞助商都有自己的选择标准。

资金资助可以采用两种形式：捐款和（对产品或者活动的）赞助。捐款的来源包括个人、基金会或者企业。赞助则主要来自企业。捐款一般是慈善行为，然而赞助是一种作为交换广告效应或对外宣传的传播行为。赞助是由赞助商提前计算好潜在盈利而决定的。企业赞助商从产品曝光度、产品意识和所触及载体的数量，即接收到信息的消费者数量等方面，来判断企业赞助行为的投资表现。

企业希望通过赞助文化艺术活动来获取广告效益。赞助商希望自己所赞助的文化机构的名气以及大众对该文化机构的喜爱，能转变为自己的名气和大众对自己的喜爱。通常情况下，赞助费来源于商业企业的广告预算资金或者公共关系预算资金。对于寻求具有强大购买力的细分市场的商业企业来说，文化企业的目标受众正是他们赚钱的来源。事实上，很多文化企业都有着广阔的潜在受众群体，因此它们是很好的广告载体。在媒介逐渐分散细化的情况下，商业企业正试图寻找高效且易于成功的新传播方法[1]，而赞助活动恰好能满足他们的需求。

越来越多的商业企业主动寻找需要赞助的文化企业，这正好证实了上面这一观点。现今，如多伦多电影节、芝加哥交响乐团、萨尔斯堡音乐节等文化活动已经越来越成功，所以很多私人企业都乐于为它们投资。赞助这些活动不仅能够让赞助商接触到大量的潜在消费者，还能增强它们的公众认可度和号召力。

另一方面，个人捐赠者则基于个人的品位和信奉为文化机构提供资助。

例如,基金会根据自己的宗旨和目标决定捐助的对象。捐赠者往往会因为捐赠而获得一定的认知度,但这并不总是慈善行为的主要动因。

在加拿大,表演艺术类企业从私有资金市场募集的资金平均占其总收入的 15.6%。[2]而这个数据在美国则高达 40.0%。[3]在美国,政府对表演艺术行业的总资金支持占比不超过 5.5%,而在加拿大,政府的资金支援比例则可以占到行业收入的 40.0%。[4]

私有资金市场对某些领域的资助远远高于其他领域。管弦乐队、歌剧公司、音乐社团等比舞蹈团队或戏剧团体等更容易获得私有资金市场的支持。艺术企业或者艺术活动的规模也能影响捐赠者和赞助商的选择,赞助商更倾向于选择大型的文化活动或者文化组织。

在私有资金扶持艺术发展方面,美国在所有的工业国家中最具有代表性。这可能是由于较低的企业税和众多的税收扶持政策所导致的。在美国,支持艺术的基金会的数量是加拿大的 35 倍,而美加两国的人口比例是 10∶1。[5]

在欧洲,迄今为止,在鼓励文化企业寻找合作伙伴以获得私有资金资助方面,政府一直没有起到太大的作用,尽管这一情况正在急剧改变。自 21 世纪开始,世界上很多国家,包括一部分欧洲国家(如英国)和亚洲国家,当然也还有加拿大,都开始实施或考虑实施各种不同的措施,鼓励私有资金对社会福利和艺术等领域的支持,而这些领域一直以来都是由政府资金大力支持或完全支持的。这种变化在很大程度上是由于自 20 世纪 90 年代开始的公共财政紧缩导致的,并且在 2008 年经济危机之后愈演愈烈。例如,法国、西班牙、比利时和德国都相继出台了法律条例,大多为促进私人慈善事业发展的税收政策,它们都对非营利部门的融资能力寄予厚望,希望私有资金能弥补由于财政紧缩所造成的公共服务上的缺憾。[6]

西欧国家的文化赞助起源于 20 世纪 70 年代。最初,德国、西班牙、荷兰和法国的企业只局限于对艺术品收藏的资助。随后,它们开始逐渐扩展自己的资助领域,比如视觉艺术(收藏和展览)、文化遗迹(对于古迹和建筑的保护修缮)、戏剧和古典音乐(对知名剧团或乐团巡回演出的赞助等)等行业。虽然在欧洲,企业对艺术的支持和赞助的规模不大,但趋势看涨。

在美国,捐赠资金的总额十分巨大。2010 年,美国慈善募款的总值占国内生产总值的 2%[7],即 2908.9 亿美元。其中,个人捐赠占 81%(包括遗产捐赠),企业捐赠占 5%(不包括赞助和公益营销),基金会捐赠占 14%。在所有的捐款中,5%的资金即132.8亿美元是捐赠给文化艺术领域的。[8]除金钱方面的捐赠外,大约44%的美国成年人主动花费自己的时间为慈善机构做志愿服务。并且,这些志愿者往往更乐于为艺术和文化活动捐钱。

第二节 美国慈善活动的历史

对于文化艺术管理者来说,募集资金并不是一个新的概念。自有历史记录以来,慈善行为一直在人类社会占有一席之地,并且随着最早的一批移民来到美国。他们的基本信仰就是,每个人都需要为社会公共利益发挥力量。这种历史环境造就了美国社会的志愿精神和慈善事业。

在新世界里,社区的功能通常领先于政府,这造成的其中一个结果就是,社区的需求可以通过志愿者的合作努力而得以满足。这类志愿活动的领导者都是自愿无偿的,但能收获较高的社会地位。富裕人群除了建立大学、学校和图书馆等机构之外,还通常捐赠部分遗产给慈善机构。

▶▶▶ 案例5.1

**Festival International de Benicassiom(FIB):
在不断变化的时代获取私有
(或公共)资金赞助**

自1995年以来,位于地中海沿岸的贝尼卡西姆小镇(西班牙)每年夏天都会举办名为Festival International de Benicassiom(FIB)的独立摇滚音乐节。这一活动曾经一度被认为与当地传统家庭式旅游业不相符,可能破坏当地旅游业经济。但现在,FIB却得到了大家的一致称赞。它是西班牙最早也是最知名的音乐节。2005年,参加FIB的人在仅仅几天的活动时间里,就为当地经济贡献了超过1000万欧元。

为FIB活动筹资一直是组织者面临的最大的问题。目前,大约40%的活动预算都来自赞助商赞助和公共机构拨款。为寻求年轻人对品牌的忠诚度,各种不同的企业选择赞助FIB活动。当地和该地区的政府也很乐于为FIB拨款,因为它能够促进地区的旅游业发展,并且FIB在年轻选民群体中十分流行。其他剩余60%的预算资金主要来自票房和周边服务的收入。

FIB活动的各方利益相关者都乐于为活动的推广献计献策。2006年,当地的酒店管理者提议将FIB的时间表重新安排以提高收益。在与当地政府商讨过后,FIB的组织者决定接受这一建议,并将活动的时间从每年8月提前到7月。这一举措的实施,再加上豪华演出阵容与大力度的国际营销,成就了更高的出席率,也提升了当地的社会影响和经济收入。

　　来源:西班牙瓦伦西亚大学(Universitat de Valencia)副教授曼努尔·夸德拉多(Manual Cuadrado)和副教授胡安·蒙托罗(Juan D. Montoro)撰写。

　　早在1683年,约翰·哈佛(John Harvard)就将自己的一部分财产以及全部图书捐赠出来建立了哈佛大学。本杰明·富兰克林(Benjamin Franklin)的遗嘱不仅包含给予子女的财产分配,还包括关于慈善捐款的遗愿。

　　随着美国中产阶级的生活境况逐步改善,他们也随之开始进行慈善捐赠。直到19世纪,普通的募捐活动开始演变为现代意义上的慈善活动,私人恳请、筹资活动、邮件劝募等形式相继出现。亚历西斯·托克维尔(Alexis de Tocqueville, 1805—1859)曾在1835年说,美国的慈善事业是以个人、私人捐助以及志愿行为为特色的。美国人乐于为社会进步而自掏腰包的精神令他动容;他观察到,当学校、医院、教堂或者文化服务机构有需要的时候,当地居民成立委员会对此进行讨论以寻求解决方法。

　　　　美国人成立协会以提供娱乐、成立神学院、建造酒店、建设教堂、传播书籍、向其他地区派遣传教士等;运用这种方式,他们建立了医院、监狱和学校。如果他们还以一些生动的案例为契机传授真理或者培养人们的感知,那么我们可以说,他们组建了一个社会。通常情况是,在法国,新事业的发起先锋是政府;在英国是公众名人;而在美国,则必将是社会团体。[9]

　　在20世纪早期,富有的个人如约翰·D. 洛克菲勒(John D. Rockefeller)和安德鲁·卡内基(Andrew Carnegie)等为私人基金会的成立奠定了基础,他们主张:富人肩负着更多的社会公益责任,他们需要为社会发展做出更多的贡献。

　　第一次世界大战期间,美国公民第一次大规模地做出集体贡献,许多社区都建立了战争资金。1917年,美国红十字会仅用了一个月的时间就募集到了1.15亿美元的资金。[10]

20世纪30年代经济大萧条时期,美国政府一方面通过建立公共事业振兴署和平民保育团来满足公众的需求,另一方面通过1935年的税收法案减少企业赋税以鼓励捐赠慈善事业。

从20世纪50年代开始,美国的公民个人收入飞速增长,税收也因此增加。所带来的其中一种结果就是:为了获得一些税收优惠,进行慈善捐款的人增多了,并推动了家族基金会和企业基金会的诞生。到了60年代"大社会"时代期间,美国公民扶持了各种各样的事业,其中包括文化和艺术事业。社会大变革时代,1965年美国成立了国家艺术基金会和国家人文基金会,美国人对于艺术和文化的捐赠创造了有史以来的最高纪录。[11]

第三节 赞 助

在20世纪80年代,基于传统的"行善得福"的思想,企业的捐助开始向"策略型慈善"方向发展。企业开始与非营利性组织建立合作伙伴关系,以便提升双方的知名度且强化企业的公众形象。

今天,文化艺术企业从寻求政府资助转向私有资金市场寻求资金支持。赞助也是文化企业收入的主要来源,值得被囊括在本章的推广部分进行介绍。对于赞助商来说,赞助实际上是一种推广工具,促进企业广告内容或宣传材料的传播。

一、赞助的定义

"赞助"一词指的是赞助商与活动、机构或者财物之间的关系,赞助商以现金或实物来交换与被赞助的活动或机构相关的可利用的商业潜力。[12]这是战略计划推广活动的一部分。

与赞助相关的词汇——"公益营销",指的是企业为了增加收入或是提高市场地位而采用的战略计划推广活动,同时这些推广行为也会使非营利组织受益。一般说来,这意味着,每当消费者购买企业的产品或者服务的时候,企业都会为非营利性组织捐款。[13]

第一个公益营销案例可以参见1983年对自由女神像的修缮项目。美国运通公司与爱丽丝岛基金会合作,共同设计了一个推广方案:每当有人成功申领运通新卡或持运通卡刷卡消费时,他们都会为自由女神的修复基金捐钱。运通公司试图通过这种方法鼓励消费者申请并且经常用运通银行卡消费。这一活动为修复自由女神像募集了 170 万美元的捐款,并且使得运通卡的用户数量上升了 45%,持卡消费的比例也提高了 28%。自此以后,世界各国的许多企业都试图以与非营利组织建立合作关系的方式进行公益营销。

与慈善事业不同,花费在赞助和公益营销方面的钱属于商业支出,而非捐赠,企业期待赞助和公益营销能有益于企业市场传播,且期待获得投资收益。赞助涉及两方的互动:提供资金、物品或服务的赞助商,与被赞助的活动或文化机构。这种商业合作关系被认为是互利共赢的。

二、赞助者市场的重要性

大众传媒市场的过度饱和使得企业不得不寻求其他的方式接近消费者。赞助和公益营销是企业采用的方式之一。二十多年来,赞助一直是市场里增长最迅速的推广媒介。2011 年,全北美的赞助花销达到 182 亿美元,全世界的赞助总额也高达 487 亿美元。[14] 不意外的是,绝大多数赞助资金(约为 68%)流向了体育,艺术仅占 5%,娱乐旅游和风景名胜占 10%,节庆活动、展销会和年度活动占 5%。然而,因为企业总是希望能用新颖的沟通方式更好地与目标受众交流,所以各种寻求赞助的行业都能或多或少获得一定收益。[15]

在 20 世纪 90 年代,赞助和公益营销的概念被广泛使用。与短期销售相关的推广赞助,开始由带有公司标识的赞助和公益营销所取代。这种新型的战略性慈善行为将非营利性活动、组织或与特定品牌相关的事业[16]作为整合营销战略的一部分。

例如,当年芝加哥菲尔德博物馆(Field Museum)想从一场拍卖会上购得"苏"(Sue,世界上现存的最大的雷克斯霸王龙的化石),博物馆与麦当劳和迪士尼乐园签订了一系列突破性的合作协议。

作为帮助菲尔德博物馆购买"苏"的回报,麦当劳和迪士尼乐园都获得了在推广活动中使用"苏"的形象的权利。菲尔德博物馆的名字开始与其他两家企业的市场营销活动联系起来。这三家机构都具有相似的消费者群体:十三岁以下的儿童以及他们的家庭。成功购买到"苏"后,菲尔德博物馆、麦当劳和迪士尼之间的合作协议被认为是极具创新性的,并且可以在世界范围内加以推广。菲尔德博物馆内部专门用来清理"苏"化石的预备实验室被命名为"麦当劳预备实验室",并且公众可以在迪士尼观看技术人员和科学家对"苏"的现场作业情况。"苏"的化石骨架复制品被分别送给麦当劳和迪士尼。因为这些活动,菲尔德博物馆从与这两家企业的长期合作关系中受益匪浅。[17]

这类合作往往发生在文化艺术领域之外。自菲尔德博物馆的成功案例之后,人们开始不断探讨这种将商业、教育和娱乐结合起来的长期合作关系,但类似的成功案例却并不多见。我们需要时间来证明这种合作方式的推广价值。

▶▶▶ 案例5.2

今日美术馆

2006年今日美术馆正式转型为非营利艺术机构,2006—2016年是今日美术馆走过的第一个成长的10年,更是蓬勃发展的10年。作为民营非营利美术馆,今日美术馆引人瞩目的发展离不开优质且强大的赞助商的有力支持。

好的美术馆需要好的赞助商,现任馆长高鹏表示,赞助目前是今日美术馆的主要收入来源,是展览与活动重要的支点和动力。

转型初期今日美术馆的赞助主要来自理事会的投资,2008年后今日美术馆开始加强与赞助商的合作。2014年和2015年今日美术馆的年度报告数据表明,2014年今日美术馆总创收2069万元,其中赞助费用占比47.1%,接近总收入的一半;2015年总创收2228.42万元,资金来源中赞助费用占40.3%,会员理事占4.0%,总赞助比例接近45.0%。2016年的最新数据官方目前尚未公布,但以往数据明确表明,赞助目前是今日美术馆资金的最主要来源,其对美术馆的发展具有决定性的重要意义。

今日美术馆实行分级赞助制,赞助形式不限,面向全社会积极开展商业、品牌合作,与各大企业、机构建立战略合作伙伴关系,是美术馆与赞助商跨界合作的典范。它的分级赞助主要分为:一级赞助商(顶级赞助商)、社会赞助(设备赞助商、战略合作伙伴、渠道合作、媒体赞助等)、教育合作(自己的教育部门与一些涉外机构形成战略合作关系)、自筹赞助(成立理事会中心,发展理事会成员,众筹)四个部分。2014年7月,北京文化发展基金会成立"今日艺术专项基金会",该基金会具有公益公募性,基金会的成立为美术馆积极吸引企业和个人捐赠,到2015年年底,今日美术馆已收到超过100万元的理事捐赠。

在今日美术馆的各级赞助商中,马爹利(MARTELL)作为顶级赞助商之一从 2008 年起为今日美术馆提供了长达 8 年的长期赞助;奔驰、瑞信银行、摩根大通等国际品牌机构作为顶级赞助商都为该美术馆提供了持续三四年的有力赞助;近年凯撒旅游、瑞士银行、雅昌文化集团、安盛艺术品保险、爱普生、雷诺、卡萨帝、苏富比、ThinkPad 等国际知名品牌纷纷加入今日美术馆顶级赞助商的行列,为美术馆提供强有力的资金、设备、渠道、媒体、技术等各方面的支持。

来源:北京大学艺术学院黄露莹撰写。

三、决策者

赞助和公益营销并不是简单的企业捐赠。企业捐赠往往与营销活动无关(详见表 5.1)。赞助决策人与公益营销决策人也并不一样。赞助和公益营销往往与企业的市场营销、传播、推广或者公共关系有关。(详见表 5.2)

表 5.1 赞助与慈善捐赠的对比

	赞助	慈善捐赠
对外宣传	高度公开	通常不广泛宣传
资金来源	通常来自市场营销、广告或者宣传预算	慈善预算
财务	作为商业花销(类似推广或媒介投放花销)记账	由于国家法律对于慈善捐款的税收鼓励政策,所以税收或者财务问题一般不会影响企业对非营利机构的捐赠决策
目标	提高销售(额);提升企业在市场和远距离利益相关者(如消费者、潜在消费者、附近社区等)中的正面认知度	成为优秀的企业公民,提升企业在近距离利益相关者(如雇员、股东、供货商等)中的形象
合作者/捐赠对象	那些与公共事业相关的活动、团队、文化组织、项目、工程等	大型捐赠往往与公共事业(如教育、健康、疾病、灾害、环境等)相关,但也可能与文化、艺术等其他领域有关;有的捐赠是针对特定某一项目,有的是为支持营运。

来源:The Sponsorship Report. http://www.sponsorship.ca/p-issues-callit.html.

表 5.2　企业赞助商的决策过程

在组织内的职位/部门	在实际案例中的参与度（%）
市场总监	46.4
总裁	45.7
市场营销副总裁	45.7
综合管理部门	29.7
销售部门	29.7
公关部门	26.1
推广部门	23.9
广告部门	21.0
宣传部门	20.3

来源：Godbout，A.，N. Turgeon and F. Colbert. 1991. *Pratique de la commandite commercial au Quebec：une etude empirique*. Montreal：Chair in Art Management，HEC Montreal. Research Report No GA91-02。

赞助和公益营销都是为了增加企业的销售额或者提升企业市场地位的战略性营销活动，同时非营利组织也可以受益。在这里，战略性营销活动是一个非常关键的概念。它意味着赞助和公益营销都是建立在战略和计划的基础之上，绝非偶然。赞助和公益营销都不能脱离具体的、详细的计划。而且，在类似的合作关系中，合作双方需要彼此共同努力、完善合作计划。

在文化机构与商业企业的合作关系中，艺术管理者需要明白，商业企业希望通过战略性慈善活动来提升自己的公共形象和销售额。有一些艺术文化机构对此有异议。它们的领导层认为，帮助企业赚钱与非营利组织的宗旨不相符合。然而，只要赞助企业的活动是合理合法的，只要艺术机构没有亵渎自己的免税地位，建立这种互利的合作关系是完全没问题的。"赞助"这一词汇的定义暗示了双方合作，并且明确规定无论是通过赞助还是公益营销，非营利机构必须从中受益。赞助可以指自由基金或是针对特定某一项目的财政支援，也可以是实物捐赠或者是日益增强的公众意识。无论使用哪种支持形式，赞助商都应该帮助艺术机构发展和实现它们的使命和目标。

成功的企业赞助就好像幸福的婚姻。因为它们的成功都是取决于找到对的伙伴——一个具有共同兴趣和目标的伙伴。一个经得起时间考验的合作关系需要合作双方彼此磨合、共同努力，以确保双方的需求都得以满足。

四、企业利益诉求

费舍尔(Fisher)和布鲁来叶(Brouillet)在1990年做了一项研究,他们发现,企业在赞助活动中所追求的利益如表5.3所示。今天,全世界的公司在进行赞助时,都在寻求这些利益。2011年,第十一届年度IEG/赞助决策者表现研究(11th Annual IEG/Performance Research Sponsorship Decision-Makers Survey)结果显示,虽然在利益追求方面存在着一些变化,但企业仍把赞助活动当作有效的市场传播工具(图5.1)。

表5.3 赞助项目中的利益追求

	%
提升企业形象	37
提高销售业绩	22
增加企业的曝光度	15
社会责任	15
支持公共事业	5
扩宽传播组合	4
特定目标人群	2

来源:Fisher, V., and R. Brouillet. 1990. *Les commandities:la pub de demain*. Montreal:Editions Saint-Martin, p.15.

五、赞助商与消费者

消费者明白赞助是商业企业获取商业盈利的一种方式,但他们仍旧期待企业的参与。2011年的科恩—罗珀研究(Cone-Roper Cause Evolution Study)显示,公众对于赞助的接受度非常高。[18]此外,这篇报告还揭示了赞助对消费者的购买决策的影响力。

报告显示,88%的消费者认为企业参与公益营销是可以接受的,而在1993年,这一数值为66%。85%的消费者表示,企业对公共事业的扶持行为,会让他们对企业存有正面印象;80%的消费者表示,在价格和质量一样的情况下,他们更乐于转向选择那些支持公共事业建设的品牌。

主管赞助事务的管理者将这些数据解读为:对于想要与消费者和社群

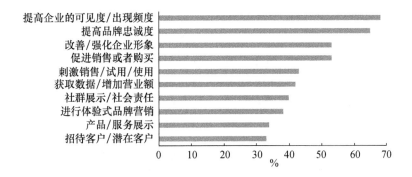

图 5.1 赞助项目中的利益追求（2011）

来源：IEG/Performance Research，11th Annual IEG/Performance Research Sponsorship Decision-Makers Survey，http://www.performanceresearch.com/sponsor-survey.htm（accessed March 31, 2012）。

建立亲密关系的企业来说，公益营销和资助是十分重要的。

科恩·罗珀的报告还显示，社会活跃和政治活跃的消费者对营销人员来说是关键群体，他们往往更乐于接受那些热衷于社会事业的企业。此外，94%的具有社会意识的年轻消费者表示对这类企业持有正面印象。这类人群往往会为了支持某些热衷社会事业的企业而改变自己的消费习惯（改变消费品牌或者零售商等）。消费者还表示，他们希望企业长期并且大量支持公共事业。美国的消费者表示，他们更喜欢那些长期支持公共事业的企业，而非短期支持多种公共事业的企业。

六、如何衡量赞助

费舍尔（Fisher）和布鲁来叶（Brouillet）发现，对于企业来说，赞助活动的价值取决于活动参与者或者参观者的数量、活动推广材料中企业商标的位置、活动中赞助商的曝光度、潜在媒体覆盖率、企业形象、社会影响和活动的商业潜力等。[19]

赞助商可以依据这些评判标准进行衡量。此外，赞助活动的效果还可以通过消费者对产品或者企业的认知或态度的转变、销售业绩，以及投资收益比等方面得知。

七、选择标准

表 5.4 显示了企业在选择赞助对象(活动或者组织)时的标准：

IEG 的近期研究证实了戈德布特、特金和科尔波特(Godbout, Turgeon & Colbert)的理论，并且明确将"社交媒体"纳入影响决策过程的重要因素。[20]

表 5.4 赞助商目标的相对重要性

目标	平均分 (4=非常重要, 3=重要, 2=有点重要, 1=不重要)
销售相关目的	**2.93**
提高销售额	3.26
为以后新产品的销售铺垫	2.58
产品相关目的	**2.90**
提高产品认知度的制高点	3.30
通过市场细分建立产品辨识度	3.07
改良产品形象	2.67
鼓励消费者尝试新产品	2.50
企业目的	**2.65**
优化企业形象	3.56
提高企业认知度	3.36
提高长期效益	3.34
融入社群	3.13
通过市场细分建立企业辨识度	2.92
影响意见领袖的态度	2.88
获取新的商业合约	2.81
改良公众对于企业的公众认知	2.58
改善员工关系	2.48
保持职工思想道德	2.37
纪念一个特殊活动	2.31
抵消负面印象(负面形象管理)	1.98
安抚利益相关人	1.79
吸引人才	1.77
私人目标	2.09

来源：Godbout, A., N. Turgeon and F. Colbert. 1991. *Pratique de la commandite commercial au Quebec：une etude empirique*. Montreal：Chair in Art Management, HEC Montreal. Research Report No GA91-02。

八、如何成功获得赞助

除非是对某方面的贡献有特别需求,一般情况下,文化艺术企业应该在申请赞助时突出合作共赢的一面。当向潜在赞助商提出赞助要求时,文化企业不仅需要考虑自身的需求,还需要考虑赞助商的利益诉求。因此,文化营销人员需要:

(1) 像市场人员一样地思考。这意味着,识别文化艺术企业的有价资产(无形和有形)是很重要的。有价资产可能包括组织或者项目活动的名字、社群、公共影响力以及广泛的受众群。

(2) 尽可能了解目标企业的情况。阅读企业的商业新闻、年度报告、广告以及宣传资料等。

(3) 事先了解目标企业的目标市场。

(4) 强调赞助商的需求。艺术管理者需要向商业企业证明:与自己的艺术机构合作可以帮助企业出售更多的产品或者服务,并且艺术机构也能获益。

(5) 识别主要决策人。对于赞助商或者公益营销来说,最重要的往往不是基金会的管理人,而是市场营销(或者销售)部的主管或者执行总裁。

随着赞助投资的日益增长,赞助商反映:赞助提案的质量日益下降,有待提高。今天,商业企业几乎总是通过硬性数字指标来衡量赞助活动的效果。这意味着,赞助和公益营销的合作关系必须被仔细策划。一个成功的赞助提案应该:

(1) 关注利益而非项目特色。文化管理者为自己的项目、场馆或活动而骄傲。因此他们的赞助提案常常会描述某一项目本身的特点,比如该项目的优点、节庆活动、音乐会、展览在艺术上的杰出性、活动的经济影响等,而非项目所能为赞助商带来的利益。赞助商用赞助费购买的不是项目、活动、展览或表演,而是这些活动所构成的销售产品或服务的平台。

(2) 强调赞助商的需求,而非文化机构的需求。很多文化机构在提出赞助提案的时候都会反复强调自己对资金的迫切需求。然而,赞助商是不会被这些原因所打动的。他们需要知道的是赞助行为能为他们带来什么。

(3) 赞助提案需要因地制宜。不同的赞助商对于利益的要求是不同的。例如,针对保险公司的提案需要着重强调对艺术机构邮件清单和董事会的访问权,而针对饮料分销商的提案可以强调产品在活动当场的曝光度和销售权等。

(4)强调传播宣传。商业企业通过赞助得到的收益有两种。第一种是即时利益,一旦双方达成协议,企业就必然会获得的收益,如赞助商的标识会出现在活动相关资料以及活动现场。另一种收益则是建立在受赞助的机构、活动、表演之上,企业通过贸易、零售或者宣传推广的方式得以实现。今天,即时利益已经无法与赞助商的时间、金钱投入成正比了。一个高效的赞助提案需要向企业展示,企业可以通过什么方式将文化作为一个整体元素或者主题应用到自己的媒介推广和销售宣传中去。所以,向企业提供一份简单的即时收益清单是远远不够的,赞助提案还应该包含告诉潜在赞助商如何利用投资。

(5)将潜在赞助商的风险最小化。对于市场总监或者宣传总监来说,批准一项媒体采购要比批准一项赞助提案更容易。艺术管理者可以通过保证媒体覆盖率和列出有声望的其他赞助商等方式降低潜在赞助商的风险。与其他赞助商的合作关系可以向潜在赞助商传达一个消息,即该项合作是非常具有价值并且为人所看好的。

(6)将收益纳入提案。文化企业或者文化活动应该呈现能够满足赞助商目标的整体收益,而非单独某一个方面的收益(如媒体覆盖率)。(详见表5.5)在这里,我们需要强调的是,赞助公司从赞助活动中取得的整体收益应该大于各个单独收益的总和。

(7)向企业提供形成联盟的机会,该联盟可以给予企业使用某些资源的权力,而这些资源是别处无法提供的。

九、协商赞助协议

在协商赞助协议时,我们需牢记:赞助商与被赞助的文化艺术企业之间的潜在合作关系永远是首位。对于赞助商来说,受赞助的活动或者企业主要是一个推广工具。对于被赞助的企业来说,赞助商更类似于一位需要进行利益交换的客户。双方都需要感觉到,他们所付出的与所获得的相比,物超所值。

因此,一份书面合约对于赞助来说是非常必要的。一份赞助合约需要包含:

(1)赞助商和文化艺术企业双方的目标。

(2)双方所提供的产品和服务。

（3）赞助所覆盖的地理范围。

（4）起止日期。

（5）创意规范，包括合作双方的标识、名称、形象的使用。例如，谁掌握广告广播权以及谁控制"官方"的含义。

（6）细节部分，如资助资金要如何被使用和记账、艺术组织将接收多少比例的销售额。

（7）用以追踪和分配赞助资金的法律或者财政系统。

十、赞助跟踪评估

文化管理者需要开发一个可以自始至终评估赞助和公益营销活动的体系。被赞助的企业需要始终跟踪活动的目标与消费者的认知，并且将这些情况与赞助商进行实时沟通。赞助商接着判断他们的传播目标是否被实现。赞助商需要尽可能多的信息以评估自己的投资是否值得。

在活动结束之后或是在预定的时间间隔处，赞助合作双方应该举行评价会议，以评估双方累计的结果和收益。最后，赞助商将会为双方的成功合作而感谢艺术企业和社区。

十一、文化企业可能遭遇的赞助陷阱与危机

赞助和公益营销是不可能完全无风险的。文化艺术管理者需要与关键利益相关者沟通可能的负面后果，包括董事会、工作人员和艺术领袖等人。在接受任何赞助或公益营销的风险时，文化企业首要关注的应该是自己的企业宗旨。赞助和公益营销为艺术企业创收，而商业企业从中获得对外宣传、形象提升、志愿者协助和收入增加。

有关赞助和公益营销的讨论热点通常在于企业所获利润是否过度。现今，有更多的人在讨论赞助和利益冲突的可能性。简单来说，即有关赞助和公益营销合作关系的伦理问题。

从艺术管理者的角度来看，艺术企业的声誉是最重要的。他们需要判断这种与营利性企业的合作关系是否会影响或者改变艺术机构的本质或宗旨。[21]在任何情况下，管理者都需要避免选择关键利益相关者（如主要捐赠人）的主要竞争者为自己的赞助者。通过"排除法"进行选择也同样重要，要避免所选择的商业企业的产品或服务与艺术企业的宗旨相冲突。例如，对

于儿童剧院来说,与烟草企业进行合作就是很不明智的选择。

文化企业应该考虑开发并采用一套与赞助相关的政策,这项政策应该包括以下内容:

(1) 强调赞助关系中的合作本质。

(2) 将赞助与捐赠区分开来,赞助为一种商业行为。

(3) 以正面的词汇描述双方的合作承诺。赞助商希望艺术机构对双方的合作充满热情,他们不希望遭遇那种"我们从你那里拿钱,却并不赞同你的做法"的合作态度。

(4) 明文规定那些不可能与之合作的企业。

(5) 清楚说明赞助商和艺术企业的权利。

(6) 提供一个例外条款,一旦赞助商的运营活动违背文化企业的宗旨,文化企业可以立即取消赞助协议。

相关政策需要经由董事会同意。所有的赞助协议都应该以书面形式记录。

随着北美和欧洲的政府对艺术组织的资助的减少,为了填补资金缺口,企业赞助商对艺术组织的资助逐渐增加。巨型赞助商开始出现。在某些情况下,这会导致一些文化场馆更名。

随着争取赞助的竞争加剧,商业企业期待获得更高的认可度。事实上,越来越多的商业企业开始从参与单纯的慈善活动转向参与有营销效益的赞助活动。在选择合作的艺术机构时,商业企业也越来越关注双方目标人群的契合度。换言之,赞助绝不仅仅是一种善意之举。

但这并不意味着艺术企业需要将赞助商的名字雕刻在地板上,或是在戏剧演出期间提及赞助商。更确切地说,艺术管理者所需要考虑的是:如何在直接植入艺术产品和雅致地体现赞助商的贡献之间找到一个微妙的平衡点。

小 结

在美国,政府对艺术领域资助的缺失被私人企业投资和个人捐赠所弥补。

个人捐赠者对社会事业的捐赠是基于个人品位和偏好的,基金会则是基于自身的宗旨和目标。商业企业的赞助是为了寻求声誉和获得变相广告载体。

　　商业企业在文化领域的赞助已经逐渐变为其传播策略的一部分。在20世纪80年代,企业对体育活动的部分赞助预算逐渐转换为对文化活动的赞助。对于那些将赞助视为替代传统媒介的推广工具的企业高管来说,赞助完全是一种商业决策。

　　赞助活动的成功与否是基于多种标准而衡量的,其中最重要的一点是,赞助活动是否满足了赞助商的目标。一个高效的赞助合作往往需要合作双方的彼此理解和尊重。对赞助关系的要求应寻求建立长期商业伙伴关系。优秀的赞助关系是经得起时间的考验的。

问 题

1. 美国是如何建立强大的慈善传统的?
2. 私有资金市场的三种参与方式是什么?
3. 简述私有资金对文化企业预算的重要性。
4. 如何定义"赞助"?
5. 什么是公益营销?
6. 从金钱利益的角度看,公益营销有多重要?
7. 赞助商提供赞助的主要目标是什么?
8. 对于文化活动的赞助的决策通常是怎样做出的?
9. 企业赞助商选择赞助对象的主要标准是什么?
10. 如何才能做出成功的赞助提案?
11. 对于赞助商来说,赞助活动之后的一段时间很重要,这是为什么?
12. 赞助机制的主要风险有哪些?

注 释

1. Sponsorship Strategies, 1998, p.3, http://www.amarach.com/.
2. Kaplan, A. E. ed. 1999. Giving USA: The Annual Report on Philanthropy for the Year 1998—1999 Edition. New York: AAFRC Trust for Philanthropy, p.111.
3. National Endowment for the Arts. 1998. "Dance Organizations Report 43% Growth in Economic Census: 1987—1993." Research Division, Note #67. See also Kaplan, A. R. Ed. 1999. Giving USA: The Annual Report on Philanthropy for the Year 1998—1999 Edition. New York: AAFRC Trust for Philanthropy, p.90. See also Opera America, http://www.operaam.org/

4. See http://www.operaam.org/ and http://tcg.org/

5. Shuster, J. M. Davidson. 1985. *Supporting the Arts: An International Comparative Study*. Cambridge, MA: Department of Urban Studies and Planning, Massachusetts Institute of Technology.

6. Arts & Business. 2004. The Maecenas Initiative: A Review of Charitable Giving Vehicles in U. S. and Canada. New York: AEA Consulting for the Arts and Business Council.

7. Giving USA Foundation. 2011. Giving USA 2011: The Annual Report on Philanthropy for the Year 2010.

8. Ibid.

9. de Tocqueville, A. 1840. Democracy in America, Volume II, Relation of Civil to Political Associations. http://xroads.virginia.edu/~HYPER/DETOC/home.html

10. Brooks Hopkins, K., and C. Stolper Friedman. 1997. *Successful Fundraising for Arts and Cultural Organizations*, 2nd ed. Phoenix: Oryx Press, p. xiv.

11. Ibid. p. xiv.

12. See IEG Network, http://www.sponsorship.com/forum/glossary.html.

13. Ibid.

14. PRWeb, "Sponsorship Spending: 2010 Proves Better Than Expected: Bigger Gains Set For 2011." http://www.prweb.com/releases/2011/01/prweb4958744.htm (accessed April 4, 2012).

15. Ibid.

16. Cone Communications Inc. 2010 Cone Cause Evolution Study. http://www.coneinc.com/2010-cone-cause-evolution-study (accessed April 4, 2012).

17. "Prologuer." http://www.fundwell.com. See also the Field Museum web site, http://www.fmnh.org/

18. Cone Communications Inc. 2010 Cone Cause Evolution Study, http://www.coneinc.com/2010-cone-cause-evolution-study (accessed April 4, 2012). 1999 Cone/Roper Cause Related Trends Report: The Evolution of Cause Branding. http://www.roper.com/news/content/news 115.htm.

19. Fisher, V., and R. Brouillet. 1990. *Les cummandites: la pub de demain*. Montréal: Éditions Saint-Martin.

20. http://www.sponsorship.com/Resources/IEG-s-Nonprofit-Sponsorship-Survey.aspx (accessed March 15, 2012).

21. Hammack, D. C., and D. Young. Eds. 1993. *Non-Profit Organizations in a Market Economy*. San Francisco: Jossey-Bass Publishers, pp. 300—301.

22. McClintock, N. 1996. "Why You Need a Sponsorship Policy and How to Get One." *Front and Centre*, Vol. 3, No. 5 (September), pp. 12—13. Distributed by the Canadian Centre for Philanthropy, http://www.ccp.ca/informa-tion/documents/fc102.htm

扩展阅读

Fishel, D. 2002. "Australian Philanthropy and the Arts: How Does It Compare?" *International Journal of Arts Management*. Vol. 4, No. 2 (Winter), pp. 9—16.

Grey. A.-M., and K. Skildum-Reid. 2003. *The Sponsorship Seeker's Toolkit*, 2nd ed. Sydney: McGraw-Hill.

Kelly, Kathleen S. 1998. *Effective Fund-Raising Management*. Mahwah, NJ: Lawrence Hrlbaum.

Martin, P. 2003. *Made Possible By: Succeeding with Sponsorship. A Guide for Nonprofits*. San Francisco: Jossey-Bass.

Martorella, R., ed. 1996. *Art and Business: An International Perspective on Sponsorship*. Westport, CT: Praeger.

McNicholas, B. 2004. "Arts, Culture and Business: A Relationship Transformation, a Nascent Field." *International Journal of Arts Management*, Vol. 7, No. 1 (Fall), pp. 57—69.

Mulcahy, K. 1999. "Cultural Patronage in the United States." *International Journal of Arts Management*, Vol. 2, No. 1 (Fall), pp. 53—58.

Sauvanet, N. 1999. "Sponsorship in France." *International Journal of Arts Management*, Vol. 2, No. 1 (Fall), pp. 59—63.

Skinner, B. E., and V. Rukavina. 2003. *Event Sponsorship*. New York: John Wiley.

第六章
CHAPTER 6

市场细分与市场定位

教学目标
- 全面理解市场细分的概念及其在艺术管理领域的应用
- 区分市场细分的决定因素和各类指标
- 明确市场细分对于艺术管理者的重要性
- 从竞争者和目标市场的角度解读市场定位的概念

≫ 引言

市场营销中有两大主要概念：市场细分与市场定位。明确这两大概念有利于帮助企业进行市场营销分析，并且理解这两个概念有利于企业制定有效的市场营销策略。

本章首先探索市场细分的基本原则，重点突出了市场细分的不同功能，同时解释市场经理应如何为自己的产品识别出不同的细分市场。随后，本章列举并详细阐释了市场经理用来定位产品和企业的主要方法。

第一节　市场细分的概念

尽管文化企业有很多目标市场，但这些市场都具有一个共同的特点：它们都由那些具有相似需求而非完全一样需求的消费单位所组成。这些分离的消费单位就被称为"细分市场"。每个子市场的宏观需求是同质的，但不同类型子市场之间的具体需求不同。

例如，图书市场中的消费者往往都对阅读感兴趣。他们的这种兴趣可以通过购买图书得以表现。尽管这也是一种细分受众的基准，但市场经理却不能从中获取有效信息。事实上，根据书籍类型（如小说、传记、科幻小说等）或是消费者购书动机（如学习、休闲、个人发展、社交等）等分类标准，图书市场中的消费者群体还可以再被细化为不同市场。

周刊杂志与报纸的目标市场人群是不同的，尽管他们都试图满足相似的需求（信息获取和娱乐）。这类出版物的共同特质是适应特定细分市场消费者的需要。这种简略的勾画可以帮助我们将"细分市场"视觉化。

如果我们将舞台作品视作一个市场，那么我们可以根据类型，将其划分为歌剧、芭蕾、戏剧等细分市场。也许从生产者的角度看来，这种分类方法是可以被理解的，但对于目标消费者人群来说，这种分类与他们并无太大关联。消费者也许会认为比起歌剧《沃采克》来说，威尔第的《茶花女》与《罗密欧与朱丽叶》更为相似。换句话说，后两部作品可以以相同的细分市场作为目标市场，而前一部的目标细分市场则与它们不同。

我们可以简单地将细分市场定义为：一群有着相似品位、偏好或者需求的消费者，是与市场中其他群体不同的子群体，他们需要独特的市场营销策略。

第二节 市场细分的作用

市场细分有两个重要作用。根据市场细分的基本原则，每家企业都要系统地分析其所在市场中的不同需求。换言之，市场细分能促使公司进行深度市场调研，以确定消费者需求的同质程度。利用这种市场分析的结果，营销人员才能为一个细分市场、几个细分市场乃至整个市场制订营销策略。

市场细分的第二个作用是，通过分析市场结构从而提供产品定位策略。产品定位策略指将自己的产品和竞争对手的产品进行差异化区别，并向特定细分市场中的消费者提供尽可能满足他们需求的产品。音乐团体的差异性和多样性就是一个典型的例子：巴洛克四重奏、室内管弦乐、电声音乐以及管弦交响乐，它们的目标受众各不相同。实际上，有时候为了满足不同的细分市场的需求，交响乐团也提供由不同音乐形式组成的音乐会。

第三节 市场调研与市场细分

事实上,"细分"市场并不那么容易。企业可以做的只是观察市场是否已经细分化了,即判断市场中是否存在着不同类型的需求。只有当市场经理对企业的市场结构有了一定了解之后,他们才能做出恰当的市场营销决策。因此,正确解读市场结构是至关重要的,市场分析不足可能会导致企业犯两个错误,如果将该错误决策应用于企业策略之上,可能会导致企业灾难,危及企业的生存。

第一个错误是:企业认为市场中存在细分,而实则不然。这种市场误读可能促使企业在原产品可以满足市场需求的情况下又开发新产品,从而造成人力和财力资源的浪费。

第二个错误是:企业将市场作为一个整体考量,而实际上,这个市场由不同细分市场所组成。在这种情况下,企业为取悦每位消费者而设计的产品可能并不能取悦任何人。由于这种产品并不契合任何消费者的需求,在消费者的购买顺序中,它可能排在最末端,排在更符合目标细分市场特定需求的产品之后。

相反,对目标市场结构的准确把握,将会帮助市场经理制订恰当的企业市场营销策略。

在识别和锁定细分市场的过程中,有五个基本因素需要被考虑在内:

(1) 不同细分市场对于(当前的或者未来的)营销压力的反应有所不同。
(2) 从引导企业战略的角度看,细分市场必须是可以被界定的。
(3) 细分市场必须是可以量化的。
(4) 细分市场必须是有利可图的。
(5) 细分市场必须在一定时间内相对稳定。

一、市场细分的决定因素

越是建立在消费者行为之上的市场细分,就越具有战略用途。本节中所使用的"决定因素"一词,主要指的是描述细分市场的因素。这些决定因素影响着企业如何细分它们的市场。市场细分的五个基本决定因素是:购买者/非购买者二分法、消费频率、忠诚度、满意度,以及品牌或产品偏好。

购买者/非购买者二分法

购买者/非购买者二分法是对消费者进行分类的最基本的方式。事实上,该二分法反映了两个细分市场,每个市场对于营销压力的反应不同。因此,所有的市场都至少可以被分为两个细分市场。这种审视市场的方式有利于企业开发出新的商品。

消费频率或消费量

与购买者/非购买者二分法相似,我们也可以根据消费量将文化产品市场加以细分,如单次购买者市场和会员市场。单次购买者与剧院会员的购买动机往往不同。因此,剧院会根据这两类市场采取不同的营销策略。

产品或者品牌忠诚度

第三种市场细分的方式与消费者对特定文化产品(特定某家公司或剧团)的忠诚度有关。消费者在购买行为中所表现出的冲动性或者持续性,为市场细分提供了依据,因此企业可以根据消费者对不同营销压力的敏感度来分类消费者。从文化产品角度来看,研究会员费尤其是定期性会员费,有利于我们加深对于消费者行为的理解。

消费者满意度

第四种方式是依据消费者的不同满意程度来细分市场。这一因素与上文提到的前三个因素息息相关,因为消费者购买与否、消费量或消费频率,以及品牌或产品忠诚度,都直接或间接地与消费者满意度相关。[1]当推出衍生产品时,消费者满意度这一因素尤为重要,因为衍生产品主要是为那些对原产品满意的消费者所设计的。对消费者满意度的分析,也可以用来支持新产品的创作和定位,以满足那些对市场现有产品不满意的消费者的需求。

品牌或产品偏好

最后一种方式是依据消费者对品牌和产品的不同偏好度来进行市场细分。这一方式对于竞争激烈的市场来说尤为适合。例如,电影院市场或者戏剧公司市场。与其他方式不同,这一方式不仅适用于现有产品,对虚构产品也同样适用。市场调研也是向消费者介绍新产品(如新创意、建议或者既成事实)的一种方式,同时还可以收集他们的意见。如果需要,市场调研还可以对比消费者熟悉的相似文化产品。

二、市场细分类型

市场细分指标是一个从本质上描述细分市场的变量。它的首要目标是帮助回答一些关键性的问题,如:购买者为什么购买？其购买原因是什么？换言之,谁去剧院？谁不去剧院？哪些人从来不看戏剧？为什么？哪些人经常购买歌剧演出的季度套票？哪些人仅仅是偶尔购买单次门票,为什么？为什么有些人经常看戏,而有些人只是偶尔看戏？哪些消费者已经准备好承担风险观看先锋作品,哪些消费者还没有准备好承担该风险？

简而言之,这一指标有助于描述和量化细分市场。指标的数量就如同词典里的形容词一样多;但研究人员仍局限于使用以往被证明有效的或有启示性的指标。这些指标可能归为以下几类:地理、社会人口、心理和与消费者的利益诉求有关的指标。

地理细分指标

地理差异通常可以反映文化、气候和环境上的差别。地理细分指标的有趣之处在于:市场经理和研究人员利用该指标,能够制作各种消费者的简要概况,并使概况视觉化。

地理细分指标是界定和评估细分市场的有效工具。对于受众覆盖面较广的文化产品来说,较为常用的地理细分指标是地域范围,比如某大城市和某地区之间的区别。当然,只有某文化产品的城市市场具有不同于周边地区市场的需求特征时,这种地理细分指标的使用才算准确。

社会人口细分指标

社会人口细分指标涵盖我们用以描述或者量化社会组成部分的所有变量,包括年龄、性别、受教育程度、收入、种族、家庭构成、语言、宗教、居住环境和职业等。它们不仅能够以简单易懂的词汇描述细分市场,还可以基于国家人口普查数据来反映市场潜力。

尽管社会人口细分指标易于使用,但其也存在缺点。一些研究发现,在描述特定市场的典型细分市场时,社会人口细分指标并不能进行准确描述,尤其是涉及国际品牌歧视的市场领域。例如,无论在北美、东欧、西欧还是澳大利亚所进行的研究,都表明高雅艺术的消费者比一般消费者富有且受过更好的教育;因此,对于在高雅艺术市场中运营的企业来说,基于社会人口细分指标的市场细分并不那么有效。总体说来,社会人口细分指标在将目标市场个性化方面非常有效,但它并不能为企业营销人员提供制订恰当市场营销策略所需的所有信息。其他细分指标,比如心理细分指标,可能可以弥补这些信息的缺失。

心理细分指标

一些消费者会在新产品一上市就决定购买,但也有一些消费者会因考虑参加某项活动可能造成的形象影响而犹豫再三。很明显,对于某些产品来说,一部分消费者的情况与一般大众的情况不同。然而,他们的消费行为却无法归因于年龄、性别、收入或者地理位置。消费者的购买偏好或对产品选择的差异,无法仅仅依靠地理细分指标或者社会人口细分指标解释,这些差异还与价值观和个人意见等变量有关。这些变量则被称为"心理细分指标"。

基于利益诉求的细分指标

在所有的细分指标中,基于利益诉求的细分指标最适于描述消费者购买行为。这样的细分指标回答了一个问题,即为什么在相同市场中存在不同层次的需求。由于消费者往往是出于不同原因而购买产品的,所以我们可以根据他们不同的利益诉求将其分为不同的消费群体。因此,有多少种利益诉求(利益诉求的组合)就有多少个细分市场。从战略角度看,根据利益诉求来细分市场是非常重要的,因为这可以帮助企业明确其市场定位。

这种细分方法的主要优点在于,它挖掘出了市场中不同偏好水平背后的原因。一旦一家企业从这种角度对市场进行解读,那么它就可以据此优化自己的产品,以便更好地契合消费者的利益诉求。例如,简单说来,博物馆的参观者可以被分为两类:习惯独自参观的和将参观活动视作与配偶或朋友社交活动的。这两类消费者对于利益的诉求是不同的,因此博物馆可以针对这两类人群制订不同的市场战略。[2]

当然,也可以使用细分指标组合对市场进行细分。在实际操作中,选择细分指标是最为重要的决策。充分了解目标市场,对任何市场细分研究来说都是至关重要的。基于该研究,企业可以选择恰当的细分指标细分市场,并因此发现市场结构和盈利机会。

对于文化产品来说，创意扮演着重要角色；因此，文化产品往往很难完全按照目标市场的需求来设计，更不可能一次覆盖数个细分市场。市场经理需要审视已完成的文化产品，并为其找到合适的细分市场，即考虑具有何种特征的细分市场会对该文化产品感兴趣。

第四节 市场细分工具

现今最常见的市场细分工具有两类：先期市场细分法（Priori）和集群市场细分法（Cluster-based）。

一、先期市场细分法

在先期市场细分法中，市场经理假设一个或几个细分指标足以解释市场中的需求、偏好和行为的多样性。这些假设往往源于管理者或者研究者的直觉、二手资料以及焦点小组的会议。在这一阶段之后，市场经理通过整理这些资料从而确定市场是否可以细分，以及确定这些细分市场是否可以用被选择的变量进行描述。在依据这些选定的细分指标对市场进行细分之后，市场经理检视不同细分市场是否存在不同层次的需求，并据此锁定目标市场。

先期市场细分法的优点在于其分析简单。事实上，这一方法只检测了部分细分指标。例如，如果一家文化企业认为某市市民对于新交响乐团的需求水平是受年龄、消费利益诉求和作品的原创性影响的，那么他们就会在实际实施项目之前检测这一假设的正确性。这会导致一个问题，即企业可能很难用选定的细分指标解释需求分层的全部原因。为了解决这一问题，市场经理必须针对能够解释需求差异的细分指标做出新的假设，并且再次检测。

二、集群市场细分法

使用集群市场细分法的市场经理必须在一定程度上对市场结构有所了解，这种了解可以基于研究或者直觉。在这种细分法中，对消费者的调研是从多方面展开的，其中包括大部分市场细分指标。聚类分析、对应分析等多维分析方法可以用来界定消费者群体(所谓的集群)。这些群体在需求水平方面表现出一定的内在同质性,并且与其他群体存在异质性。在这之后,通过对不同群体的比较分析,市场经理可以确定他们的需求和行为是否确实不同。如果需求的确不同,那么我们可以继续采用之前的细分指标来深入了解这一群体的需求和行为。这一方法的优点在于,它可以让市场经理以一种新的方式界定细分市场。但它的缺点在于,比起第一种细分工具来说,集群市场细分法对时间和金钱的消耗较大。但这种方法能在初始阶段提供可靠结果。而且,集群市场细分法尤其适用于依据心理细分指标和利益诉求细分指标而划分的细分市场。

第五节 市场定位

市场定位是市场营销中的另一个关键概念。它既可以应用于公司主体,也可以应用于公司产品。简单说来,市场定位是企业或者产品在消费者心中所占据(或者试图占据)的位置。市场定位有两种类型:潜在消费者所感知的企业定位和企业试图达到的定位。区分这两种定位是非常重要的。值得重复强调的是,企业需要考虑消费者的感知。消费者所感知的定位,或企业在消费者心中所占据的位置,与企业自身所希望达到的市场定位(他们希望在消费者心中所占据的位置)是不同的。企业首先需要了解消费者认知的形成原因,然后运用适当的措施将其扭转。因此,作为企业的身份标识或建立品牌中的重要组成部分,市场定位是一项非常重要的营销决策。如果说市场细分是一种分析概念,那么产品定位则是一种战略概念。换言之,一旦了解了市场的结构,企业就有可能决定其战略定位。

▲ 拓展阅读6.1

夜店的市场细分

针对波士顿的摇滚乐团驻演夜店市场,研究者与22位猎头、8位音乐人和4位夜店赞助人进行了34场半结构式访谈。研究人员试图通过对夜店驻唱乐队(如,表演原创音乐的乐队与翻唱乐队)进行分析,从而衡量这些夜店的感知相似性。调研结果被研究者制作成了相似矩阵,并且随后通过非量测多维尺度分析法(MDS)被视觉化为一幅感知图。并通过对数据的深入分析,该研究还检测了关于夜店相似性的主观假设。他们收集了Bosten Phoenix的娱乐项目清单,这一清单包含1,232个不同的乐队在六周内的2,073场表演。他们对于那些可以用来支撑MDS图中空间分布的类型和维度的数据进行了编码。(图6.1)

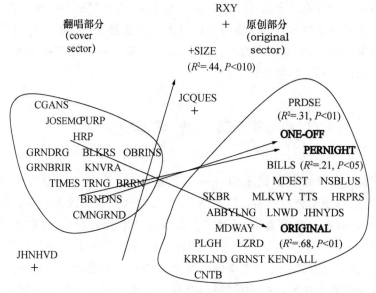

图6.1 酒吧的市场细分

来源:Foster, P., S. P. Borgatti and C. Jonse. 2011. "Gatekeeper Search and Selection Strategies: Relational and Network Governance in Cultural Market." *Poetics*, No. 39, pp. 247—265。

所涉及的维度包括:(1)夜店的客容量(SIZE);(2)在此期间仅出现过一次的表演的比例(ONE-OFF);(3)平均每家夜店每晚演出数(PERNIGHT);(4)预定原创音乐演出(而非翻唱演出)的比例(ORIGINAL/COVER)。图6.1中的两个不规则形状的图案分别代表原创和翻唱音乐。Cover/Original的箭头表明,预定表演原创音乐乐队的夜店规模更小,而另外两个箭头则说明,夜店在图形中所处的位置越靠右,那么在六周期间只出现过一次的乐队数量越多,且每晚表演数量越多。

一、市场定位的类型

市场定位的类型可以被分为三种：第一种是在某一细分市场中的定位（集中式策略），第二种是在两个或者多个细分市场中的定位（差异化策略），第三种是针对竞争对手的定位。

集中式策略

正如上文提到的，企业有时会按照某一细分市场的需求制定市场定位策略。这类策略被称为"集中式营销策略"，适用于锁定某一特定细分市场，通常被小型文化组织所采用，因为小型企业资源有限且宗旨独特。这类定位策略要求企业对解释消费者偏好和行为的细分市场指标有高度的了解。在一些案例中，这类定位策略会采取社会人口指标划分目标市场，如儿童剧院的定位策略。也有一些其他的案例会将地理指标作为市场定位的基础。实际上，"外百老汇"正是如此。（所谓的"艺穗节/边缘文化节"则暗指，在活动中所展出的艺术作品十分小众，处于举办城市的文化边缘地带。）但是，在大多数情况下，文化企业的市场定位依赖于消费者的利益诉求。例如，悉尼动力博物馆的调查结果显示，公众对于动力博物馆的认知与传统博物馆不同，在他们看来，动力博物馆是一个为参观者提供探索、激情和实际操作经验的地方；[3]由于这种博物馆认知与消费者的诉求相契合，所以我们可以直接将其应用于动力博物馆的定位策略中。

▶▶▶ 案例 6.1

The Boom Festival

与其他的很多国家一样，葡萄牙也是很多大型夏季摇滚音乐节的举办地之一。正如音乐节的主要赞助品牌（各种啤酒和手机品牌）之间的激烈竞争一样，音乐节之间的竞争也非常激烈。但是，由于音乐节的举办地相似（一般是海边或者大城市）且节目也或多或少一致，区分不同的音乐节品牌就变得十分困难。

正是基于这一点，Boom Festival 将自己定位于一个与众不同的小众市场。这一区别始于其建立之初。Boom Festival 创立于 1997 年，当时大概 3,500 位有共同价值观的年轻人参加了一个有关迷幻文化、内部信息、和平主义、电子音乐和环保主义的生活庆典。这一活动的举办地位于葡萄牙的 Indanha-a-Nova,它不仅远离海边,并且周围分布着数个有百年历史的小镇。Indanha-a-Nova 地区人烟稀少,最大的城镇中仅居住着 2,300 人,在其 1.41 平方公里的面积内部仅有居民 9,700 人。因此,每当到 Boom Festival 的举办时间,这一地区的人口会在一周的时间内成几何数量的增长。Boom Festival 每两年举办一次,吸引着来自全世界 85 个国家多达 40,000 的参与者。可以说 Boom Festival 是葡萄牙至今为止规模最大且最为国际化的节庆活动。

以区别于主流文化的边缘、全文化表达概念为卖点,Boom Festival 将各种另类哲学和生活方式囊括其中,用音乐、舞蹈、讲座、研讨会、艺术展览展示、永久培养花园、小电影节等各种形式加以表达。Boom Festival 的成功基于两大要素:组织者在观众、音乐家、设计师、DJ 等各种参与群体间建立的移情关系,以及活动价值观和实践之间的协调统一性。事实上,Boom Festival 与"环保"概念之间的关系为其收获了各种奖项,包括 2010 年"欧洲节庆奖"(European Festival Award)的"绿色 & 清洁节庆"(Green "N" Clean Festival)奖项,2008 年和 2010 年的"环保节庆奖"(Greener Festival Award)。由于不认同大众消费理念,Boom Festival 还拒绝接受任何形式的企业赞助。此外,那些没钱购买整个活动期间通票的人也可以参加活动,因为组委会会将其作为志愿者、研讨会展示者或者艺术家邀请到活动中来。例如,2012 年,来自墨西哥和危地马拉的参与者就由于他们对于玛雅文化的熟知和尊重而获得了免费的入场券。

尽管 Boom Festival 本身有自己的网站,而且其中的音频、视频内容非常丰富,但活动的营销策略却是以节日组委会成员的面对面营销和人际传播为主。他们在自己的社交网络上为 Boom Festival 做宣传,并以此获得打折的活动入场券。

在全国各地对夏季节庆市场的疯狂瓜分中,Boom Festival 却能凭借自己的定位策略而占有一席之地。

来源:葡萄牙里斯本大学 ISCTE 商学院(ISCTE Business School)亚历山德拉·费尔南德斯(Alexandra Fernanders)撰写。

▶▶▶ **案例 6.2**

湖南卫视(芒果台)的市场定位

湖南卫视是中国传统电视媒体中极具代表性的省级卫星频道,以制作和播出全国收视率领先的综艺节目为特色。

湖南卫视于 1997 年上星,经过 5 年的探索和尝试,湖南卫视于 2002 年制定了"锁定年轻、锁定全国、锁定娱乐"的战略定位,是中国电视媒体中第一个对自身进行市场定位的频道。湖南广播电视台副台长聂玫认为:湖南卫视之所以在当年进行了这样的市场定位,本质上是出于生存的需要。如果频道在上海,是不会产生当时那种生存危机感的,因为上海是一个码头,贸易往来频繁,经济十分发达,广告客户特别多。可是在湖南,愿意在电视上打广告的都是猪饲料厂一类的商家,当时湖南的经济就是如此。

"锁定年轻、锁定全国、锁定娱乐"的战略定位令湖南卫视的节目制作、播出都具有较强的针对性,培养了固定的受众群。从 2002 年开始,湖南卫视一直处于全国省级卫视的领先地位,以《快乐大本营》为代表的几乎所有在湖南卫视播出的综艺节目,全国收视率绝大多数时候都是第一。但是 2012 年之后,收视率开始下滑,有时还跌出前 5 名,这令湖南卫视的广电人处于极度焦虑的状态。聂玫认为下跌的原因有两方面:一是湖南卫视自身在创新方面的乏力,二是新媒体的出现。

从 2013 年开始,湖南卫视对自己进行了第二次重新定位,从媒体到投资人的定位。聂玫说:"不能把自己局限地看作是一个媒体,而是要看到媒体以外,什么行业赚钱,什么项目赚钱,你就做什么。本质上就是把自己定位于一个财务型投资人。"这样的定位为湖南卫视带来了三个方面的转型。第一个转型是介入互联网产业,投资互联网相关的内容,因为在当时来说互联网是未来的朝阳产业。第二个转型是做与现有人才基因相匹配的项目,比如做游戏。湖南卫视的员工结构里有 70% 以上的人和创意有关,包括一线的创意生产人员,还有和创意相关的技术支撑人员。而游戏归根结底也是内容创意,与湖南卫视的人才基因是相符的。第三个转型是专项互联网业务的研发制作,这在当时对湖南卫视的发展具有重大意义,在经过了多方论证后,选择了视频作为重点项目。

中国的优酷土豆网站与谷歌平台的 YouTube 相似,准许用户自制视频上传至播放平台。中国唯一有用户原创内容（UGC）的就是优酷土豆，大概有30%的流量是来自UGC。但是中国的UGC却没有像在美国形成那么一个风气，YouTube上90%的内容是UGC，每天流量特别巨大。中国UGC无法形成美国那样的影响力的原因有三个：一是美国人参与视频化创作的意愿高，专业技术高，二是美国视频创作的人文环境好，三是中美两国的视频监管制度不同。由于上述原因，中国的视频行业是一个由专业生产内容（PGC）主导的行业，播放的内容也是专业制作的内容，这反映了整个中国的用户结构，正是视频网站用户的素质造成中国视频领域是PGC主导的。

湖南卫视选择做视频主要出于三个原因。一是视频是离广电业务较近的互联网业务，整体来讲，从前期到后期做一个视频，需要很多人分工协作，如果要做更难的视频，比如说45分钟以上的戏剧或者更长的连续剧，还需要专业度非常高的视觉团队使视觉效果更富感染力。可以说无论制作什么视频，所需要的技术和专业知识是相通的，尤其是内容制作方面，是最不容易被颠覆的，这就是湖南卫视选择做视频的第二个原因：视频被颠覆的门槛比较高，存有机会。第三个原因是2012年至2013年整个互联网视频的大环境趋势。在当时的格局下，整体的市场规模大概是一百个亿，商业模式主要是广告流量，大规模的市场和广告流量导致几乎所有网络视频行业的从业者仅仅强调自己拥有高端技术，大部分网站开始将自己定位为一个工具，没有意识到内容的重要性，于是湖南卫视成为最先将内容卖给全网的视频内容生产方。开始卖几十万元，后来就涨到几千万元，到2013年，综艺真人秀节目《爸爸去哪儿》就卖了一亿多元。后来，湖南卫视进行了市场调研，发现湖南卫视是所有电视频道里面，跟年轻观众，也就是所谓的互联网用户最贴近的。基于上述原因，聂玫认为湖南广电进入网络视频这个行业可能比别的电视台更有优势。中国不像欧洲以及其他一些发达国家，中产阶级是消费的主要人群，在中国，年轻人是消费的巨大驱动力，而湖南卫视一直以来所面向的受众恰恰就是这群有购买力和消费驱动力的人群，而且通过将近20年的市场培养，用户质量非常稳定，电商的消费能力特别强。

从1997年上星，到2002年"锁定年轻、锁定全国、锁定娱乐"的战略定位，到2013年湖南卫视基于已有的市场定位开展互联网融合业务的探索；2014年，芒果TV作为湖南广播电视台旗下唯一互联网视频平台亮相中国市场；2016年，芒果TV手机激活用户超3亿；2017年1月1日，在庆祝湖南卫视上星 20 周年网台联动活动上，湖南卫视携芒果 TV 推出全新呼号"20年，更青春"。20 年来，湖南卫视一直屹立于行业领先地位，依托其一贯坚持的市场定位，应对外部环境带来的挑战和时代发展造就的改变。

来源：北京大学艺术学院戴茜撰写。

差异化策略

当企业达到一定规模后，可以开始考虑锁定多个目标市场。差异化策略可以帮助企业与整体市场（无论是本地的还是国际的市场）中的其他企业进行竞争。这一策略往往被那些大型的文化企业集团所使用，如索尼和贝塔斯曼等巨头企业。这些大型企业往往涉足多个娱乐行业。在差异化策略中，企业需要为旗下的每个产品做出特定的定位决策。

竞争式定位

对文化产品目标市场的良好认知将有利于管理者做出正确的定位策略。但是，在许多时候，多个文化产品可能会同时服务和锁定相同的细分市场，并寻求相同的利益。这种时候，企业需要针对竞争对手制定竞争式定位策略或者"产品差异化策略"。为了使自己的产品脱颖而出，企业需要为产品加入额外的竞争优势。这也是逍遥音乐会（1895 年诞生于伦敦皇家阿尔伯特音乐厅的音乐节）长盛不衰的原因。逍遥音乐会自成立伊始就在强调音乐内容的同时，还强调其社会内容。观众对其最满意的一点就在于其在中心区域（Arena 和 Gallery）设立的低价站票区域。"场地区域"（Arena）指的是管弦乐队乐池的前方区域，这里通常是管弦乐演出中最昂贵的坐票的位置。但是逍遥音乐会的主办方挪走了座位，只留下可供参观者席地而坐或者自由站立、走动的空间。同样地，剧院楼厅上方"楼座"（Gallery）区域的座位也被移走。除了提供自由空间，还方便参观者在开场前或者中场休息的时候购买食物、饮品。逍遥音乐会在为观众提供高质量的音乐体验的同时，也为他们提供了一个充满"趣味"的空间。

二、产品、市场和竞争优势

对市场定位的分析要基于三个元素，这三者虽然彼此不同但相互关联：

(1)为满足消费者利益诉求而被设计的产品;(2)目标市场;(3)竞争优势。市场经理在设计差异化策略时,需将这三大元素都考虑在内。

为了保证目标消费者对产品持有正面的消费感知,企业需要将自己的产品与市面上的其他产品区分开来。相较于其他竞争产品,如果其他方面的差异并不明显,那么价格就成了影响竞争的关键要素。当产品与其他产品类似时,除非产品的价格相对较低,否则,消费者完全没有购买它的理由。然而,正如我们之前所述,文化产品市场的情况与普通市场不同,消费者往往只会对特定的艺术家或者特定的情感体验有兴趣。因此,文化企业需要向特定消费者(细分市场)展示具体产品是什么,以及他们应选择本企业的原因(竞争优势)是什么。

三、偏好、感知和理想点

在研究产品市场定位时,获悉消费者的偏好以及他们对市场中的竞争者的定位感知是非常重要的。因此,我们可以将市场细分看作是一系列的"理想点"(图6.2)。当消费者被问及他们的需求时,他们往往描述所寻求的产品的具体特征。这些特征就是他们对"理想"的表述,由此我们可以得出一个"理想点"产品的散点图。

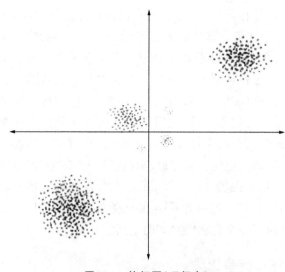

图6.2　偏好图(理想点)

图 6.2 中的每个点都代表了一位消费者的理想产品,将所有消费者的偏好一一标注之后,我们就得到了消费者产品偏好图。图 6.3 是消费者感知图,描绘了消费者对于市场中的竞争者的定位的感知。将图 6.2 和图 6.3 进行组合,可得图 6.4。根据图 6.4,管理者可以做出有效的策略判断。如果消费者对产品的感知与他们的期待相同,那么管理者无须做任何决策(如产品 A 和 B)。如果消费者心中对产品的定位并不符合消费者所需求的定位(如产品 C),那么管理者则需要采取行动:要么劝说消费者改变对产品的感知,如通过促销活动(再定位策略)等;要么尝试改变市场内部的消费者偏好。而后者往往极难实施。那些尝试改变消费者的偏好的企业策略(如试图让戏剧爱好者放弃看戏剧,转而去看摔跤比赛)往往以失败告终。

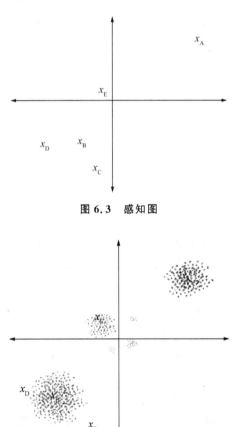

图 6.3 感知图

图 6.4 组合图:偏好和感知图

▶▶▶ 案例 6.3

文化行业定位：西班牙的音乐节

音乐节是西班牙最具有活力的文化行业之一。这是由音乐产业的严峻形势和节庆市场的日趋成熟共同导致的。2010年，大规模节庆活动的参与人数仅占所有流行音乐现场活动的参与人数的 3.00% 左右，但其创造的收入却可以占到总数的 16.00%。更有趣的是，在所有的音乐节活动中，收益最高的六个活动创造了音乐节市场的所有收入的 13.11%，但其参与人数只占整体的 1.50%。下表显示了西班牙音乐节市场的主要特点和相应数据。

音乐节	演出安排	时间和地点	参与人数	收益（欧元）
Rock in Rio Madrid	主流音乐占多数	城市（靠近马德里）	229,096	14,881,512
FIB	独立和另类音乐	地中海海滨小镇（贝尼卡西姆），七月	60,813	2,870,401
Sonar	电子和实验音乐	城市（巴塞罗那）	57,704	1,610,081
Bilbao BBK Live	流行和摇滚音乐	城市（巴塞罗那），五月/六月	35,359	1,483,014
Primavera Sound	独立和另类音乐	Monegros 沙漠	31,292	1,461,904
Monegros Desert Festival	电子、技术音乐和嘻哈音乐	Monegros 沙漠	25,992	1,609,345

这些音乐节在定位策略上既有相似也有不同。首先，演出的主要音乐类型各不相同。这一点非常重要，因为音乐节的参与者希望各音乐节在音乐类型上保持一致性和持续性，这样更有利于他们做出合适的购买决策。同时，这也能生成或达到一定的声誉效果，而音乐节的声誉是影响预售票的关键因素。这说明，音乐节市场往往是根据活动中音乐的主要种类来进行细分的。而其他因素，如对时间、地点等的因素的考量也在一定程度上可以影响音乐节的收效。Monegros Desert Festival 将自己定位为"西班牙最大的电子和锐舞音乐节"。虽然它的定位一定程度上与 Sonar 重合，但 Sonar 的举办地点位于城市中心并且以艺术为中心，Sonar 的定位是"先锋音乐和

新媒体艺术的国际音乐节"。Primavera Sound 将自己的品牌与巴塞罗那城市品牌结合起来以吸引国内外的观众,而 FIB 则具有明显的国际化诉求(尤其是面向英国的观众),因为它将音乐体验与地中海沿岸的休闲度假结合在了一起。从参与人数和收入上看,Rock in Rio Madrid 一骑当先。Rock in Rio Madrid 关注主流大众市场并且经常会邀请明星出席。最后,Bilbao BBK Live 则更倾向于摇滚音乐。这与消费者偏好有关,因为 2010 年西班牙文化习惯和活动调查(2010 Survey of Cultural Habits and Practices in Spain,由西班牙文化部发布)显示,与西班牙整体消费者偏好相比,巴斯克地区的消费者更乐于消费和收听国际流行和摇滚音乐。因此,我们可以看出,所有的音乐节都有自己特定的目标受众,并且针对目标受众的偏好制定了自己的定位策略。

当然,西班牙的音乐节市场中也有一些定位不甚明晰的音乐节,Summercase(2006—08)就是其中之一。Summercase 音乐节是一个以独立音乐和另类音乐为主要卖点的双城音乐节(同时在巴塞罗那和马德里举办),但它的举办日期却与它的主要竞争对手 FIB 相同。一开始,媒体将这一事件称为"音乐节之战"。Summercase 的目标受众是那些不愿意离开城市去如贝尼卡西姆这样的海滨小镇参加音乐节活动的人。但在连续三年的惨淡收场后,Summercase 锁定的目标细分市场被证明是错误的,Summercase 也就此退出了音乐节市场。

来源:Juan D. Montoro-Pons and Manuel Cuadrado-Garcia,University of Valencia, Spain (source for attendance and revenues:Anuario SAGE[2010] at http://www.sage.es)。

另一种策略是,企业可以在相同的细分市场中开发出一款足够有竞争力的新产品(产品 D),或者在其他缺乏竞争的市场中开发新产品(产品 E),从而来支持产品 C。最后,企业可以利用在市场中加入新的竞争维度以改变消费者的偏好和感知。太阳马戏团就是运用这一策略的佼佼者。众所周知,太阳马戏团的马戏与传统的马戏截然不同。它不使用动物进行表演,并且还在马戏中加入了戏剧叙事,太阳马戏团由此创造了一个全新的竞争维度,至少在北美市场以前并不存在该维度。

最后一种策略是,企业在从未涉足过的细分市场中引入有绝对竞争优势的新产品。这一策略往往可以孕育出全新的产品。

总而言之,市场细分关系着企业能否在市场竞争中取胜,它同时也是企业(产品)定位战略中的一个重要元素。

小 结

市场细分对于文化企业的市场战略来说至关重要。假设市场是一个整体,未被分层,但市场中的细分市场可以被界定,文化企业应该仔细考虑所需使用的市场细分指标。

"先期市场细分法"和"集群市场细分法"是主要的两类市场细分方法。

从实际操作的角度看,市场细分涉及对于细分市场概况的描述,以及对细分理论的实际应用,从而引出市场定位的概念。

简而言之,市场细分是企业(或者产品)市场战略的一个概念性的切入点。它是经由谨慎且深入的市场分析所得出的结果,但它并不能独立构成一个战略。

问 题

1. 市场细分的两个主要作用是什么?
2. 对于企业来说,错误分析市场结构的后果是什么?
3. 为什么新剧院剧团也需要关注市场细分和市场定位呢?
4. 简要描述界定一个细分市场所需的五个条件。
5. 简要描述市场细分的五个决定因素。
6. 作为一个新交响乐团所在城市的市场总监,你需要识别各个细分市场。如果你决定采用多重市场定位策略,那么市场营销策略会相应做出哪些改变?
7. 在市场营销中,采取社会人口细分指标的局限是什么?
8. 对于出版商来说,采取基于利益诉求细分指标的优点是什么?
9. 在描述一个细分市场时,通常倾向于使用多个指标,这是为什么?
10. 在什么情况下,采用整体营销策略更好?请举例说明。
11. 定义定位分析中理想点、感知、偏好等概念。
12. 在市场分析和定位分析之后,有哪些可供使用的潜在策略?

注释

1. Churchill, G A., and C. Surprenant. 1982. "An Investigation into the Determinants of Consumer Satisfaction." *Journal of Marketing Research*, No. 19 (November), pp. 491—504.

2. Debenedetti, S. 2003. "Investigating the Role of Companions in the Arts Museum Experience." *International Journal of Arts Management*, Vol. 5, No. 3 (Spring), pp. 52—63.

3. Scott, C. 2000. "Branding: Positioning Museums in the 21st Century." *International Journal of Arts Management*, Vol. 2, No. 3 (Spring), pp. 35—39.

扩展阅读

Athanassopoulos, A. D. 2000. "Customer Satisfaction Cues to Support Market Segmentation and Explain Switching Behavior." *Journal of Business Research*, Vol. 47, No. 3 (March), pp. 191—207.

Kozinets, R. V. 1999. "E-tribalized Marketing? The Strategic Implications of Virtual Communities of Consumption." *European Management Journal*, Vol. 17 No. 3 (June), pp. 252—264.

Waggoner, R. 1999. "Have You Made a Wrong Turn in Your Approach to Market?" *Journal of Business Strategy*, Vol. 20 No. 6 (November/December), pp. 16—21.

Wu, S. I. 2000. "A New Market Segmentation Variable for Product Design—Functional Requirements." *Journal of International Marketing and Marketing Research*, Vol. 25, No. 1 (February), pp. 35—48.

第七章
CHAPTER 7

价格变量

教学目标
- 了解价格变量的组成部分
- 明确与价格变量相关的目标
- 描述定价的主要方法
- 理解弹性理论
- 讨论动态定价和其他的常见价格策略
- 介绍鲍莫尔成本病

>> **引言**

本章主要解决与价格变量有关的问题,并且试图从消费者市场的角度关注价格。我们将考察消费者决策过程、企业定价目标以及协助消费决策过程的方法,从而对"企业如何定价"这一问题进行回答。

本章将首先简要回顾各种计算产品成本和利润的方法,并着重强调其在具体艺术行业内的应用。

之后,我们将详细解释弹性理论。它不仅可以联系需求与价格的变化,还可以被应用于市场营销组合中的其他变量上。

如果我们将产品的需求曲线视为许多小曲线的组合的话,那么,每一个小曲线都代表了一个细分市场,从而我们可以将价格变量与市场细分联系起来。本章的最后一部分将会介绍最常用的价格策略和著名的"鲍莫尔成本病"理论。

第一节　定　义

从消费者的角度看,价格是他们为了购买某一产品或服务(包括税费)而需支付的金额数。然而,消费者所需支付的价格却并不仅限于这种狭隘的定义。我们必须在计算产品价格的同时,将各种与产品消费相关的花费(包括交通费、餐饮费、保姆费等)、投入的休闲时间、与购买相关的风险以及消费者的体力付出(如步行、停车等)都考虑在内(详见表7.1)。即使企业所举办的活动是免费开放的,但消费者仍须为外出参加这次活动付出各种形式的努力。所以,从这个角度看,没有产品是绝对免费的。

正如第一章所提及的,随着时代的发展,消费者的休闲时间其实并没有增加,甚至对于从事特定行业的某些人来说,他们的休闲时间可能反而更少了。因此,考虑到可支配收入方面的因素,用于休闲活动和外出的时间事实上已经成为一种非常宝贵的商品。在某种程度上,消费者需要根据他们的喜好和预算来分配他们的时间和金钱。

所谓"购买风险",相当于消费者在购买产品时所需付出的心理上的努力(第四章)。例如,可能被视作某一特定群体中的一员的社会风险、不理解或不喜欢该产品的风险,以及大失所望的风险等。因此,购买风险源自对需求或期望能否被满足的不确定性。它基于消费者个人的感知,但每个人的感觉是不同的。

表 7.1　价格变量的五大要素

产品价格	相关的花费
	时间
	风险
	耗费的努力

消费者越了解和理解一个产品,其购买风险就会越低,因为他们可以运用自己的判断力。相反地,消费者知道得越少,就越需要依赖外部的信息,这些信息可以帮助他们判断相关风险的大小。例如,对消费者来说,相较于没有人看过的、未经审核的、前卫的或者另类的演出,由加拿大斯特拉福德戏剧节(Stratford Festival)里的专业人员执导并演出的戏剧,或是由纽约林

肯中心(Lincoln Center)演出的经典戏剧意味着较低的风险。但是人的品位千差万别,有些消费者更喜欢高风险的、不为人知的作品所带来的惊喜感。因此,他们可能不乐意去欣赏那些低风险的著名古典戏剧。这种对风险的认知适用于所有的文化产品,无论是小说、表演艺术,还是音乐会,或者是展览。

体力付出,指的是消费者为了参加一场演出或是购买图书或者CD等产品而在旅途上耗费的精力。无论在何种情况下,为了消费或者为了到达目的场地,消费者都必须为车辆交通付出成本。虽然互联网购物可以减少消费者为了购买某些产品所付出的体力劳动(从而降低产品的购买成本),但互联网购物需要一个前提,即企业的网页须充分体现用户友好性。

第二节 定 价

从企业的角度看,为产品定价类似于向市场发出关于产品价值的信号。定价也决定着企业组织为了达到盈亏平衡和降低财务风险而必须付出的努力程度。

定价决策必须考虑到几个因素,包括消费者的潜在反应、市场竞争以及政府部门和监管机构。

企业不能依据任何一个简单的公式来为其产品定价,因为定价是多方妥协的结果。企业必须要根据自身的具体情况,尽其所能地设定出最优的价格。

一、定价目标

由于价格变量的目标需要与市场营销组合中的其他变量保持一致,所以价格变量的目标必须从综合的企业总体目标中提取,并建立在企业的政策基础之上。

价格目标可以被分为四类:与利润或盈余有关的目标、与销售有关的目标、与竞争平衡有关的目标以及与企业形象有关的目标。[1]在某些目标细分市场中,这些价格目标可以互补。

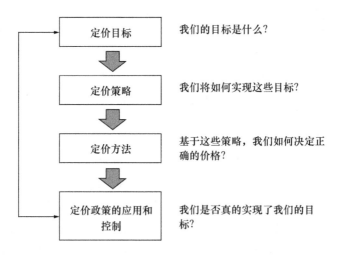

图 7.1 定价过程

来源：Brunet J., et al., *Gestion du marketing*, 5th edition, Montreal：Gaetan Morin/Cheneliere editeurs, 2011, p.220。

以利润为基础或以盈余为基础的目标

许多艺术行业的企业都试图尽量降低自己的价格，无论是为了鼓励消费，还是增加产品的易得性，或是扩张它们的客户群，又或者是为了降低产品的感知壁垒。对于这些企业来说，盈利并不是它们的首要目标。它们主要关心的是平衡企业的收入与开支，而不一定要产生盈余。

相反地，对于那些市场导向（第一章）的企业来说，创造更高的利润是它们的首要任务。

其他的企业则位于这两种极端情况之间：它们并不追求高水平的利润，但也希望至少有一点盈余，以便能够为意料之外的企业支出建立储备资金。

以销售为基础的目标

有些企业的目标可能是增加销售量或者扩张其市场份额。企业可以通过降低产品价格、减少利润率的方式抢夺竞争对手的部分客户群，并提高自身的销售量，从而提高市场份额。当然这种策略易被竞争对手所效仿，造成产品市场的平均价格水平降低。在竞争激烈的行业中，消费者可能并不在意品牌，那么这种策略则可能引发一场价格大战，最终获利的只有消费者。

另一种提高销售额的方法,是降低价格变量里的其他组成部分的价格,比如购买和维护产品所需要耗费的精力。举例说,优秀的客户服务能够降低顾客所需付出的(或认为的)体力成本。

这种价格策略能够帮助企业开发新市场(如果目标市场是价格敏感型的市场),或者建立或者提高客户的忠诚度(例如订阅和订购)。

与竞争平衡有关的目标

在生命周期处于成熟期的行业中,多数企业或许会希望维持竞争的平衡,并尽量避免价格战争。在这种情况下,市场内的竞争者会彼此结盟,以略低于市场领导者的价格售卖商品,并且依靠与市场营销组合中的其他变量相关的策略来维持自己的市场份额。

表演艺术行业的情况正是如此。这一行业内的产品价格水平通常较为一致。而拥有市场最高价格的产品通常是行业内最大或者最具盛名的企业。电影和唱片产业也是如此。

与企业形象相关的目标

企业有时会根据所希望呈现的企业形象而设定产品的价格。正如我们之前讨论的,在消费者眼中,价格是极具象征性的。一家希望呈现高质量品牌形象的企业(例如,一些拥有强大品牌形象的知名企业)或许会设定高价格,而一家希望向消费者传达"产品具有高度的开放性"信息的企业可能会降低定价。有些企业或许会希望向公众呈现一个既享有声望又易于接近的品牌形象。比如,一家剧院的普通门票非常昂贵,但是同时向学生和老年人提供折扣等。但无论如何,只有当价格策略与市场营销组合中其他变量的策略相一致,且消费者认同制造商的定价方式的时候,企业的目标才能得以实现。

二、定价策略

定价策略,是企业为了实现其对价格变量所设置的目标而使用的方法。正如下文的案例所示,为满足同一个目标,企业可以采用不同的定价策略。

竞争压力

如果处于市场主导地位的企业,即市场领导,决定调整自己的产品价格,那么整个市场内的价格都会随之调整。相应地,一家小企业的价格决策则会受到市场领导者的影响。

来自消费者的压力

企业可能会基于其目标细分市场来决定其产品的价格。例如,一个细分市场中的消费者习惯将高价格与高品质联系在一起,或者他们乐于付出高昂的价格等,这些都会迫使企业提高产品定价。另一方面,如果企业的目标市场是一个并不追求昂贵产品的细分市场,那么企业需要尽可能地降低定价。

企业成本压力

一家企业也有可能采取溢价策略,即为产品设定一个恰好足以承担成本且能创造一定盈余的价格。另一种策略则是在以低价出售产品的同时提高副产品的价格,以获取更高的利润;这一策略在大型娱乐集团中十分常见。

市场撇脂定价和市场渗透定价

生产复制类产品的企业,在发布新产品时,首先会使用市场撇脂定价和市场渗透定价策略。

采取市场撇脂定价策略的企业,其目标是通过让产品以高价格进入市场的方式,赚取单位销售的最大利润。这一策略主要针对那些已经为某一特定产品做好准备并预计支付高额费用的消费者。虽然销售数量不多,但较高的定价仍旧有利于销售商从中持续获利。在这之后,为了吸引更多价格敏感型的消费者,企业可能会逐渐降低产品的价格。这一策略同样适用于那些很独特、拥有特殊属性、具有威望,或是处于垄断地位的产品。其中一个例子是精装版的小说再次发行平装版本。当然,非价格敏感型的细分市场对产品的偏爱,是实施该策略的一个最基本的前提条件。

另一方面,市场渗透定价策略是指企业以尽可能低的价格卖出尽可能多的产品的策略。实施这一策略的企业主要通过薄利多销的方式来获得利润。市场渗透策略以大型细分市场和精打细算型的消费者为主要目标群体。通常,使用市场渗透定价策略的企业,在回收生产和发行成本方面,会慢于使用市场撇脂定价策略的企业。

尽管以上策略常被用以发行新产品,但是市场撇脂定价策略有时会被应用于处于成长阶段的产品。例如,一场新演出可能因为太受欢迎而延期加演。在这种情况下,当宣布加演日期时,企业可以选择提高演出票价,因为演出的受欢迎度已经降低了消费者对价格的敏感程度。

声望定价

- 价格会从心理上影响消费者对产品的评价。高定价可以提高消费者的期待值,并(异常地)降低其感知风险。事实上,高价格通常能使购买者安心,有时甚至能够成为品质的保证。

- 尽管人们总说"便宜无好货",但是高价格却并不总是意味着高品质。每个购买者都会在这样或那样的时间,通过个人的经验教训而学习到这个道理。高价格与高质量的关系仅仅只是建立在主观评断上的,而且并不是所有的消费者都坚信这一点。此二者之间的关系,往往是基于消费者过去的经验、他们对产品的了解和认知度,以及他们对企业广告的信任度。

然而,由于质量和价格间的微妙关系,企业通过强调消费某些特定产品时可能产生的声望来提高产品的定价。当一家组织面向富有的公民征集捐款时,或是举行慈善活动时,他们通常会采取这项策略。

声望定价策略实际上增加了产品的价值,因为在为企业制造巨大利润的同时,该策略提高了产品的"附加价值",并降低了感知风险。产品的增值部分能吸引那些注重品牌和设计师的特定的消费者群体。在这之前,这一部分细分市场很可能并没有被基于市场营销组合的其他变量而制定的策略所利用。运用声望定价策略的产品必须要为目标顾客提供他们所追求的心理或生理上的优势。如果不能,则极有可能适得其反。例如,美国拉维尼亚音乐节的管理者开办了一家会费为5000美元/人的私人餐厅。餐厅的会员在音乐节主入口附近拥有私人停车位;在音乐会开始之前,高端会员(如企业总裁)可以在餐厅招待自己的客人,并且能提前收到当晚演出节目的简要介绍;音乐会结束之后,会员还可以与艺术家一起享用甜点和茶点,并与之交谈。[2]

正如图7.2所示,随着价格的下降,销售额或消费需求的数量会不断增加,直至到达A点。在这之后,二者的关系立即翻转为正相关,即当价格降低时,需求也会随之减少。针对这一现象的其中一个解释是:购买名牌产品的消费者希望可以通过这一举动来突显自己。当然,当所有人都能买得起

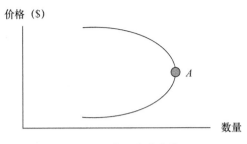

图 7.2 声望定价曲线

某件产品的时候,这些消费者购买该产品的原因也就随之消失了。相反地,对于那些不愿意因自己的消费行为而被归类为另一社会阶层的消费者来说,就算可以轻易地负担得起产品的价格,他们也可能会拒绝购买某一产品。

▲ 拓展阅读 7.1

文化产业中的国际定价

在国际市场中,文化产品的定价会受到一些变量的影响。以下是两个文化出口定价的案例。

电视剧海外市场销售。 美国分销商非常善于将自己的电视节目销往海外市场。那么电视剧的价格是如何确定的呢?对一个国家的总人口数、国内生产总值(GDP)、电视普及率以及可接收到的频道数量(竞争者)的考虑是定价的基础。因此,不同地区的美国电视剧的进口价格差别往往很大。此外,如《世界电影》(World Screen)等专业杂志每年发布的所有国际市场中电视节目的年度价格表(http://www.worldscreen.com/priceindex.php)也值得参考。

电视节目模版销售。 如今,向海外销售电视节目模板的做法已经非常常见了。分销商主要负责销售那些已经在本国市场中取得成功的电视节目模式。顾客购买的则包括节目的名称、音乐、脚本和录制方法等。在所有的被成功销往海外市场的节目模板案例中,真人秀节目占多数,例如最初在美国播放的《幸存者》(Survivor)、在法国和加拿大魁北克放映的《下午一点》(Tout le monde en parle),以及出口至 20 多个国家的《男孩女孩》(Un gars, une fille)等。在这里,同样地,不同国家对同一节目模板的进口成本可能相差很大。相同程式的节目,在美国可能需要 100 万美元的预算,而在加拿大可能仅需 25 万美元。

价格弹性

需求的价格弹性也会影响到产品的价格策略。经济学家表示,产品价格与销售数量之间存在因果关系,即价格越高,产品的销售数量越少。相反地,价格越低,销售数量越多。

简而言之,这一理论认为,消费者希望以尽可能低的价格购入产品。但另一方面,企业则倾向于以最高的价格售卖出尽可能多的产品。显而易见地,对企业来说,大规模的生产能够产生显著的规模经济效应,从而增加产品的单位利润率。因此,不仅产品的销售量有所上升,其销售利润率也会随之增加。

在图 7.3 中,代表供给的曲线和代表需求的曲线相交之处,即是实现市场均衡状态的"最优点位"。事实上,如果消费者愿意支付较高的价格的话,那么制造商会更乐意生产更多的产品。如果消费者愿意支付的价格较低,那么制造商则可能不会生产更多的产品,即便想要购买这一产品的消费者还有很多。

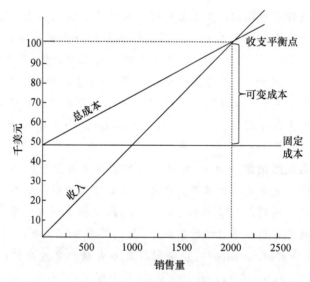

图 7.3 计算收支平衡点

如图 7.4 所示，市场均衡在两条曲线交叉的 A 点处实现。在售价为 1 美元时，产品对应的消费数量为 100 个单位数量（B 点），供给数量则为 500 个单位数量（C 点）；换句话说，考虑到潜在的利润，企业将生产 500 个产品数量。相反地，在售价为 20 美分时，产品所对应的供给为 100 个单位数量（D 点），而消费者的需求可能为 500 个单位数量（E 点）。可以说，平衡点能够同时满足最多企业和最多消费者的最优选择。在本案例中，平衡点为以售价 60 美分的售价销售 300 个单位数量的产品。

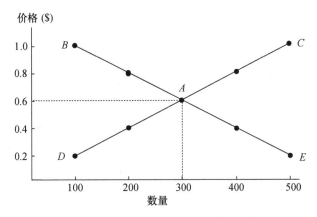

图 7.4　供给曲线和需求曲线的交叉点

价格弹性是用以描述价格与购买数量之间关系的术语。由于购买数量或金额与价格成反比关系，所以，在经过一个阶段的价格变化之后，如果销售出的产品数量超过了其应有的数量，那么需求则被认为是有弹性的。

相反地，如果在价格变化之后，实际销售出的产品数量小于应有数量，那么这一需求就是无弹性的。在理想情况下，完全弹性意味着，即便极小的价格变动也会造成产品消费数量的无限增长；而完全无弹性的需求则是指，任何形式的价格变动都不会影响市场的需求量（见图 7.5）。需求可以是不同程度的弹性需求或非弹性需求。如果价格和数量的变化是对等的，那么弹性甚至可能是中性的。

时至今日，价格仍旧是影响购买决策的一个重要因素，但是除此之外，我们还需将产品类型的变化、消费者个人财务状况的变化等方面纳入考虑。因此，将弹性的概念应用于市场营销组合中的其他变量之中，将有助于我们解释市场需求的变化，包括产品弹性、推广弹性和分销弹性。事实上，一场广告宣传活动、一项服务的改进，或是一个更为合适的分销网络都可以在一

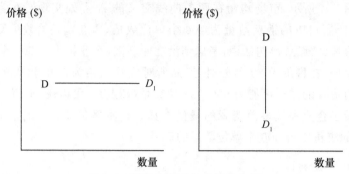

图 7.5 弹性和非弹性的需求曲线

定程度上影响需求的变化(图 7.6)。因此,增加更多的销售点或展览大厅,或举办巡回展览,又或者加强销售技巧,例如接受信用卡消费或通过自动柜员机、电话或产品目录进行销售等方式,都有可能增加产品的销售量。如现在大多数博物馆所做的一样,提供具有文化或教育性质的附加产品(儿童讲习班、导览、讲座、会议、会员卡)则是另一种吸引顾客的方式。这些案例说明了企业如何通过调整特定变量从而促进销售量的增长。此外,对推广或销售点数量的削减将减少产品需求。

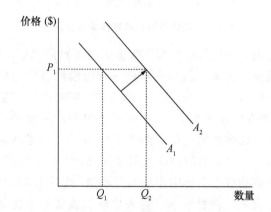

图 7.6 以广告支出展示需求的变化

不同于商业企业,艺术企业一般不会采取改变产品的策略以增加需求。只有这样,艺术创作的完整性(艺术性)以及艺术作品的独特品质,才能得以保证。然而文化产业却未必如此。在文化产业中,产品弹性可被视作一个战略性变量。当然,这一战略的前提是:产品变动的确会刺激消费者的积极回应。

因为市场营销组合变量的不同,需求弹性会随着产品和目标市场的变化而变化。广告和评论家也许会极力鼓吹某交响乐团的演出,但并不是所有的人都会被他们的溢美之词所吸引。一家歌剧企业可能会为学生提供优惠票价,但并不是所有的学生都有兴趣观看。一张唱片或一件手工制品可能同时增加了几个销售点,但其销售量却仍旧原地踏步。

实际上,市场营销组合中的各个变量必须组成一个统一连贯的整体。正如前文所述,仅考虑一个变量而做出的选择很可能会危及整个营销策略。对某一特定产品的需求,依据市场营销组合中的某些变量,可能是弹性的;但依据其他的变量,却又可能是非弹性的。此外,相较于其他变量,某些市场,例如那些由学生和老年人组成的市场,对价格变量的反应更为明显。总而言之,任何对需求的估算或对销量变化的解释,都必须考虑到市场营销组合中的四个变量的弹性效应。

三、定价方法

为了实现企业的价格目标,市场经理需要采取一些可以协助决策的方法工具。本小节将介绍三种定价方式。第一种是基于消费者的定价,第二种是基于竞争的定价,第三种是基于成本的定价。

基于消费者的定价方法

根据传统市场营销理论,最优价格是消费者所愿意支付的价格。但在实际消费过程中,消费者是价格的最终判断者。定价若低于消费者所愿意支付的价格,这就意味着企业利润的损失;而高于消费者支付意愿的价格,则会导致销量的降低。了解消费者的心理价格门槛的最可靠方法是直接询问消费者。由于询问消费者的方式非常多样,所以有关市场调研方面的技巧在此时十分有用。有研究表明,一些消费者愿意为管弦乐演出的座位支付更高的价格[3],有的消费者还愿意为加演的演出多支付25%的票价[4]。

值得注意的是,基于消费者的定价法存在一个主要的缺陷,即竞争者的价格将影响企业在该区域内的定价自由。即使消费者声称乐意为企业的产品支付更高的价格,但如果竞争对手的定价相对较低的话,那么企业将很可能损失一部分销售额和市场份额。

基于竞争的方法

选择这种方法的企业会依据竞争来设定自己的产品价格。因为不需要进行市场研究,所以这种方法简单且成本低廉。遗憾的是,这种方法将价格的决定权交给了其他人。换句话说,产品的鲜明特点可能在定价过程中被忽略了,并且失去了通过价格来定位市场的可能性。如果购买者对价格的变化非常敏感,认为市场中的竞争产品比较相似,并且这种认知难以改变的话,那么基于竞争价格的定价方式是最恰当的。因此,为了迅速应对竞争对手的价格变化,对市场价格实施监控十分必要。

▶▶▶ 案例 7.1

"随你付"策略:三个定价实例

SVT 先锋剧场(Salvage Vanguard Theater),美国得克萨斯州奥斯丁市

SVT 剧场是位于得克萨斯州奥斯丁市的一家小型先锋剧场,自 1994 年起一直致力于新作品的制作和对本土艺术家的支持。剧团在一个小型的、仅有 100 个座位的黑箱剧场中演出,每一个座位都有着绝佳的观看视角。剧场的观众群历来由当地艺术社区成员组成,包括许多在经济上比较拮据、购买剧场门票有困难的"忍饥挨饿"的艺术家。这些观众无法被统一归类于一个特定的人口群体,所以剧场无法像提供学生和老年人折扣票一样,轻易地给他们提供折扣。因此,为了使这一群体能够观看演出,剧场一直将自己的普通票价定为 15 美元,远低于该区域内的平均票价(大约为 35 美元)。

这种做法解决了一个问题,但是又造成了另一个问题。第一次来剧场的观众,见票价如此低廉,便会假设该剧场的演出作品不如奥斯丁区域内的其他剧场的作品。剧场的名誉和品牌形象被低估,并失去了部分观众。那些能够支付多于 15 美元票价观众,认定该剧场的演出作品的质量不能满足他们的期望,因此往往会选择不去观看。剧场需要在质量和艺术价值之间找到一个平衡点,同时还需保障那些低收入人群依旧能够负担得起演出的票价。

在 2006 年,剧场冒险采用了"随你付"的价格变化策略。观众打电话预定演出票时,会被告知他们可以支付 12 美元至 35 美元之间的任一价格,并被询问他们愿意支付多少。剧场管理者最初十分紧张。如果每个人都只支付 12 美元该怎么办?如果剧场的收入随着这项新价格策略的实行而减少,那剧场会怎么样？

但事实上，他们并不需要担心。在第一个季度，剧场的平均票价上升至 18—19 美元，门票收入上涨 70%。观众乐于为自己的额外体验付出高价，并且大多数人都愿意支付超过 15 美元的价格。对于一小部分选择支付最低价格——12 美元——的人来说，这已经是他们能支付的最高价格了。可以说，这项新的价格策略成功地保障了那些资金有限的人的艺术接近性，让他们也负担得起戏剧票价。更重要的是，剧场艺术作品的感知价值提升了，新的细分市场的观众逐渐到来。

"在 Registry 剧院跳舞"（Dance at the Registry）
加拿大安大略省滑铁卢市

Registry 剧院（The Registry Theatre）位于安大略省滑铁卢市，是著名的表演艺术圣地。虽然滑铁卢地区政府一直在大力支持音乐场地建设和产业发展，但该区域鲜有可用的剧院和舞蹈艺术项目。过去的十年间，"滑铁卢舞蹈项目"（Waterloo Dance Project）与 Registry 剧院联手，通过每年在 Registry 剧院上演一系列的舞蹈表演将现代舞引入了该地区。"在 Registry 剧院跳舞"项目的主要经济来源是社区拨款，并且项目制作人也知道，通过门票销售来弥补并支付表演者费用是不可能的。但是，他们仍旧希望演出能够收取些什么，这样观众才能在演出体验中感知到价值。因此，确定合适的价格是他们所面临的一个挑战。

这其中最大的一个问题不是消费者的支付能力，而是支付意愿。对于滑铁卢的观众来说，现代舞被认为是一种高风险的体验。许多观众之前从未观看过现代舞，并且也不能确定自己是否会喜欢。项目组希望，他们能够最小化那些担忧表演质量的观众的风险。

因为关键问题是将风险最小化，所以项目组改变了自身的定价策略——公司会在演出结束后，而非之前，向消费者收取他们愿意支付的票价。舞蹈表演的预售票为 20 美元，并且能够确保购买者拥有一个指定的座席。但是如果观众愿意，他们可以在到达剧院之后，按先来后到的原则选择自己的座位，欣赏表演，然后再在离开时，按心情支付票价。

消费者在演出结束后支付的票价通常少于 20 美元，这意味着该项目同时接触到了那些支付能力有限和觉得 20 美元太贵的受众。然而，上座率的整体上升和预售票销量的升高暗示，至少部分受众，在尝试、体验过了该项目的演出之后，认为演出是值得花费 20 美元的。

更重要的是，那些观看过演出、本可以不付钱直接离开的观众，会在演出结束之后，排起长队以等待并支付他们认为值得的价格。

圣保罗室内管弦乐团(St. Paul Chamber Orchestra)，美国明尼苏达州圣保罗市

圣保罗室内管弦乐团(SPCO)位于明尼苏达州的双子城地区，是一个有50年历史的完善的组织。与大多数交响乐团一样，过去几十年里，圣保罗室内管弦乐团也面临着预约演出销售的下降问题，观众往往会在最后关头决定是否观看并且希望以更多样的方式接触古典音乐。SPCO应对这种趋势的最初方法，是举办一系列的社区活动，即把交响乐团带往教堂、社区中心以及区域内的其他一些小型场地等。除在奥德韦表演艺术中心(Ordway Center for the Performing Arts)观看主流演出(mainstage performance)之外，当地观众得益于社区系列活动，有了一个非正式观看交响乐演出的机会和氛围。

但是从2000年开始，SPCO的主流演出和社区演出的销量双双下降。社区系列演出的平均上座率仅为54%。一项市场研究表明，与主流演出的观众相比，社区演出的观众的平均收入更低，并且主要由退休后的老年人组成，这类人群对于价格更为敏感。然而，在对SPCO进行捐款时，社区观众的捐款意愿却与主流演出的观众并无二致。据此，乐团开发了一个新的定价策略，以便在降低社区演出的票价的同时增加观众捐款。

首先，SPCO降低了所有社区演出的票价。新的票价不仅明显低于区域内的平均水平，甚至不及以前演出的最高票价的一半。虽然这一举措可以如愿扩大SPCO剧院的观众群体，但是却可能引发乐团收入的大幅度降低。然而，如果该计划的后半部分运转良好的话，那么这个策略将是十分成功的。

在社区演出期间，SPCO会安排一位工作人员为观众进行讲解。该工作人员会向消费者解释一个事实，即，舞台上所展现的表演的实际价值其实远高于每一位观众所支付的票价，SPCO降低票价的做法，主要是希望能让广大观众群体接触到交响乐演出这一艺术表演形式。在这之后，工作人员会请每位观众为自己的消费体验估价后，"捐赠"出票价和感知价值之间的"差额"。

在新的定价策略实行的第一个季度，社区表演的上座率翻了一番，满座率增高至89%，为此，SPCO还增加了演出和演出场地。虽然门票收入大幅下降了，但观众参与捐款的数量和捐款的总金额增加了，这足以弥补之前的差额。此外，SPCO 发现，他们新的定价和筹款策略为组织节约了很大一部分市场营销开支，从而增强了交响乐团未来发展的可持续性。

来源：美国俄亥俄州肯特州立大学助理教授詹尼弗·威金斯·约翰逊撰写。

基于成本的方法（成本分析法）

基于成本的分析法则较为简单，因为这一方法只涉及制造商一方。只要产品的定价可以让制造商获得它们认为合理的利润，那么基于成本的分析法就是成功的。对这一类型的产品的定价需要计算产品的单位生产成本，并加上另外的金额或是利润率。

简单性是这一方法的主要优点。但是它有两个缺点：第一，这个方法并没有将消费者的反应考虑在内。第二，如果产品的单位成本的降低直接影响产品质量（基于产量的规模经济），或者如果企业很难将（由生产其他产品所产生的）成本分摊到产品销售中的话，那么基于成本分析的定价方法将无法起效。

企业经营者通常会在兼顾另外两种方法的基本原则的基础上，使用上述三种方法中的一种来设定价格。例如，一家企业的定价决策不能仅仅依据竞争者的售价来制定，企业必须审视其成本并且预测消费者的反应。

动态定价方法

奥斯卡·王尔德（Oscar Wilde）曾经写道："愤世嫉俗者是一个知道所有东西的价格，却不知道它们价值的人。"价格与价值很难匹配，这在艺术领域中尤其明显。对文化产品的美学价值的判断是一个极其个人且主观的过程。正如我们在上文中所提到的，同一个文化产品在不同的细分市场中的需求（或者价格弹性）往往各不相同。对同一产品的需求在不同时期（一天、一周、一月）内也可能不同。而且，价格本身也能影响产品的感知价值：由于罕见的东西往往比较昂贵，所以消费者会习惯性地认为，昂贵的就是罕见的（详见第七节）。

为消费者设定一个固定的标准价格，可以预防某些企业利用这些变化。那些想要将自身的利润或盈利最大化的文化组织，需要为此制定一个动态的定价政策。通过动态定价，企业可以依据细分市场、消费者行为和消费时间的不同，为同一种产品设定不同价格，而非仅仅依据产品的生产成本定价。组织可以提前为面向不同消费者的同种产品设置不同的价格。这被称作"差别定价"。或者，组织可以在交易期间与各个顾客进行协商，为其制定专门的价格。这被称作"协商定价"。由于信息技术的发展，消费者可以即时地将产品的报价与其他同类产品进行比较，从而做出自己的购买决定。

差别定价

如果市场对产品的需求（或者价格弹性）是因消费群体而异的，那么企业组织应该尽其所能地去确认这些变化背后可能存在的消费者偏好，并依此制定价格。例如，一家表演艺术组织可以利用以下参数预估某场演出的价格：

- 座位与舞台的相对位置：管弦乐队、阳台或包厢座位的售价往往相差很多。视听质量并不总是影响座次价格的主要因素。
- 演出的时间和日期：市场对某一演出的需求可能会依据三个因素而变化：一天中的某一时间（午后场或夜场）、一周内的某一天（平日或周末），或者一年中的某一时间（演出季或者学校假期期间）。我们可以据此获知一个产品的价格浮动范围。

文化企业可以分区座位，并分配不同的价格。消费者可以根据他们的预算和时间限制来购买最适合自己的门票。通过这种方式，艺术组织能够提高其上座率和收入。

通过对以往的销售业绩的分析，在演出季度开始之前，文化企业可以按需更改演出的座位分配和每类产品的价格。例如，如果某演出的前10排的座位销售情况要优于后10排的情况，那么，企业可以选择提高前10排座位的销售价格或者更改换座位区域的手续费用。

企业还可以通过降低在某一特定日期前购买门票的价格，刺激消费者预购商品。由提前订购产生的销售额将有助于增加组织的现金流。

这一定价方法与传统的"统一定价法"相去甚远。

▶▶▶ 案例7.2

繁星戏剧村

繁星戏剧村是北京天艺同歌文化有限公司旗下的戏剧演出场所，各个小剧场之间实行统一管理、统一定价。在定价策略上，繁星戏剧村采取的是随行就市定价的策略，即参照行业内其他小剧场的定价标准，按照剧目的演出水准、演出的时间、市场形势等因素综合考虑定价，同时积极响应中低票价的行业号召。一般来说，票价分为 50 元、100 元、150 元、200 元四档；50 元为学生票价，旨在培养市场未来的观众群；100 元为惠民票，是和政府合作的产物，在每场演出中占据一定的份额；150 元的票价则为普通票价；200 元为 VIP。过去一年里，繁星戏剧村的平均票价维持在 150 元左右。同时，他们还与各大售票平台合作，推出"早购票，多优惠"等策略，吸引观众前往观演。值得一提的是，繁星戏剧村的各个小剧场内，除了中间一排的 VIP 座位外，场内其他座位不对号入座。此举促使广大观众为占得好的位置而提前赶往戏剧村，客观上为戏剧村的餐饮、美术馆、茶饮等部门提供了客源。

来源：北京大学艺术学院刘展宏撰写。

收益管理

以前，在演出季期间，企业是无法更改座位数量或产品价格的。但是现在，这些变更是可能的。

信息技术和线上分销的发展、大型数据库中消费者信息的累积，以及数学工具在数据操作中的广泛应用等，导致了一种被称为"收益管理"（也被称为"收入管理"或者"实时定价"）的新型科学定价方法的出现。

根据奥普蒂姆斯[5]（Optims，一家法国的软件企业）提供的信息，这种方法"可以基于实时建模和对每个微型细分市场的需求行为的预测，计算出最佳的产品定价策略，从而优化由产品（或服务）销售产生的利润。运用定价的差异化和对每个价格类别中的产品库存的系统控制，这种方法可以良好地解决供给与需求之间的矛盾。市场内所有的利益相关者都将受益于这一概念：生产者可以增加自身的营业额和收入；终端用户则能够以较低的价格享受同等质量的服务"。

这种本来为航空业开发的定价工具，现在已经被应用于各个产业，比如旅游业和酒店行业。这些产业大多具有以下几个特征：

- 行业的生产能力是固定的，但是市场对服务的需求则是波动不定的
- 可变成本较低

- 未被销售的产品(或服务)是无法被储存的
- 服务可以在生产和消费的日期之前,通过预订的方式被销售出去
- 不同的细分市场的需求(或价格弹性)也不同,因此需要差别定价

许多文化企业,尤其是表演艺术组织,也适用于这一模型。因此,文化企业也能够使用收益管理定价法。

芝加哥的荒原狼剧院(Steppenwolf Theatre Company)就采用了这一定价工具。荒原狼剧院将过去的销售数据与每次首映后调查收集来的信息相结合,建立了一个能准确预测整个季度销售的数学模型。这有利于荒原狼剧院及时调整市场营销策略。如果通过模型计算出的销售预期低于预算的话,那么企业可以通过增加推广费用并且降低票价来提高上座率。如果预测销售高于预算的话,那么企业则可以减少推广费用并且提高票价,以达到收入的最大化。

收益管理定价策略的实施往往需要精心的规划。组织必须提前确认,即价格的变化不会对消费者产生负面影响。

协商定价

理论上,受供需关系的影响,当产品以最高价格出售时,企业将获得利润的最大值。因此,那些已经被提前定价的产品,很可能无法为企业赚取最大利润。为了系统地实现利润最大化,企业必须就产品的价格与所有的消费者进行协商,以达到每位消费者心中的保留价格(消费者为某一特定的产品或服务而准备支付的最高价格)。

文化产品的协商定价并不是一个新的现象。佳士得和苏富比(世界两大拍卖行)已经以这种方式运作了超过两个世纪。在表演艺术行业,"票贩子"也已经掌握了这个技巧。但是,协商定价的方式并不适用于所有的文化产品,它仅适用于那些罕见且昂贵的事物的转卖和灰市交易。

互联网开辟了新的时代,线上拍卖销售正蓬勃发展。现在,任何文化企业都可以利用如 eBay(世界上最大的拍卖网站)一样的网站进行产品销售,或者以在自己的网站上安装拍卖插件的方式来销售库存。这一做法在体育行业中尤为常见,并且具有被扩展应用至文化艺术行业的潜力。

第三节　政府和私人部门的财政资助

在企业四种收入来源中,由销售基本产品和副产品所获的收入只占其中一部分。政府、私人部门和合作伙伴,也为企业的财务收入做出了贡献。私人部门、政府和合作伙伴的资助或补贴,降低了消费者需要支付的产品价格。购买演出门票的消费者事实上仅支付了其真实成本的一部分。政府资助和私人捐助鼓励了价格敏感型的消费者对那些自己感兴趣的产品的购买行为。

作为价格整体降低的必然结果,市场需求的增加可以说是政府介入文化艺术行业的主要目标。但是其有效性有待商榷。这是因为文化产品的需求在价格方面通常是无弹性的,我们将在下个小节详细分析这一情况。

▲ 拓展阅读 7.2

依据价格理论的应用而产生的不同收支平衡点

如果一场演出的固定成本包括艺术家的工资共为 1 万美元,可变成本包括每张门票 2 美元——包括项目、保险、票务办理和信用卡手续费等费用,那么,平均票价则需要按照将门票的单价乘以门票销售总数所得的金额,能够支付承办者所有的开销的标准来设定。若门票定价为 30 美元,则必须销售 357 张;定价为 25 美元,则必须销售 435 张;定价为 20 美元,则必须销售 555 张。如果场地内的座位能容纳 1000 人的话,那么基于各自相对应的票价,表演的上座率则至少需要达到 35.0%(1000 个可用座位中需要占用 350 个座位)、43.5%和 55.5%。

如果承办者认为,20 美元一张的门票至少可以售出 1200 张的话,那么表演者可能仅仅会组织一次表演。这意味着,承办者损失了能在另外一场演出中售出的 200 张门票的收入。按照成本结构,仅出演一次能产生的利润是 8000 美元:

($20/张票－$2 可变成本/张票)×1,000 张票
－$10,000 固定成本

演出两次能产生的利润为 1600 美元:

($20/张票－$2 可变成本/张票)×1,200 张票

－2×$10,000 固定成本

事实证明,仅安排一次演出反而更有利可图,更不必说"座无虚席"能为一场演出带来的口碑上的影响了。承办者可以通过提高价格以吸引恰好 1000 人观看演出,进而增加利润。另一方面,降低票价则可以吸引更多的消费者。但对任何一场活动而言,其最低票价都不能少于 12 美元。12 美元是容量 1000 人的大厅的收支平衡点:

($12/张票－$2 可变成本/张票)×1,000 张票

－$10,000 固定成本

第四节 计算成本和利润率

不论使用哪种方法,企业经营者都必须将制造一件产品的全部花费纳入成本进行考虑。

简单说来,任何产品的总成本都可以被分为两类:固定成本和可变成本。固定成本不受生产数量的影响,包括房租、永久工资单、一般保险,以及与企业生产水平无关的任何成本。可变成本则直接且成比例地与单位生产数量相关,包括原材料(比如印一本书所用的纸张)或者交通费用(比如向巡演中临时加演的城市运输器械或者人员的额外费用)等。

然而,对成本进行分类却是比较困难的。某些成本并非按照企业的生产活动而成比例地变化,相反是随单位产品的制造步骤而变化。电影院老板并不会应某位顾客的需求来增加一名额外的售票人员,而是考虑顾客的总体数量。举例说来,只要电影院每晚的顾客人数少于 500 人,那么可能一位售票人员就足以处理一切相关事务。当顾客人数在 500 人至 1000 人时,则需要两位售票人员;而当顾客人数超过 1000 人时,则需要三位工作人员。

一旦确定了组成固定成本和可变成本各自的数额,企业就可以计算出自己的收支平衡点。收支平衡点的概念在所有的定价决策中都非常重要。收支平衡取决于售出数量、单位销售价格,以及固定成本和可变成本的水平和分布。该数值可以通过用总固定成本除以毛利或边际收益得出。毛利或

边际收益,即单位销售价格减去单位可变成本。图 7.4 以图形的方式表示了毛利或边际成本。

$$收支平衡点 = \frac{固定成本}{毛利} = \frac{\$50,000}{\$50-\$25} = 2,000 \text{ 个单位数量}$$

在本案例中,如果总固定成本为 50,000 美元,单位售价为 50 美元,并且单位可变成本为 25 美元,那么产品将在售出 2000 个单位数量时达到收支平衡点。这意味着,当销售量少于 2000 时,企业将面临赤字,当销售量多于 2000 时,企业将会盈利(图 7.4)。

根据与不同价格水平相关的假设前提,企业管理人员可以使用这一工具来估算发行新产品的风险。该风险可以以达到收支平衡点的单位销售数量表示,正如拓展阅读 7.1 中的案例一样。

第五节 价格和市场细分

截至目前,我们一直用连续的曲线表示需求。但实际上,需求通常由几个代表细分市场的小需求曲线组成。图 7.7 解释了这一概念。

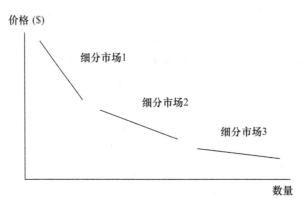

图 7.7 市场细分需求曲线

例如,在剧院市场,有些消费者愿意为观看乐团的演出而支付高昂的价格(细分市场 1),有些人则更倾向于选择那些位置不好的廉价票(细分市场 3),还有一些消费者希望买到价格适中的门票(细分市场 2)。在细分市场内部,价格的轻微变动可能并不会造成销售的损失。但一旦超过某个临界点,那些原本为享受产品而准备支付高价的消费者,可能会转而去选择一个低价的、视野不好的座位。

细分市场概念和价格变量之间的联系说明了导致受访者不愿意更频繁地参加表演艺术活动的两大因素分别是:缺乏时间和价格过高。在美国[7]、澳大利亚[8]和加拿大[9]做的研究都得到了类似的结论。事实上,这两大因素分别对应着两个不同的细分市场。白领人士和职业人士构成了大部分表演艺术的主要受众人群,但他们缺乏观看演出的时间,有时,他们甚至愿意为一个灵活的或者可以确保他们得以观演的订票规则而支付更多的金钱(例如,一些表演会有加演场次)。相反地,学生和那些收入较低的人群经常面临着预算紧张的问题,所以他们会对更便宜的门票感兴趣。如果对所有观众都实施降价策略的话,那么企业不仅会自损收入,还很可能达不到预期的效果,因为部分观众对价格并不敏感。

需求曲线实际上代表着市场对某个产品的整体需求,是对每个细分市场进行考察,并据此得到的对该产品需求的平均趋势的分析。

▶▶▶ **案例 7.3**

埃德蒙顿国际艺术节(Edmonton International Fringe Festival)在门票分销上的巨变

世界各地的艺术文化组织都在经受着由人口和技术变化所带来的影响。有别于一般的传统节日,近些年来,所谓的"边缘"节日和"边缘人"活动方兴未艾:古怪的和不可预知的剧场、啤酒帐篷、葱饼、长长的队伍,甚至在节日当天排队几小时购买门票的传统都吸引着人们前往。

埃德蒙顿国际艺术节(设立于1982年,是世界上最大的边缘节日)的执行董事朱利安·梅恩(Julian Mayne)认为,虽然没有必要特地更改这些传统,但"当天现场售票"的方式可能会成为一些人参加活动的阻碍。既然我们已经了解到阻碍消费者购买表演艺术门票的原因,那么,为什么不让购票变得既快速又简单呢?

2007年,埃德蒙顿国际艺术节决定引入一个复杂的电脑在线预售票系统。根据梅恩所说,他们的主要目标是"增加购票以提高艺术家的收入"。但他同时希望可以减少现场排队购票的人数,给"边缘人士"更多的时间与朋友一起待在啤酒帐篷里,欣赏现场街头表演和工艺帐篷等。他希望,购票活动可以"在任何地方、任何时间,以任何方式进行"。

将现场购票变为线上预售购票,这一策略是非常可靠的。消费者可以在演出开始前的任意时间购票,并且他们还可以利用会场的无线网络(Wi-Fi)现场购票。这一策略的效果堪称完美。在2006年,埃德蒙顿艺术节的门票销售量为77,000张。

但2011年,销售额直线上升至104,000张。在此期间,参加艺术节的艺术家的收入增加了35%;根据梅恩的说法,这很大程度上得益于获取门票途径的增多和门票销售量的持续增加。

为什么新系统可以吸引这么多购票者呢?梅恩认为,新系统更适用于边缘艺术节的受众人口。最近的一份调查显示,埃德蒙顿艺术节的两个主要购票群体分别为:52岁至55岁、受过本科及以上教育的、有小孩并且收入超过六位数,但没有时间或者耐心去现场排队的女性;以及20岁至30岁的、对购票的简单方便性和相关的技术有所期待的年轻人。

这一策略在实施的过程中曾遭遇过问题吗?根据梅恩所说,的确有很多问题。"在网络售票方式实施的第一年,该策略就受到了长期志愿者和其他利益相关者——包括那些认为我们将艺术节活动企业化了的艺术家——的抵抗。无线网络的偶尔故障,也会导致志愿售票处的操作员无法及时购票。"一些媒体不断重复地报道实施该策略所导致的问题,却从不提及网络购票的优势,这也引发了一些反对的呼声。"这为我们今后的媒介关系处理敲响了警钟。"梅恩说道。

在五年过后的今天,埃德蒙顿艺术节所面临的最大问题是演出门票的供不应求,许多门票都被预先销售一空——当然,在表演艺术行业,这并不是一件糟糕的事。

http://fringetheatreadventures.ca/festival.php
来源:加拿大亚伯达省格兰特麦克埃文学院(Grant MacEwan College)艺术和文化管理项目负责人罗斯・金瑟尔(Rose Ginther)撰写。

第六节　鲍莫尔成本病

鲍莫尔是一位美国学者[10],他审视了表演艺术行业中的企业在不断上升的生产成本方面所经历的结构性问题。鲍莫尔重点揭示了以下几个问题:

第一,比起整个经济体系里的其他工作者,表演艺术家的薪资水平上涨较慢。第二,在表演艺术产品的生产成本中,表演者的薪资占绝大部分。第三,矛盾的是,现场演出的生产成本比起整个经济体系中的成本增长得更快。造成这种状况的原因可以归结为以下几点。

商业企业通常根据它们所承担的成本来制订产品的价格。为了在生产一个商品(或一项服务)的同时确保利润,企业会在此基础上为它们的产品加价。随着规模化生产的发展,商业企业可以通过向更多单位数量的产品分散自己的固定成本和薪资开销的方式,大幅度节约开支。这在很大程度上降低了产品的单位生产成本。此外,更重要的是,由于技术的进步,企业的生产力得以提高,单位产品的生产时间得以缩短。因此,企业可以在降低产品价格的同时提高员工工资。薪资的上涨并不会导致总生产成本的上升;因为,总成本的降低更依赖于产品生产成本的降低,而非员工薪资的缩减。

然而,表演艺术产品的生产成本却不能通过提高生产力来降低;这是因为,表演艺术的劳动力成本已经无法再被削减了。一场莎士比亚的悲剧演出,其所需要的演员的数量必须与剧本描述的一致。贝多芬的交响乐演奏总是需要一定数量的音乐家演奏固定的时长,这是无论如何都无法改变的。因此,逻辑上,在表演行业里,由薪资上涨带来的成本上升是无法由单位生产成本的降低而来弥补的。因为无论是表演者的数量,还是表演所需的时间,都是不可能被减少的。换句话说,表演艺术的生产力是无法被提升的。在不增加演出收入的情况下,一家表演艺术企业是无法提高艺术家的薪酬的。根据鲍莫尔的研究,美国艺术企业的薪资增长往往低于其他行业。由于不能通过提高生产率来获利,所以艺术行业生产的成本通常上升得更为剧烈。

这个悖论解释了:为什么现场演出的票价的增长速度要远快于总体物价指数的增长速度?通货膨胀数值,实际代表了高生产力企业和低生产力企业的价格的平均值。那些因生产力提高而降低价格的企业有利于通货膨胀率的降低,而那些无法提高自身生产力的企业则无法降低自己的价格。但如果后者不提高员工薪资,那么员工会因为生活成本的上升而遭遇实际收入的下降。为了保障员工的薪资,这些企业必须提高它们的门票价格,用以承担这些额外费用;如此一来,企业反而会向物价指数施加压力。而那些能够提升生产力的企业,则并不一定需要通过提高产品的价格来增加员工工资。

▶▶▶ 案例 7.4

瑞士博物馆通行证：集体定价策略

瑞士拥有 750 万人口,是世界上博物馆密度最高的国家之一。它拥有近一千所博物馆,其中 40％是地方博物馆,20％是艺术、历史或考古博物馆,20％是自然科学或科技博物馆,其他 20％的博物馆则涵盖各种其他的主题。1997 年,瑞士博物馆协会、瑞士旅游协会和联邦文化事务办公室联合推出了瑞士博物馆通行证（SMP）(www.passportmusees.ch),并且建立了基金会管理方案。这一举措的主要目的是拓宽博物馆的受众群并促进博物馆的多元化发展,以及通过建立一个与公共交通系统类似的关税群落结构,将旅游产业和博物馆行业纳入同一个供应链系统。

SMP 的持证人可以在有限的时间内无限次地参观瑞士当地的博物馆。消费者可以选择购买年卡、月卡,或者有次数限定的次卡。而通行证的售价则因购买者的身份而异：成人、无工作者、残疾人、退休人员、有成人陪同的小孩和无成人陪同的小孩的购票价格各不相同。SMP 的持证者可以被联合资费团体（截止到 2006 年已有 420 所博物馆）中的任何一所博物馆所认可。由于基金会已经提前与各个博物馆签订了有关其平均门票价格的合同,所以,每当有持证者访问时,基金会都将向博物馆支付最高为平均票价 80％的 SMP 补贴。博物馆可以志愿参加 SMP 计划,但一旦参与该计划,它们就必须确保向基金会提供的信息的准确性。

2000 年,在其成立一百周年之际,莱弗森银行（Raiffeisen Bank）宣布,所有持有其 VISA、MasterCard 或 EC Direct 卡的持卡人都可以将自己的莱弗森银行卡用作 SMP 通行证。莱弗森利用平面媒体、电视广告和自己的信息简报等,发动了一场成功的广告宣传活动,并且仅在活动的第一年就为博物馆带来了超过 105,000 人次的参观量。随后,意料之中地,莱弗森与 SMP 延长了彼此的合作关系;在 2004 年,有将近 220,000 人次通过使用莱弗森银行的银行卡参观了博物馆。据博物馆行业人士说,这家银行的顾客通常都不是博物馆的常客。

此外,自 2000 年开始,消费者可以将自己的 REKA 假期租赁合同作为 SMP 的替代证件使用。这一新的合作关系为博物馆增加了近 13,000 人次的参观量。此外,自 2006 年起,瑞士旅游通行证的持有者,可以将火车、电车和巴士交通旅行与博物馆参观关联起来,这一举措预计将带来40,000人次左右的博物馆参观量。

据统计,在2005年,使用SMP通行证进入博物馆参观的总人数接近350,000人次,由此引发的由SMP基金会向博物馆转拨的资金达到近三百万瑞士法郎。经过10年的时间,SMP成功地为瑞士博物馆吸引了新的参观群体,包括莱弗森银行的顾客、游客和年轻人等。民意调查机构的研究显示,自1998年至2006年,瑞士博物馆参观常客的参观频率有所提高,其中超过半数的人对博物馆通行证表示熟悉。

法国的一些城市已经开始与SMP基金会展开接洽,它们希望将通行证的适用区域拓展至瑞士国境之外。2006年7月,基于对瑞士经验的思考,欧盟各国的文化部长讨论了创建欧洲博物馆通行证的可能性。

来源:瑞士汝拉地区管理学院(Haute Ecole de Gestion Arc Neuchatel Business School)教授弗朗索瓦·库瓦西耶(Francois H. Courvoisier)撰写。

鲍莫尔认为,从事表演艺术的企业若想将表演者的薪资维持在平均水平,那么其演出票价,或者是国家对其的补贴和私人捐赠,就必须以远高于通货膨胀的速度增加。

总而言之,社会整体经济的生产力增长得越快,艺术部门所遭受的苦难就越多。相反地,生产力增长得越慢,艺术部门就越健康。

小 结

在对文化产品进行定价决策时,市场经理或者执行官须在考虑商品或服务的成本的同时,兼顾与购买行为相关的支出和顾客所付出的努力——这可能是生理或心理上的,也可能是两者兼具的,还包括所谓的感知风险。

价格弹性主要描述的是定价和产品的销售量之间的关系。当价格变化时,如果销售量的变化超过了按比例计算出的应有的变化,那么该产品的价格和销量之间的关系是弹性的。相反,如果销量很难随价格的变化而变化的话,那么二者之间的关系则是无弹性的。弹性理论的概念同样适用于市场营销组合中的其他三个变量。

消费者不会仅仅依据价格来做出购买决定。其他因素也会影响他们的想法。这些心理因素影响着需求曲线的变化,从而导致了不同的细分市场对产品的需求水平的不同。在一些极端的案例里,这条曲线可以被"声望定价"所逆转。

企业必须根据自己的目标选择合适的定价策略,来为所生产的产品定价。企业的主要目标可被分为四种;它们分别与利润、销售、竞争平衡及企业形象相关。

本章介绍了几种主要的定价方法,包括基于消费者的定价法、基于竞争的定价法和基于成本的定价法等。

价格可以被作为一种战略工具使用。有的企业会使用撇脂定价策略(相对高的价格,低销售量),有的则采取渗透定价策略(相对低的价格,高销售量)。此外,还有一系列的降价策略,包括:减少功能、数量折扣、季节性减价、打折以及消费补偿等。在文化艺术行业,还有针对老年人的降价和针对地理位置不理想的座位的降价。

文化艺术企业还可以使用动态定价策略。所谓动态定价,即根据不同的消费者细分市场、消费者行为或消费时间,而非依据产品生产成本,来为同样的产品设定不同的价格。

最后,鲍莫尔成本病充分地说明了艺术部门的固有结构性弱点,及其对行业本身所造成的负面影响。鲍莫尔解释了为什么表演艺术行业无法提高生产力,以及劳动力成本为何占据主导地位。由此,艺术部门中的企业往往会发现自己身处于一个恶性循环之中:无论是商业性的还是非商业性的企业,解决这一矛盾的方法只能是提高表演艺术的门票价格。

问 题

1. 为什么我们应该将风险概念与产品价格联系在一起?
2. 比较和对比四种定价目标。
3. 不同的定价方法的优势和劣势各是什么?
4. 简要描述价格弹性概念。
5. 为什么需求曲线是几个不同的细分市场曲线的组合?
6. 渗透定价策略的目标是什么?
7. 降价策略所扮演的角色是什么?
8. 什么是声望定价?
9. 试解释"动态定价"的含义。

10. 请简述鲍莫尔成本病。

注释

1. Desormeaux, R., et al. 2006. *Gestion du marketing*. Boucherville, QC: Cheneliére Éducation Éditeur.

2. Cardinal, J., and L. Lapierre. 1999. "The Ravinia Festival under the Direction of Zarin Mehta." *International Journal of Arts Management*, Vol. 1, No. 3 (Spring), pp. 70—84.

3. Scheff, J. 1999. "Factors Influencing Subscription and Single-Ticket Purchases at Performing Arts Organizations." *International Journal of Arts Management*, Vol. 1, No. 2 (Winter), pp. 16—28.

4. Colbert, F., C. Beauregard and L. Vallée. 1998. "The Importance of Ticket Prices for Theatre Patrons." *International Journal of Arts Management*, Vol. 1, No. 1 (Fall), pp. 8—16.

5. 关于 Optims 的更多信息,请参考 www.optims.com。

6. Ravanas, P. 2006. "Born to Be Wise: The Steppenwolf Theatre Company Mixes Freedom with Management Savvy." *International Journal of Arts Management*, Vol. 8, No. 3 (Spring), pp. 64—73.

7. National Endowment for the Arts. 1997. The 1997 Survey of Public Participation in the Arts: Summary Report. http://www.arts.gov/pub/Survey/SurveyPDF.html.

8. Ravanas, Philippe. 2010. "A Ticket to Wonderland: Looking Glass Theatre Weathers the Recession with Clever Pricing." *International Journal of Arts Management*, Vol. 12, No. 3, 71—87.

9. Colbert, F., C. Beauregard and L. Vallée. 1998. "The Importance of Ticket Prices for Theatre Patrons." *International Journal of Arts Management*, Vol. 1, No. 1 (Fall), pp. 8—15.

10. Baumol, W. J. 1967. "Performing Arts: The Permanent Crisis." *Business Horizons*, Vol. 10, No. 3 (Autumn), pp. 47—50.

扩展阅读

LeGall-Ely, M., C. Urbain, A. Gombault, D. Bourgen-Renault and C. Petr. 2007. "Une etude exploratoire des representations de la gratuité et de ese effets sur les comportements des publics des musées et des monuments." *Recherche et applications marketing*, Vol. 22, No. 2, pp. 23—38.

第八章
CHAPTER 8

分销变量

教学目标
- 明确分销变量的三个组成部分
- 描述分销渠道的要素
- 了解主要的分销策略
- 定义实物分销
- 介绍选择商业区位的基本原则
- 描述国际分销的不同模式

>> 引言

本章的第一节将"地理位置"定义为一个变量,并将仔细研究文化产品的分销模式。

我们首先研究分销渠道沿线的企业和中介机构之间的商业联系。随后,我们将转而关注产品制造商的分销策略,制造商可以通过调整分销变量来实现市场营销目标。我们还将考察商品在合作伙伴关系网中的流通,即实物分销。最后,我们将简述文化企业在选择区位时所需考虑的主要因素。

本章所讨论的概念既适用于文化产业,也适用于活跃在艺术领域的组织机构。但在实际操作中,考虑到产品的特殊性,企业需要对具体问题进行具体分析。

第一节 定 义

一、分销变量三要素

由于与消费者市场密切相关，所以分销变量通常包含以下三个要素：分销渠道、实物分销和商业区位。

分销渠道或分销网络，涵盖了产品从生产者流向消费者的过程中所途径的所有对象；它们可以是中介、分销商、承办方（比如，音乐厅）、书店、唱片店、展厅或者电影院等。

实物分销保证了产品可以从一个中间商流向另一个中间商，并最终达到消费终端。它主要与产品分销的物流相关。

区位是指对实体场所的选择，例如销售产品的商店（比如书店或 CD 店），或是消费产品的地点（比如剧院、电影院或博物馆）等。

从文化企业的其他三个市场（政府市场、私有资金市场以及合作者市场）的角度看，分销变量通常可以被认为是生产者和其他市场参与者之间的直接联系。因为在这些市场中，中间商（或者中介）的作用并不明显，有些市场甚至不存在中间商。这三类市场不仅不存在产品的实物分销，也没有商店、剧院或博物馆等机构。

因此，本章将主要聚焦于消费者市场中的分销变量。

二、文化产品分销

在文化消费的语境中，消费者的消费形式决定了产品的分销模式。

有些产品是为集体消费而设计的，消费者要在某地聚集一段时间后才能获得产品。一场演出、一场展览以及在电影院放映的一场电影等，都是该类产品的典型实例。也有些产品是为个人消费而设计的，消费者可以随时随地地享受这些产品。唱片、书籍以及消费者购买的视觉艺术作品等，都属于这类产品。在第一类产品中存在着"连续分销"的概念，这在巡回演出和巡回展览中比较常见。而第二类产品则可能以同样的方式销往各个细分市场，有时，这类文化产品甚至可以利用与其他消费品一样的网络渠道进行分销。

这种以消费形式区分产品的方法揭示了消费时间、地点和时长的重要性(见表 8.1)。

表 8.1　消费者在决定消费活动的地点、时间和时长中所扮演的角色

	演出	展览	电影	唱片	录像带	书	艺术作品
地点	−	−	±	+	+	+	+
时间	−	±	±	+	+	+	+
时长	−	+	+	−	−	+	+
技术维度	−	−	−	+	+	+	+

对于某些产品来说，消费者完全掌控了其消费时间、地点和时长。如，一位消费者可能会选择在家、在公交车或地铁上、或是在午饭期间阅读一本小说。他还可以决定在什么时间和以多快的速度阅读、某一段是否需要重读等。但另一方面，剧院的观众却不能自行决定观看演出的时间。对于这类消费者来说，他们必须提前对路程远近、开幕时间以及其他的因素有所了解。

在某些情况下，消费者也可以在时间、地点和时长三个因素中自由安排其中两个因素。例如，尽管电影是一种集体消费，但同一部电影可能在几个不同的影院、不同的时间放映(当然，由于现代科技的发展，消费者也可以选择在家或其他地方按照自己的时间安排和观看条件欣赏一部电影)。因此，消费者可以选择一个对他们来说最为便捷的地点和时间。博物馆的参观者只能在博物馆的营业期间进行参观，但是，除了超级特展之外，确切的参观日期、参观时间和参观时长仍然可以由消费者自己选择。

在有些领域，例如电影和广播电台行业，互联网为消费者提供了一个可以自由选择消费时间的平台，而在这之前，这类产品的消费时间是由生产者决定的。

除消费地点、时间和时长之外，"占有"也是一个影响因素。对产品的技术层面的占有显然给予了消费者更大的灵活性。

从管理者的角度看，以上这些情况都会影响文化企业的分销压力。事实上，消费者在消费文化产品的时间和地点上的选择余地越大，企业分销渠道就越需要被完善。相反地，如果产品的特性限制了消费，那么制造商仅需采取一些简单的分销策略即可。举例来说，如果一家出版企业希望能尽量广泛地接触潜在读者，并且向他们销售产品的话，那么它需要将自己的分销

方式多样化,比如与更多的书店合作,通过互联网(比如亚马逊网)销售书籍,或者通过自己的官网直接销售书籍的电子版等。再比如,一场舞台剧可能会按照一定的顺序、在不同的地区进行巡演。但巡演的时间和地点通常非常关键,一旦市场或营销总监的判断有误,那么其后果将非常严重。

无论文化消费活动的时间和地点是由消费者决定,还是由生产者决定,这都会影响到分销风险的大小。对于唱片、书和录像等产品来说,消费者拥有一定的控制权,并且消费行为通常位于购买行为之后。但有些产品是无法被延迟消费的,比如舞台剧或展览。在这种情况下,消费者必须在同一时间内可供选择的所有产品之中做出一个购买选择。这种分销限制增加了现场演出类型产品的风险。

总而言之,对不同的文化产品来说,独特的消费形式暗示着对分销变量的管理受产品影响。因此,分销渠道、实物分销和消费者购买或消费产品的区位,需要因产品而异。对于那些集体消费形式的产品来说,企业会伴随着消费者经历整个消费过程,然而对于那些为个人消费而设计的产品来说,生产者与消费者之间的联系或许在购买产品的当下就已结束。

第二节 分 销 渠 道

分销渠道包括所有在生产者(或制造商)与终端消费者之间建立联系的代理机构。它们大多是付费型中介,可能从未实际占有过产品,但是却介入了产品的生产和消费过程。在文化消费的语境下,这一说法适用于所有能让作品接触到顾客的中介机构(或者中间商)。产品或服务的生产者和消费者都是分销渠道中的一部分。但渠道中的中介机构的总数量,以及它们的功能,可能各不相同。

任何与选择分销渠道相关的,并且涉及多个中介机构的决策都很重要。企业同时与若干个"合作伙伴"建立商业关系,而合作关系的质量则很可能决定着未来市场营销策略的成功与否。更重要的是,一旦企业与中介机构签订了分销协议,那么合作的灵活性就会有所丧失,对未来市场营销策略的修改也会变得困难重重。另一方面,对分销渠道的选择会影响市场营销组合中的其他变量。例如,企业在进行产品定价前,必然会考虑到所使用的中介数量、资历和规模等因素的影响。企业所采取的传播方式也取决于其所选择的分销渠道的情况。

然而,生产者并不总能与自己属意的中介机构进行合作。通常情况下,中介机构都是由承办方决定的。以节庆为例,生产者(制作方)不能强行将自己的演出加入到节庆日程里,因为演出节目一般是由节日组委会选择和安排的。同样地,不论出版社如何,书店都拒绝将某本小说上架,这可能是因为书店本身已经没有可用的空间了,也可能是因为书店管理者不看好这本书的销量。

以巡回演出为例。有时候,一个城镇中仅有一个可用的承办场地;因为没有任何其他的选择余地,所以剧院公司只能与该承办方合作。在这种情况下,承办方的垄断地位使其在与制作方进行合约协商时占据战略优势。然而,一旦某演出有明星的加入,那么该谈判的优势方就会反转为剧院公司。一位著名的艺术家对当地承办方来说是"获利保证",在协商合同条款时,观众对明星的喜爱会赋予艺术家经纪人以有利的地位。在这种情况下,承办方对制作方来说,就构成了一个合作者市场(详见第一章)。

然而,制造商并不一定需要与代理或中介机构合作。它可以将产品直接销售给终端消费者。直接分销在很多行业中都很常见,但在表演艺术行业,直接分销的可行性通常不大。例如,很多剧团的人力、财力资源都不足以支撑其全部的巡回演出计划。通过商店进行销售的唱片公司和出版公司也是如此。简单说来,中介机构弥补了生产方在一些关键功能方面的不足。这也解释了,为什么制作方会委托中介来分销它们的产品。然而,这种做法也意味着生产者(制作方)需要放弃它们在产品实际销售方面的部分权利,同时也使自己远离了消费者。这种权利的损失可能会造成分销网络中不同成员之间的矛盾。

一、中介的功能

中介机构不仅能将市场中的不同参与者联系起来,它们还具有一些其他的重要功能。表8.2将中介机构的功能归为三类:物流功能、商务功能和支持功能。

表 8.2 分销渠道的功能

物流功能	改变： • 质量上 • 种类上
商务功能	产品的购买 协商 推广 联系
支持功能	分担风险 财政资助 调研

然而，并不是所有的中介机构都具备这些功能。例如，一个音乐大厅通常并不兼具仓储的功能。

在产品的分销渠道中，有一些代理机构专门负责处理分销产品的物流问题。它们不仅要负责产品的交通运输和仓储，更重要的是，它们能够帮助企业调整产品生产的数量和种类。这一点非常重要。消费者通常仅会购买少量的、由不同制造商生产的产品。例如，一张或两张光盘，或几本小说等。然而，制造商可能会大量发行几种不同的产品，以便从规模经济中获利（正如第七章所述）。中介机构通过为企业提供不同产品的销售数据，帮助企业在产品数量和产品销售选择上做出调整。这样，消费者能够在一个地方买到他们想要的所有东西，而制造商或生产者则能够实现它们的质量标准。

分销渠道的商务功能和物流功能是非常重要的。中间商在签订协议的同时就占有了产品。不是实体上的占有，而是法律上的占有。它们与生产商一样，也要负责产品的推广并与顾客打交道。例如，一场演出的制作方可能会提供宣传所需的部分材料，但同时，它们也会向承办方或剧院所有者分配相应的宣传任务。事实上，主要是承办方负责与消费者沟通并提供服务，如预约、订票和代客存衣等。生产者则受益于承办方的经验、对本地市场的了解和企业形象。不使用中介机构服务的生产者，则必须在不一定有相应的基础设施的情况下承担以上所有的责任和任务。当然，生产者也并不总是将类似促销推广的这类活动委托给分销渠道内的中介机构完成。有时，他们会主动通过大规模的广告宣传活动来吸引消费者。

辅助服务是指，企业可以向中介机构委派其他方面的重要任务。为了同生产方签订合同，承办方需承担与艺术家表演相关的部分风险，并同时承担由此涉及的部分财政资金——比如推广费用等。凭借与消费者较多的接触，承办方往往能为生产方提供大量丰富的信息。

中介机构的功能会随着分销渠道类型的变化而变化。在某些情况下，中介机构承担着上述所有的功能；而在其他的一些情况下，生产者自己就能负责这些工作。太阳马戏团正是如此，其巡回演出的所有工作都由马戏团本身全权负责。

在某些情况下，分销的功能会由渠道中的几个中介机构共同承担。例如，大型出版社常常会选择在国外建立子公司，而非雇用代理中介。

二、分销渠道类型

分销渠道中不同层级里的中介机构数量决定了这一渠道是否能被称为复杂渠道。图 8.1 描述了不同类型的分销渠道。最简单的显然是生产者直接向消费者进行销售。在文化艺术行业，这种分销形式可以适用于一家拥有自己的场地的剧院公司，或是通过互联网销售自己产品的出版商。稍长一点的渠道则包括电影制造商经由分销商与电影院打交道，或是弦乐四重奏乐团通过代理人寻找演出承办商（演出场地）等。

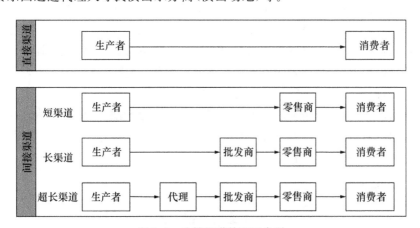

图 8.1 分销渠道的不同类型

然而，直接型分销渠道并不意味着企业将在某个地方分销自己的产品。例如，从 15 世纪建立至今一直坐落于伦敦塔的皇家军械博物馆，以一种全新的方式扩大了自己的受众面。通过与私人企业建立合作关系，皇家军械博物馆在朴次茅斯和利兹分别另开了两个新的场地。这种模式不仅可以帮博物馆展示更多的藏品,还能够让博物馆接触到更多的受众。

图 8.1 几乎包括了文化消费环境下所有可能的现实情况;值得注意的是,每个分销阶段的合作伙伴都可能在特定的领域中被冠以不同的名称和功能。例如,表演艺术行业总是存在着生产者、代理方和承办方;然而,这并不是唯一可行的分销网络。制作方可能会跳过代理方,直接联系承办方。事实上,一家企业可能会通过几个不同的分销渠道来分销自己的产品。例如,在出版界,书籍可以通过各种各样的渠道销售,包括传统书店、邮购图书俱乐部、巨型零售商以及互联网等。在电影产业中,只有在消费者即将观看电影时,分销才变得分散。分销商从制作方那里接收到电影作品,然后通过一些不同的方式去接触消费者(电影院、影视俱乐部、付费电视、传统电视、非营利网络、互联网和电话等)。在唱片业,消费者可以通过唱片商店、百货商店,或是邮购俱乐部和互联网购买唱片。

中介机构越多,产品的价格就越高,这是因为每个中介机构都抽取一部分利润作为中介费用。因此,理论上,一家可以同时接管分销过程中的多个步骤的企业通常可以获得更高的利润,或是能够为消费者提供更低的价格。

较长的分销渠道的一个缺点是缺乏灵活性。这一缺点是由渠道中的中介数量过多造成的,这实际上降低了制造商对产品的控制能力。它的另一个缺点是,生产厂商无法控制、引导产品的销售方式。中介机构的数量越多,制造商与消费者之间的距离就越远,对消费端的影响力就越弱。但是,在长分销渠道中,生产者的成本往往较低。例如,销售人员可以被减少到最低人数,因为企业有一定数量的代理机构负责销售。

简而言之,长分销渠道的优点对应短分销渠道的缺点,反之亦然。中介机构的数量越少,生产方对其产品的市场营销的影响就越大。另一方面,渠道越短,生产者的成本就越高。

▶▶▶▶ 案例 8.1

艺术品的电视拍卖

不久之前,一组由艺术家蔡国强和凯文·蔡合作的作品突然出现在电视荧幕上。名为"幸运和平魅力"的这组作品共有 66 幅,由两组老旧的、不流通的银行票据组合构成。他们采用了一种引人注目的艺术销售的新方式:可分期付款的电视直销。

这是一个开创性的事件。在这之前,从没有哪位著名的当代艺术家,更不用说类似蔡国强这样的大师,会使用电视直销来低价售卖自己的作品(该作品的预估市场价值为 200 万人民币或 3000 美元),并允许购买者使用信用卡分期付款。电视直销通常被认为是一个为卖运动装备、内衣和减肥药而准备的销售渠道。

究竟是什么原因使得他们采用这种新型销售方式呢?据这两位艺术家所说,他们希望自己的作品能在普通的市场中,并为一般大众所欣赏。这样,即便是普通工薪阶层也能够拥有一幅自己的作品。因此,这个事件的最初创意是希望通过两位艺术家的名人效应,为艺术收藏领域带来新的购买者。

然而,所有的 66 幅作品都被"业内人士"所购买。这次大胆独特的艺术销售最终也没能按照艺术家所期待的那样发展。因此,从这个角度来说,这一次推广活动是失败的。

如今,66 幅作品中的每一幅的市场价值都在 1000 万元左右,所以,当时通过电视拍卖销售的所有作品加在一起的价值约为 4 亿元。

来源:中国沈阳鲁迅美术学院副教授孙伟撰写。

三、分销渠道管理

麦伦(Mallen)[2]将分销管理概括为四个目标和六个战略决策。

通常,生产者会使用分销渠道优化自己的利润。为了达到这一效果,他们必须保持分销渠道中的各个中介机构的积极性。

利润的最优化,首先意味着销量的最大化(目标一),在这之后,是成本的最小化(目标二)。企业必须兼顾其在长期和短期内的最佳利润率,因为在某些情况下,企业需要为了增加长期利益而牺牲即时利润。因此,公司的命运是与中介机构的命运紧密相连的。正是由于这种利害攸关的联系,所以生产方与中介机构的关系类似于一种伙伴关系。这就解释了为什么对分销代理机构或"合伙人"的激励有利于优化生产方的财务状况。例如,有的图书销售商仅会展示某一特定出版商所出版的书籍。类似地,有的分销商可能更乐于推广某位艺术家,而非其他的艺术家。换句话说,将分销渠道内的成员的积极性最大化,至少可以满足生产者的两个目标:渠道内合作的最大化(目标三)和生产者对成员的影响的最大化(目标四)。如果生产方同渠道内的所有其他成员的合作关系都维持在最大化,那么地理位置变量就能发挥其最大效用。然而,生产者必须将其对不同合作伙伴的影响维持在一个健康的水平。

寻求最优长期利润的企业和争取长期财政稳定的非营利组织,必须建立一个满足六个标准的分销网络,这些标准在这里表现为企业的一系列决策。这些决策的标准主要与分销渠道的选择和长度、分销策略(密集性的、选择性的、独家的)以及整体和每个分销阶段中中介机构的数量和选择等相关。

我们可以以一个古典音乐演奏团体为例说明第一个决策。为了组织一场巡演,该团体必须在雇用代理机构和使用自己的销售团队中做出选择。这一选择决策取决于演奏团体所设定的销售目标、涉及的成本,以及希望达到的合作量和影响力(实际的和期望的)。显然,相较于一个为多方客户提供服务的代理机构,团队内每天相见的内部雇员的影响力更大。但另一方面,一位员工的薪资所代表的成本高于一家代理机构的佣金——该佣金通常取决于代理机构的生产力。事实上,国际水平的分销,通常需要企业去雇用那些熟悉当地市场和潜在客户的外国代理机构。

此外,企业还必须决定自己的分销策略:是尽可能多地雇用分销伙伴,还是仅选用那些具有一定水平的分销伙伴(详见本章第三节)?在这之后,各个不同分销阶段所需的中介机构(代理、批发商、零售商)的数量才能被确定下来。

一旦企业决定了分销策略、分销渠道的长度以及各个分销层级中的中介机构的数量,那么它们就必须在各种中介类型中做出选择,选择出那些最有可能为企业实现企业目标的中介机构。理想的中介机构可以满足企业所要求的所有功能。例如,一家唱片公司或图书出版商可能会选择在几乎不涉及音乐专业知识或文学建议的百货商店进行分销,而非那些可以为顾客提供建议的专业化连锁商店。

生产者还必须要决定途径的使用数量。最新的电影应该被直接推向电影院市场或影视俱乐部市场吗?我们应该将其他可行的分销途径,例如付费电视或是互联网,纳入考虑范围吗?这所有的问题(还有可能更多)都应该在决策过程中被涉及。

一旦做出了这四个决定,制造者或生产者必须决定给予不同的合作伙伴以多少帮助。例如,给他们什么样的推广材料,以及给多少材料。

最后，企业必须确定将与哪些具体的中介机构合作。例如，如果一家大型博物馆希望在几个不同的地区举办展览，那么它就必须选择那些有相应技术设备并具有一定容量（大厅的规模、标准展示条件等）的场所。在这之后，企业可以根据自己的评判标准，无论是博物馆方面的或市场营销方面的评判标准，对所有的备选方进行筛选。

四、分销者行为

控制分销渠道沿线各成员的行为是分销管理的基础之一。分销渠道不应被简单视为商品从生产者流向消费者的路径，因为它也是一个社会网络，人际关系在整体动态中起着重要作用。[3]罗圣朋（Rosenbloom）[4]描述了这一社会网络中最关键的四个维度：冲突、权力、角色以及沟通。

在分销过程中出现分歧是非常正常的事，当然，那些能使渠道活动陷入瘫痪的剧烈冲突除外。冲突的原因多种多样——例如，合作各方彼此间的沟通不力、对不同的合作伙伴的角色定位不同、对决策中的职责分配有意见分歧，甚至是企业目标相互矛盾等。分销管理者必须始终关注这些可能出现矛盾的"热点"问题，判断它们对公司的影响，并且在保证各方利益的情况下解决问题。

任何一家经由合作关系将产品推向市场的企业，都希望通过影响其分销渠道内的不同成员来完成企业任务。以下的几种方式可以帮助企业实现这一目的。当生产方在规模上超过了渠道内的其他成员的时候，企业便可以在财政上或是其他方面，奖励或者处罚合作伙伴。当然，在这种情况下，前一分销层级的渠道成员，也需要被同等对待；否则，整个分销系统是无法正常运行的。此外，企业还需与合作伙伴签订有关分销成果的协议，以保证渠道中的所有成员都将自己认定为团队中的一分子。最后，企业专家的意见也十分重要，因为这有助于协调合作伙伴顺从企业的意愿。

经验丰富的分销经理能够清晰地界定渠道内每个成员的不同角色。一旦渠道内的成员明确了彼此的责任和义务，那么他们之间的合作也会进行得更为顺畅。当然，生产者需要提前让合作伙伴接受并认可自己和其他成员的角色。

与任何其他企业一样，沟通与信息是分销管理的基础。合作伙伴间的意见分歧和冲突很可能仅仅是由于沟通不良造成的。重要信息的缺失甚至可能会对整个产品市场运作产生负面的影响。

第三节 分销策略

下文描述了两种主要的分销策略类型:密集性的、选择性的和排他性的分销策略,以及推拉策略。

一、密集性的、选择性的和排他性的分销策略

密集性分销策略主要指,通过设置尽可能多的销售点,以达到产品的最大分布的策略。在这一策略中,生产者不会对愿意推广其产品的零售商做任何筛选。唱片和出版产业就是最典型的密集性分销案例。

选择性分销策略是指,生产商会根据特定的标准来选择零售商。这一分销策略有效地防止了一个现象的出现——所有零售商都在销售同样的产品。企业以某一标准选择零售商的过程,通常是出于对自身形象的考虑。使用选择性分销策略的企业实际上是在控制它们的企业形象,并确保它们的零售商或合作伙伴也享有相应的正面形象和信誉。企业还可以通过限制销售点的数量,树立产品在某种意义上的独特性和稀有性;比如消费者必须在特定的、需要精挑细选的场所才能购买到或者消费这类产品。

在视觉艺术行业,一些艺术家会自行选择他们想要合作的画廊。为此,他们需要对那些想要销售自己作品的画廊进行排除性的选择。一旦生产方选定了他们愿意合作的零售商,并授予它们以独家经营权,那么生产方即使用了排他性的分销策略。在这种情况下,某一零售商会在某个特定的领域中享有对给定产品的垄断经营权力。例如,电影制作商通常会在某个特定的地区或区域中,授予某一分销商以独家分销权。

二、推拉策略

推式策略,指的是通过给予零售商以更高的利润率,来鼓励它们更努力地向消费者推广并销售产品的策略。生产者可以通过减少广告预算,来支付这一高利润率。生产方认为,零售商往往会更努力地推销那些能为自己赚取高利润的品牌产品。

另一方面,拉式策略则是指,生产商通过大量的广告投资以拉动市场的

需求量,而零售商,则会为了满足它们顾客的需求而主动承销该产品。这正是那些利用即将到来的假日,采用广告闪电战来发售圣诞歌曲 CD 的商家所采取的策略。

以上两类策略都可以被应用到文化产品上。拉式策略经常被如 K-Tel Records 的唱片分销商和许多有明星经纪业务的美国唱片公司所采用。然而,大多数生产者更倾向于使用推式策略。

许多生产商转向推式策略是因为条件所限,而非有意设计。这是因为,拉式策略通常需要大量的启动资金,而小公司往往负担不起一笔如此巨大的支出。例如,在表演艺术行业,巡演剧团通常没有足够的资源去发起大型的推广活动以吸引观众。它们只能通过多年累积下来的名望或声誉说服承办方,让它们购买演出作品。但是那些著名的表演者或表演团则需要采用拉式策略。大都市中的主流媒体的报道,是吸引地区观众的主要方式。百老汇巡回演出的成功,例如《猫》《悲惨世界》《西贡小姐》或《狮子王》等,是由于剧团本身的成功和其持续性成功的综合作用而得来的。

三、策略是如何相互关联的

在前文中,我们已经分别详细介绍了两种主要的定价策略(详见第七章)和分销策略;但是,在实际操作中,定价和分销策略往往是紧密相连的。

使用市场撇脂定价策略的企业通常以高于市场竞争者的价格出售自己的产品。因此在销售量较少的情况下,企业仍旧可以通过较高的单位利润率获利。但这一策略只有在企业具有良好的声誉或具有一定的名牌效应时才能成功。要获得或者维持这种良好的形象,企业要尽可能地实行与推式策略相关的选择性分销或独家分销策略。市场渗透定价策略,即以尽可能低的价格销售尽可能多的产品,则与拉式策略或密集性分销策略密切相关。

第四节 实 物 分 销

实物分销的概念,主要包括与产品市场推广相关的物流和交通等活动。它所需要解决的关键问题包括:产品要在哪里销售?产品要如何被运输?实物分销所处理的主要任务包括:产品的运输、仓储、存货管理、订单处理、商品货物和包装等。

企业对其实物分销的管理方式至关重要。对产品分销物流的明智决策,可以有效地降低市场营销成本。反之,不良决策则会造成较高的花费并可能改变企业在消费者心中的形象。由于实物分销的两个目标——成本最小化和客户服务最大化——是相互矛盾的,所以分销管理通常十分微妙,需要小心处理。

一个没有产品短缺、没有运输错误、较短的订货周期可以使客户服务最大化。这一条件暗示着,企业必须时刻保有大量的库存,并租有或自有至少一个大型的仓储设施。显然,这需要巨大的成本投入。此外,企业还需配备足够的配送设施、配货人员,以及能够有效处理顾客订单的订购系统和库存控制系统等。一般情况下,企业的决策过程取决于对以下两个问题的回答:(1) 在给定期间内,为避免多于某极限数量的短缺情况,企业所需的最优库存水平是多少?(2) 为了使订购周期不超过某极限天数,企业需要怎样的劳动力和存货管理体系?这两个问题在战略上,特别是在高度竞争的市场环境中,十分重要。

上述情况主要适用于那些需要大量分销实物产品的文化产业,例如唱片或图书行业。但是,在其他的文化艺术行业中——即使它们根本不涉及库存、仓储、订货周期等问题,客户服务的理念也十分重要。

例如,尽管其商品是非物质性的,但表演艺术企业仍旧需要针对其产品(作品)的分销做出决策。它们需要考虑的包括:对巡演城市、场地、表演时间、售票技术(邮购、自动售票柜台、互联网)的选择等。这些决策必须依据公司的分销策略做出。由于高质量和多样性是客户服务的关键,所以表演艺术企业必须在保证其产品质量的同时,尽量使自己的分销模式多样化——比如门票销售方式的多样化。

在竞争激烈的大都市里,客户服务的质量至关重要。那些想要去剧院售票处购票的潜在观众,可能会因为队伍太长而放弃购票,甚至转而去观看另一家剧院的演出。如果消费者心中只有一个备选方案的话,那么他们的第二选择通常是显而易见的。但是,如果可供选择的剧院有数家之多,那么消费者就会陷入犹豫不决的状态,因为他们本身对这些剧院没有特别的偏好。在这种情况下,门票的可及性就成为一个决定性的要素。如果心中首选的演出门票难以获得的话,消费者将转而购买心中的次要选项。

第五节　商业区位

实物分销的功能之一，也包括增强产品对于消费者的可及性。商业区位是指，产品的购买或消费行为发生的具体位置。销售点或展销店的位置的易达性必须较高，这是因为，消费者为购买所做的努力直接关系到他们对产品的兴趣。

消费者通常会为一些如艺术作品的专业产品付出更多的努力。然而，消费者愿意耗费的精力是有限的。如果实体位置偏僻且难以到达或者消费时间不合适的话，那么艺术产品的潜在消费者将很可能流失。蒙特利尔艺术博物馆（Montreal's Musée d'art）就是一个类似的绝佳案例。在搬到市区毗邻 Place des Arts（一个表演艺术中心）之前，蒙特利尔艺术博物馆一直在蒙特利尔岛附近的 Cité du Havre 港口艰难维生。Cité du Havre 港口远离蒙特利尔城的其他文化场所，周围也没有便利的公共交通系统设施。在不久之前，大多数博物馆的开放时间还是工作日的早九点至下午五点；但现在，为了吸引更多的参观者，博物馆的开放时间延长至夜晚和周末。因此，直到中午才开放的售票处、官方网站的缺失、停车场不足等问题已经逐渐成为影响参观人数的关键因素。此外，其他地理和物理上的条件，例如一座桥、一个铁路交叉路口或是一处工业园等，也可能从心理上影响消费者对休闲活动的选择。

城市的状况和规模也会对消费者产生影响。居住在大城市的郊区和邻近小镇上的消费者会前往市区观看演出。但是，反过来，大城市的居民却不一定会为某场演出前往郊区或临近的小镇。

在选择商业区位时，企业需要考虑包括公共交通的便利性、停车场和餐饮服务等在内的诸多要素。

无论是零售业还是艺术行业，最好的位置是临近其他商店或企业的位置。同类企业的聚集可以产生协同效应，其感染力或吸引力是单独的一家企业所无法比拟的。北美的大型购物中心就是基于这一原则来吸引它们的顾客群的。多伦多市湖畔区域的安大略省游乐宫（Ontario Place）和湖滨中心（Harbourfront Centre）就是两个典型的例子，2012 年夏天，国家展览馆（Canadian National Exhibition）也加入了其中。另一个显而易见的例子，则是纽约的百老汇区域。

一、商圈原则

商圈,可以被定义为"一个为不同产品的分销网点提供顾客群和销售量的地理空间"[5]。

在一个商圈中,不同的销售点的吸引力也会不同。事实上,距消费者越远,销售点的吸引力就越小。我们可以根据这种吸引力强度的变化,将一个商圈从内部分为三个等级。它们分别是主要商圈、次要商圈和边缘商圈。

二、三个商圈的定义

主要商圈覆盖了商圈所及区域内的大部分人口。换句话说,主要商圈是商圈周围区域内人口最密集的地方。根据商圈的商业类型、地区地理特征和区域内居民的社会人口概况等方面的不同,不同的主要商圈的人口覆盖率也有所差异。有时,主要商圈甚至能覆盖区域中80%的消费者。对一家商店来说,主要商圈是最重要的地理区位,因为其绝大多数业务都来源于这一拥有大量忠实消费者的地区。

次要商圈覆盖着区域内的次要消费群体。一般情况下,次要商圈的销售量占整个商圈总销量的20%至40%。在这一区域中,企业的业务最容易遭到竞争者的重创。

边缘商圈实际上是一个占总客户群10%至20%的残余区域。这些消费者仅仅是偶然在商店里购物或者是碰巧参观,比如游客群体。所有的商圈都有自己的边缘区域,超出这个范围之外,商圈对消费者的影响可以说是微乎其微。

为了确定销售的商圈所在,管理者需要对他们的顾客进行取样,然后根据目标样本的居住地址,在城市或区域地图上标出这位消费者的所在地。如此一来,企业可以得到一个有关消费者所在地理区位位置的图形,并就此做出分析。商圈图的形状通常并不规则,并且有时由于城市或区域的地理原因或竞争者的竞争力原因等,企业与竞争者的目标商圈会重叠(见图8.2)。

商圈的配置在很大程度上取决于所提供产品的类型。承办方所承办的不同项目可能会触及不同的客户群体,因此,如果按照产品的类别进行划分

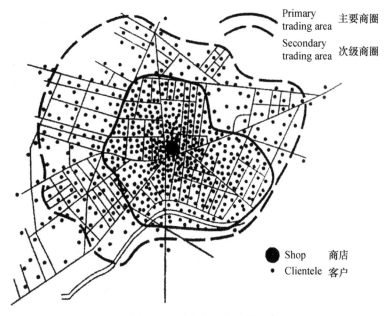

图 8.2 一家商店的商圈

并作图的话,那么同一商圈的形状轮廓也会随着产品的改变而变化。

三、商圈概念的实用性

商圈概念的实用性很强,因为它可以帮助企业实现以下八个业务目标。

(1) 预估商圈所覆盖的地理区域内的市场需求,并将其与现有的销售数据进行对比。由对比所得的结果,就是企业的市场份额。

(2) 估算未来的市场需求,以及它可能对店铺销售数额所产生的影响。这一功能在区域内有住房建设计划的时候尤为有用。

(3) 帮助企业设定长期、短期和中期的市场份额和销售目标。

(4) 衡量竞争在地区内部,以及在商圈内部的三个层级中的影响。

(5) 更好地了解那些生活在产品销售目标市场区域内的人口的社会经济概况,以便改变市场营销组合以迎合潜在的客户群体。

(6) 根据潜在的客户群和商圈所覆盖区域内的地理条件,制定推广活动。一方面,我们可以说,在超出商圈覆盖范围的区域内分发平面印刷广告会浪费企业的时间和金钱;但另一方面,如果反向思考的话,这又可以帮助企业扩大产品的市场覆盖范围。

（7）通过对潜在商圈的严密规划，对渠道中的各个销售点进行对比，并做出与开新门店相关的选择。举例说来，如果未来的某个商圈与现存的商圈类似，那么企业就能够提前预估出新商圈的客流量、覆盖范围，甚至是新店铺的规模等。

（8）做出有关市场扩张方式的决定：是扩大现有店铺的规模，还是开设新门店。

四、影响商圈规模和配置的因素

决定商圈的规模和配置的三个因素分别是：产品、企业的市场营销策略，以及消费者对企业或产品的感知。

音乐厅、博物馆、画廊、书店、唱片店和电影院都属于专门的类别，并且具有广阔的商圈规模。

市场营销组合中的其他变量也能影响商圈的规模和配置。一个特殊的定价政策或者一场令人兴奋的推广活动，可能会促使一些消费者光顾一家商店而非另一家。面向某一特定细分市场的企业，可能会为商圈吸引来一些居住在特定区域内的特定消费者，并从而改变商圈的原本形状。大多数的博物馆、画廊以及音乐厅等都是这种情况，它们通常会为商圈引来那些受过高等教育的且富有的消费者。如果对这些消费者的居住地进行分析，我们会发现，这些地区的收入水平通常高于社会平均水平。

商圈的规模和配置取决于消费者对一些特定因素的感知。例如，距离会在多大程度上成为消费者去往商店购物的实际的和心理的障碍。

物理障碍也可能会改变消费者的消费行为。例如，某一商圈的周围环绕有跨河大桥、火车轨道、高速公路、工业园区以及公园等设施。那么，在有选择余地的情况下，消费者会尽量不去穿越繁忙的街道、火车轨道、河流或工业区。甚至，为了避开这些障碍，他们可能宁愿去更远的地方进行购物。

街道的类型或商店的位置也会对商圈的规模产生影响。例如，一家坐落在地铁站里的书店，它的商圈规模可能很广，但是却局限于上班通勤者；而位于购物中心的书店则正好相反。

第六节　国际分销

对于原型产品来说，比如现场演出，负责安排其国际分销（或国际巡演）的中介机构通常是巡演当地的或外国的代理机构。在某些情况下，现场演出制作方会直接与潜在的承办方进行沟通。而另一方面，博物馆在希望承接巡回展览的时候，会主动与它们的海外同行进行协商。

在主要经营原型产品再生产的文化产业中，可供企业选择的分销渠道往往更为多样。企业可能雇用一个代理机构或分销商负责出口自己的产品，也可以选择不使用中介机构直接销售自己的产品。文化产业的国际分销渠道如下。

一、授权经营

授权经营，是指一家企业授予另一家企业使用其知识产权的权利，并收取版税作为回报。知识产权可以是一个品牌、版权、技术工艺、技术诀窍，甚至是特殊的市场营销技巧等。授权许可协议的类型则包括电视连续剧的转播权、电影发行权、对节目程式或书籍的改编权或是翻译权等。

作为一种市场进入或渗透策略，授权经营一般仅适用于出口活动的初级阶段。由于它是一种不涉及金融风险的策略，所以不能保证未来市场的有效渗透。

授权许可协议通常包含对版权使用的时间和地域的限制、对版税的规定（销售额的百分比、签署合同时的支付款项）、应承担的义务、纠纷解决方法、合同终止条款、共同保证、对授予的权利的描述、保密条款，以及诸如记账和审计等会计方面的事项。电影《路易十九》的剧本被售给了美国制片人朗·霍华德，为了适应美国观众的口味，他将剧本进行了改编。新版的《路易十九》被加注了"$ED\ TV$"（改编版）标志。双方的合同授予了霍华德使用原版电影剧本的权利。

▶▶▶ 案例 8.2

浅谈《中国好声音》品牌授权问题

由荷兰 Talpa 公司原创的系列歌唱选秀节目 The Voice of……火爆荧屏,该节目程式曾被卖到海外众多国家,例如 The Voice of America 等。2012 年,上海灿星文化传播有限公司(下文简称"灿星")与浙江卫视合作引进该节目并联合制作,取名为《中国好声音》。2016 年 7 月,该节目遭到品牌授权危机,"侵权门"一波三折。

此次"侵权门"事件也是一场罗生门,灿星认为荷兰 Talpa 公司收取的授权费用远超过国际惯例(超过节目制作总成本的 5%),并且四年内版权费疯长数百倍,还挑动中国公司"自相残杀",导致"中国好声音"品牌授权无法从一而终,致使国内的唐德影视趁机抢购热门节目。

自此事件造成社会对节目版权归属问题的重视与讨论。对于综艺节目来说,节目程式包括节目创意、流程、规则、技术规定、主持风格等多重内容的组合,这些内容不在《著作权法》的保护中,但其中的节目文字脚本、舞美设计、音乐等则不然,受《著作权法》的保护。而中国现阶段的海外节目引进虽然已经从最初的买节目变为了买模式,从 20 世纪 90 年代以《正大综艺》为代表的节目直接引进,只改变主持人的串联和后期的剪辑,到现在各大卫视竞相争夺的对"节目模式"的引进,了解其节目核心并复制节目制作过程,直接聘请海外团队,再加以本土化制作,例如《中国好声音》在本土化的改造中,增加了对中国精神的宣扬,强调用追求音乐梦想来激励新一代年轻人的自我实现,鼓励展现各类流行音乐,强调选手背后的音乐故事等方式。但在这个引进模式的过程中,其中很重要的一点是引进原创节目的创意过程,从灵光一现到精心制作,这整个过程被规范记录成文本包括他们录制每一期内容的时间安排、工作计划、经验教训以及活动组织形式。显然,这种"节目程式宝典"(TV Format Bible)是其核心并受知识产权保护。

此次《中国好声音》品牌授权之争也提醒我们,如今国内的海外引进模式劲头正猛,同时,我们也在逐渐用相同的方式对外输出我们原创的本土节目,其中关于节目知识版权的保护也更应引起重视,以为未来我们更大范围走出国门、走向国外市场扫清障碍,增强知识产权的保护屏障。

来源:北京大学艺术学院焦傲撰写。

二、特许经营

特许经营是授权许可协议的一种,一家公司依据特定的程式,将经营业务的权利贩卖给另一家企业。它可能涉及销售特许经营产品的权利,以及使用产品名称、生产方法或营销技巧的权利。对于特许经销商来说,特许经营协议的一个好处是:由于生产方会向特许经销商提供一个已被证明有效的商业概念和范本,所以特许经营协议将最大限度地减少经销商的风险。对特许授予人来说,特许经营是一个以相对低的风险开发海外市场的好方法,尽管特许经营授权商失去了对产品质量、形象和工作模式的部分控制能力。

三、直接投资

为了在海外创造或开发永久利益,有的企业会直接在海外投资一家公司,或是在其他国家设立自己的办公室或子公司。这种方式可以帮助企业实现对海外业务的掌控能力的最大化。

四、联合经营

联合经营或战略联盟形成于两个或多个伙伴之间,联合经营的合作伙伴会共同投资一家公司,并彼此分担管理职能。由于许多国家都对国境内的企业所有权有着严格的规定,所以有时候,战略联盟是企业立足海外的唯一途径。例如,一家加拿大的企业可以与一个已经存在的南美洲的分销公司建立合作关系,联合经营一个新的企业。

五、公司并购

直接投资的另一种方式是公司并购,企业可以并购一家在给定地域内的现存公司。这一策略的一个优势在于:由于被并购的企业已经形成,所以收购方不需要经历寻找办公地点、雇用员工等一系列起步过程。可以说,并购是一种快速的对外扩张的手段。

六、子公司

想要对海外运营行使更大权利或想要促进企业对外发展的公司,或许会选择在海外设立办事处或子公司。在国外当地拥有一家自己的子公司可以帮助企业更好地管理其生产活动,并确保其在选定地域内的扩张。这类公司还有可能获得外国政府的援助或补贴。然而,虽然建立子公司的潜在优势十分明显且具有吸引力,但是它的金融风险也非常高。

小 结

分销变量可以被分为三个部分:分销渠道、实物分销以及商业区位。

分销渠道涵盖了那些参与将产品从制造端传输到消费端的过程的所有角色。企业组织的分销渠道可以很短,正如一家博物馆在没有任何中介机构的情况下直接与公众打交道;也可以很长,正如一家唱片公司雇用代理发行机构,代理机构将产品销售给批发商,然后批发商又销售给零售商一样。分销渠道可以通过分担大量的物流功能(比如运输和仓储)和商业功能(比如推广支持、融资和库存)为制造商减轻一部分运营负担。

分销渠道管理所涉及的主要方面对应为四个目标和六个战略决策。四个目标是:通过对分销渠道的激励最大化来实现利润最大化(或到达收支平衡点);利润最大化则意味着销售的最大化和成本的最小化。六个战略决策涉及分销渠道的长度、所部署的分销策略、中介机构的类型、分销线路与中介机构的比率、与中介机构的合作程度,以及对中介机构的选择等。

分销渠道不应被简单地视作商品从生产者流向终端消费者的路径。它也是一个社会网络,人际关系在其中影响着整体动态并起着重要作用。这一社会网络中有四个关键的要素,分别是:冲突、权利、角色以及沟通。

分销策略主要可以被分为两大类:密集性的、选择性的和排他性的策略,以及推拉策略。第一种类型对应着企业想要使用的销售点数量。如果采用密集性分销策略,那么企业需要将销售点的数量最大化。如果使用选择性分销策略,那么企业会根据特定的标准来选择零售商;至于排他性策略则在此基础上额外加入了地域性保护的条款。第二种策略类型基于企业对中介机构的期待,并涉及对中介机构所赚取的利润的分配问题。如果代理机构或中介机构大力推广产品,那么它所获的利润将更大;反之亦然。生产者或制造者使用这一做法来平衡广告与推广活动的费用成本。

实物分销由所有涉及产品市场推广的物流和运输(运输、仓储、存货管理、订单处理、产品处理和包装)所组成。实物分销必须满足两个相互矛盾的目标,即成本的最小化和客户服务的最大化。

区位是对购买产品或消费产品的实体店铺的位置的选择。通过研究消费者从哪里来,以消费者距离销售门店的路程和顾客群的集中度为基础,企业可以划定三层商圈。根据这些商圈的范围和配置,它们分别被称为主要商圈、次要商圈以及边缘商圈。商圈主要受到以下因素的影响,包括产品、企业市场营销策略以及消费者的认知等。在主要经营原型产品再生产的文化产业里,国际分销主要有六种模式,分别为:授权经营、特许经营、直接投资、联合经营、公司并购以及设立子公司。

问 题

1. 文化产品的消费方式是如何影响该产品的分销的?
2. 什么是分销渠道?
3. 为什么有关分销渠道的选择决策十分重要?
4. 生产方使用中介机构的主要原因是什么?
5. 分销渠道的主要功能是什么?
6. 对分销渠道来说,复杂性意味着什么?
7. 当企业管理分销渠道的时候,为什么必须考虑长期利润的最大化?
8. 制造商在建立分销渠道之前必须询问的六个基本问题是什么?
9. 解释分销渠道内社会网络的概念。
10. 解释下列策略是如何相互关联的:市场撇脂定价策略和市场渗透定价策略,密集性的、选择性的和排他性分销策略,推拉策略。
11. 描述实物分销的不同组成部分。
12. 在选择区位时,企业需要考虑哪些因素?
13. 对于管理者来说,商圈的概念有什么作用呢?
14. 识别并描述文化产业国际分销的六个模式。

注 释

1. Roodhouse, S. 1999. "A Challenge to Cultural Sector Management Conventions—The Royal Armories Museum." *International Journal of Arts Management*, Vol. 1, No. 2 (Winter), pp. 82—90.

2. Mallen, B. 1977. *Principles of Marketing Channel Management*. Toronto: Lexington Books.

3. Moeran, B. 2010. "The Book Fair as a Tournament of Values." *Journal of the Royal Anthropological Institute* (N. S.), Vol. 16, pp. 138—154.

4. Rosenbloom, B. 1983. *Marketing Channels: A Management View*, 2nd ed. Chicago: Dryden Press.

5. Colbert, F., and R. Côté. 1990. *Localisation commerciale*. Boucherville, Quebec: Gaëtan Morin Éditeur.

扩展阅读

关于国际巡演的深度讨论,可参见 Radbourne. 2008. *Planning for International Touring in Marketing Planning for Culture and the Arts*, F. Colbert and D. J. Martin, eds. Montreal: Press HEC Montréal, pp. 104—126。

第九章
CHAPTER 9

传播变量

教学目标
- 明确传播作为一种市场营销变量的概念
- 识别传播的主要功能
- 介绍主要的传播工具
- 学习如何选择最恰当的传播工具
- 了解营销传播的计划制订

》引言

传播,市场营销组合的第四个变量,对任何企业的营销策略来说,都是至关重要的。营销传播弥合了企业和市场之间的距离。

在本章中,我们将关注各种传播工具及其功能,以及基于消费者市场目标的选择标准。然后我们将学习传播计划中的各种组成部分,并仔细研究直接营销和媒介关系。

本章没有就文化企业在其他市场中的资金申请活动做出任何详细论述。在这些市场中,申请资助通常需要文化企业与政府、合作者或是私人资金市场进行直接接触。所以,传播的基本原则同样适用于这些市场。

第一节 定 义

市场营销、广告和传播推广经常被人混用。以下定义可以帮助我们将这些概念理清。广告,实际上是一种传播工具,而传播是市场营销组合中的一个变量。市场营销组合是整体营销模式的一部分。

传播,首先是一种能将企业的官方信息和形象传递给文化企业的四个市场的工具。企业直接掌控自己的传播,并有权决定如何管理它们的形象和信息内容。当然,市场营销组合中的其他变量也能够反映企业的形象;此外,在文化消费的市场环境中,评论家也可以向企业的潜在市场传达有关信息。

文化企业需要对自己在一般公众和其他市场中所呈现出的企业形象作出规划。它们的形象来源于消费者的认知,而消费者的认知是建立在他人的意见、评论家的评价、自己的经历以及企业的传播活动等之上的。尽管企业可能无法控制消费者因接收到市场营销组合其他变量所传达的信息而产生的认知,但是它们能够影响公众认知。事实上,定价策略、对分销商的选择,以及所使用的推广技巧等都能够树立或改变企业的形象。高价位通常暗示着一个享有盛名的形象,正如在著名音乐大厅举办的一场音乐会会给人一种声望极高的印象。相反地,一场将广告刊登在城市日报上的且票价极其低廉的音乐会,则会给人一种更大众且通俗的印象。

传播作为一种工具,能够改变企业形象,它可以协助企业改变消费者的认知、态度、知识和意识。因此,传播可以在不同程度上,使消费者了解产品。它还可以调整消费者的态度,把冷漠变为渴望、负面看法变为积极看法,或是建立消费者对品牌的忠诚度等。

换句话说,传播变量的功能是:
- 让消费者意识到产品或服务的存在,并告知他们产品的所在地;
- 维持消费者对企业及产品的忠诚度;
- 说服消费者购买或者成为企业及产品的忠实用户;
- 建立并维系企业与消费者之间的良好关系。

第二节 传播工具

企业传播工具主要有四种,分别是:广告、个人销售、公共关系和促销。每种工具在企业传播规划中的比重,取决于企业的预算或特定行业中的传统。此外,一些特定的工具对某些市场(或特定的细分市场)更为有效。例如，政府很少使用广告，或者个人销售通常是企业与私人部门接触的主要方式。

一、广告

我们可以将广告认为是一种企业通过付费的方式与其目标市场沟通的工具。而那些通过新闻稿或媒体报道而获得的曝光度，则被认为是公关宣传而非广告。对外宣传是公共关系的一种形式，通常包含媒体关系。

同样的一条广告信息可能会出现在不同的电子和印刷媒体中。常见的例子是电视和电台广告、报纸和杂志广告、海报、广告牌、公共交通系统中的广告、微博（或博客）、社交媒体和官方网站等。

为了将广告展现在大众面前，企业需要向广告载体付费，例如：电台或电视台、杂志社、报刊集团或广告牌管理机构等。

无论广告信息的承载媒介是什么，其寿命都是有限的。实际上，广告信息通常是为某个特定的媒介所开发的，它可能同时以普罗大众（大众广告）和非常具体的某类受众（定向广告）为目标。执行总监的职责就是找到最合适的广告载体。因此，对不同媒体所能接触到的受众群做一个简要的概述，将十分有利于企业的广告决策。

海报，往往被文化企业所广泛使用。但是，海报通常仅能起到支持其他广告工具的作用。实际上，潜在消费者可能并不总看海报，例如，人在开车的情况下，是不可能专门停车去阅读海报上的信息的。此外，消费者阅读海报的平均时间通常是非常短的。在大城市中，海报本身的寿命也很短暂，刚刚被张贴上的海报很可能立即就会被新的海报所覆盖或被竞争对手移除。而且，海报能容纳的信息量也十分有限。因此，企业对海报的设计应注重强调吸引潜在顾客的注意力和引起他们的兴趣。通常，海报能起到信息提醒的作用。[1]

二、个人销售

个人销售，主要指通过人与人之间的直接接触，将信息传递下去的营销传播活动。这种方式有利于销售者深入了解消费者不购买某产品的原因。个人销售可以是面对面的，也可以是通过电话一对一的，或多对多的。

如果企业想传递的信息比较简单，那么广告是非常有力的传播方式。

但如果被传播的信息较为复杂，那么个人销售将更为有效，因为企业的销售代表可以适当改变广告信息以适应消费者，并解答消费者的疑问或了解他们不消费的理由。个人销售是推行新想法或新产品时的首选方式。对赞助或资金支持的申请，可以被视为一种典型的个人销售，资金申请人通过向潜在赞助方列举它将获得的潜在利益，来说服对方"购买"自己的理念。

除了使用说服的方式销售产品，销售人员也会进行调研并向组织提供信息。通过对消费者的需求、疑问和保留意见的调查，销售代表可以更好地回应消费者的期待、提供和销售活动相关的服务、保持与客户之间的亲密关系，并在采购过程中为其提供良好的建议和帮助等。此外，他们还可以根据消费者的需求，将企业所提供的其他产品和服务介绍给消费者。在艺术行业，预售代理人、票房代理人，以及向现有或潜在顾客推销订阅、演出及相关服务的人员，都从事典型的个人销售。

三、公共关系

公共关系(public relation)被定义为是一种"评估公众态度、识别与公众利益相关的个人或组织、计划并执行行动项目以获得公众理解和接受的管理职能"[①]。文化企业对外公关的一个主要方式就是对外传播，它帮助企业在不需要支付广告费的前提下，在媒体上推广自己的产品或企业形象。媒介关系是公共关系职能的一部分。新闻稿和新闻发布会、演讲和演示、广播或电视的免费播放时间，以及一般媒体报道等都是对外宣传的例子。

因财力所限，许多文化和艺术团体只能使用对外宣传的方式，尤其是媒介关系，向潜在的顾客群体传递信息(详见拓展阅读9.1)。这种方法的主要缺点在于：因为无法全方位地掌控报道信息(信息内容、出版频率等)，所以对外宣传不能帮助企业实现市场营销组合中其他变量的功能。然而，由于文化活动通常能吸引大量的观众注意力，所以媒介也会受益于这种合作关系。

---

① Public News, 27th october 1947.

▲ **拓展阅读 9.1**

媒介关系的基本原则

专注于文化及其相关报道的记者的工作职责是传播新闻,他们并不服务于文化组织或者艺术家。因此,对文化团体来说,与媒体发展信赖关系并协助他们简化工作是十分重要的。

公关人员使用的主要工具是媒体列表。好的媒体列表通常有三个基本特征:将媒介按类型分门别类;包含在同家媒体工作的不同记者的联系方式;清晰标明组织的利益相关者,比如资助机构、赞助商和董事会成员等。

对媒介关系的处理通常涉及六个步骤:
- 准备新闻事件
- 准备宣传工具(新闻通稿、照片等)
- 以特定媒体为目标,并发送信息给它们
- 跟进媒体,确保新闻的发布或播放
- 收集新闻发布后的文章和报道
- 分析影响效果并调整自身策略

来源:翻译自 Courville, N. "Les relations de presse dans le secteur culturel." http://www.gestiondesarts.com/index.php? id=383。

虽然文化企业拥有对外传播的权力,但却是媒体方最终决定信息传播的方式和形式。所以,对外传播总会涉及一些风险。

分清公共关系职能和对外传播职能是非常有必要的,公共关系职能处理企业组织的各种公众关系(雇员、董事会、志愿者、观众、媒介、政府、赞助者和捐赠者),但对外传播职能基本上只处理企业组织的媒介关系。值得注意的是,因为很多文化组织都十分重视它们在媒体上的公关活动,所以它们倾向于将公共关系等同于对外传播。

四、促销

促销包括了所有可以让消费者,在消费体验之外,记住企业名字或产品品牌的活动。

促销的形式多种多样,它可以是对印有 logo 或简短的信息的小物品(纸板火柴、铅笔、徽章)的免费发放[2],也可以是一场比赛、一个样品(例如在网上发布图书的第一章试读),还可以是一个有关消费者忠诚度的计划或延期付款的方案等。

正如第一章所述,副产品(或促销品)是企业的主产品的一部分。它们有助于增加企业整体独立收入[3]并延长消费体验。副产品还能够作为一种有效的推广工具,帮助企业传播自身形象。这种方式在博物馆和表演艺术行业的大型组织中非常常见。

促销通常适用于消费者,但是它也可以被应用于零售商或分销商。举例说来,一种针对消费者的促销手段是:在消费者购买过一定数量的门票之后,他们将可能会享受减价的优惠。同样的技巧也可以被用以鼓励零售商的销售或推广行为。零售商销售单位产品所获得的积分,可以被用来向生产方兑换奖品,比如机票或假日旅游套餐等,这都是典型的促销手段。

五、传播组合

如上文所述,企业的传播活动主要由四种工具构成:广告、公共关系、促销和个人销售。不同企业对每种工具的使用频率会有所不同。一些企业可能只负担得起免费的公共关系(对外传播)活动。小型的艺术企业正是如此:虽然它们会发放一些平面广告或制作海报,但其主要的传播精力会重点集中在提高媒体报道的覆盖率上。广告或海报辅助了其他的传播工具,并构建了组织的公众形象。其他企业可能将自己的传播策略建立在购买针对特定细分市场的媒体广告之上。也有一些企业试图平衡这四种工具的使用。企业最终所采取的传播组合取决于企业目标和媒介工具。

直接营销可以被认为是几种传播工具的组合。例如,电话营销,作为文化企业向客户募集捐款的主要方法之一,可以与个人销售、广告、社交媒体和促销相结合:雇员直接打电话给潜在客户,然后通过邮寄或电子邮件发给对方自己的宣传册,并附上广告(促销)信息等(详情参见第七节)。

第三节 传播变量的功能

传播具有双重含义:一是沟通,二是引导。传播主要有两种功能:沟通信息与引导消费。

一、沟通信息

文化企业想要传达的信息有可能以任何形式(图片、视频、图形、文字、符号、色彩等)进行编码,而消费者则需要以正确的方式感知并理解这些信息。因此,沟通信息也是一个双边过程,一方面将文化企业所需传递的信息传达给目标受众,另一方面了解目标受众的需求。这样就使信息发送方能够通过分析双方对信息理解的差异程度来设计更为有效、更为合适的信息传递方式。

特别是当信息发送方和信息接收方处于不同文化背景时,因双方的信息编码解码体系不同,由此可能造成传达意图和接收解读之间存在差异。

这里所描述的沟通过程不仅适用于营销人员的直接营销,也适用于通过大众媒介进行的营销活动。在任何情况下,为了信息的有效传达,发送方必须熟知接收方的身份及其可理解的代码范畴和体系。

二、引导消费

除了沟通信息之外,传播还具有引导消费的功能。就其本身而言,传播试图引发消费者对产品产生好感,并最终将这种好感转变为购买行为。

传播的功能可以被概括为四个步骤:吸引注意、创造兴趣、激发购买欲和引发购买行为。这四个步骤被缩写为"AIDA"(attention, interest, desire, action)。

当然,传播活动并不是在真空中进行的。某一特定的文化企业所要传达的信息一定会与整个经济体中的其他众多机构所传递的海量信息进行竞争。据不完全统计,不管是有意的还是无意的,消费者每天接触到的信息多达 250 条至 3000 条。这一具体的数量取决于个人的媒介消费习惯。因为消费者通常在阅读晨报、听汽车广播、看电视、无意中看到海报或广告牌的过程中接触到这些信息。在所有的这些信息中,真正可以被消费者所感知的大概有 75 条,这其中,仅有 12 条会被保留。换句话说,在这种信息爆炸的大环境中,普通消费者必须设立一些信息防御机制以过滤掉部分信息。因此,显而易见地,考虑到信息的数量和消费者的信息防御机制,任何想要吸引消费者注意的文化企业都面临着巨大的挑战。

防御机制

所谓的心理"防御因素"在减弱甚至阻挡大众媒介传播信息时起着重要作用。"防御因素"的作用类似于过滤器,它可以帮助消费者对信息进行筛选。这一筛选过程往往与接触、关注、理解和保留相关。

消费者通常会选择接触那些他们想要看见或听见的信息(选择性接触)。举例说来,那些想要看戏剧的消费者,更愿意阅读日报上刊登的剧院广告。

选择性感知暗示了消费者会因为个人需求的紧急性或重要性而仅注意到某些特定的信息,从而忽略其他信息。如果需求十分急迫,那么消费者会更有可能接受或有兴趣购买某个特定产品。例如,消费者在寻找某本特定的书籍时,往往会无视其他书籍,在琳琅满目的橱窗中准确找到自己所寻找的那一本。

选择性理解是另一个过滤机制,它通常在消费者解码一则广告时发挥作用。消费者根据自己的需求和价值观来解读信息符号(颜色、标志、形状等)。举例说来,在人们的脑海中,红色或橘色通常与温暖相关,而深蓝色则与寒冷相关。企业必须小心谨慎地选择宣传符号或标志,否则潜在顾客可能会误读信息。还需谨记的是,在国际市场营销中,颜色作为一种符号,可能被不同的文化赋予不同的含义。

选择性保留可以帮助消费者留存一部分接收到的和感知到的信息。新奇性、重复度和兴趣等确实有助于信息的留存,但是消费者的需求和价值观等也同样影响着信息的选择性保留。

潜意识广告

企业说服消费者购买时所遇见的各种障碍,刺激了研究人员积极寻找回避上述过滤机制的方法。他们的研究指向了对潜意识广告进行实验。理论上,潜意识广告的信息可以打破消费者的防御机制,在他们不知情的情况下触及其潜意识,并激发其购买欲望。

1959年,在美国的一家电影院中进行的潜意识广告实验,开启了美国企业在广告中使用潜意识元素的新趋势。这项实验的原理十分简单。[4]研究员在24帧每秒的电影中,每隔23帧插入一张可口可乐的图片。从而,观看者在不知情的情况下,每秒都看到一则明确的信息:喝可口可乐。在幕间休息时,可口可乐的销售量较之前的数据上涨了 52%。用爆米花做同样的实验,销售量增加了 18%。

但需注意的是,类似的后期实验却未能取得这样令人信服的结果;而且,人们也没有确切的证据证明:在 1959 年的实验中,可乐销量的增加与电影屏幕中潜意识广告信息的植入有关。其他外部因素,比如室温、销售点的促销和偶然因素等,也从未被研究人员所考量。

许多个人和游说团体都提出了潜意识广告的危险性,并且谴责其为一种类似洗脑的操纵行为。为了防患于未然,一些国家已经明令禁止了潜意识广告。

第四节 传播工具的选择

一、影响参数

除目标市场之外,企业对传播工具的选择还取决于两个参数的影响:信息的复杂度,以及目标市场对产品的了解程度(参照维度)。

企业需要根据信息的复杂程度选择传播工具,一条简洁信息的传播可以通过广告被简单地完成,而对一条复杂信息的传播则需要多方的介入。

信息的复杂性通常与顾客能够感知到的产品的复杂性相关。例如,一位歌剧爱好者可以迅速地做出关于购买歌剧《蝴蝶夫人》门票的决定,而不了解歌剧的人甚至对歌剧抱有偏见的人,可能根本找不到购票的理由。虽然广告活动可以鼓励歌剧迷购买门票,但个人销售对于说服那些对歌剧不熟悉的潜在观众更为有效,至少可以让其听取建议或是改变看法。

潜在消费者从无视产品信息到实施具体购买行为的过程可以被分为六个步骤:忽视、了解、理解、确信、决策和行动。

真正的歌剧爱好者群体可能处于第四阶段——确信。通常,了解剧目、理解作品意义、能够欣赏歌剧内容的个体,会比从第一阶段(忽视)开始的消费者更容易进入决策阶段。

在"忽视—行动"的连续阶段,消费者越处在高阶,针对他们开展的推广活动就越简单。图书作者的忠实读者,或系列音乐会的订阅购票者,大多属于临近行动阶段的细分市场。相反地,当潜在消费者徘徊在忽视阶段甚至是对产品持有负面偏见的时候,推广活动就更复杂。

因此,传播活动的一个主要任务,就是将无论身处"忽视—行动"区间中哪个阶段的消费者都引导至实际购买产品的阶段。

二、操作模型

图 9.1 中展示的模型,显示了产品复杂性、市场规模和传播工具选择之间的相互关联。

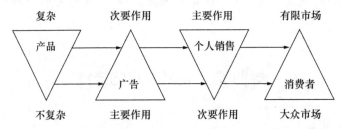

图 9.1　产品的复杂性、市场的规模和传播工具的选择之间的关系

该模型由一系列代表产品、市场、广告和个人销售的金字塔图形组成。每一个金字塔图形都形成一个连续统。尖端和底部则象征着某些特征的重要性;例如,在产品金字塔中,尖端代表产品的复杂程度低,而底部代表复杂程度高。

消费者金字塔的尖端意味着消费者市场有限且不广泛,底部则意指那些更广阔的市场,如所谓的"大众市场"。

个人销售和广告金字塔表示的是:基于产品复杂度和细分市场复杂度,传播工具的重要性排序。尖端暗示着传播工具的资源有限性,而底部对应着传播工具的广泛使用性。

一般说来,复杂产品是为较小的细分市场设计的。正如我们在第二章所述,产品的复杂性可能体现在技术规格方面,也可能体现在消费所需的产品知识方面。同样地,如果一个细分市场对某种产品持有负面态度,那么对该细分市场里的消费者来说,产品可能被认为是复杂的。产品越复杂,推销辞令就越详细,用来说服消费者的信息级别就越高。在这种情况下,个人销售是最合适的工具,因为广告不能传达非常复杂或密集的信息。例如,电音音乐会对电音界行家来说是简单产品。因此一张海报就足以告知乐迷并鼓励他们购票。另一方面,对从未听过这种艺术形式的消费者或者对音乐不感兴趣的消费者来说,针对他们的销售辞令则需要被强化。一张海报或一则报纸广告很可能并不足以说服消费者来参加一场音乐会。在这种情况下,企业需要采取个人销售的方法。

相反地,对于那些拥有巨大市场的简单产品来说,由于所需成本较高,所以个人销售在这种情况下就是不必要,甚至是不值得的。对于这类产品,广告是一种更有效的推广工具,因为它具有更广泛的市场覆盖率。

第五节 接收方

消费者购买产品的过程涉及企业在制订市场营销策略时所必须考虑的几类参与者。他们分别是发起者、影响者、决策者、购买者和使用者。这些参与者影响并干预着消费者的购买行为,而企业可以通过创造一些特定信息来接触他们。

例如,在学校系统内的儿童戏剧市场里,许多决策者都有权叫停某场演出。每个个体都在决策过程中承担着重要职责。家庭和学校组织或家长委员会可能扮演着影响者的角色。老师可能是决策过程的发起者,校长通常扮演着决策者和购买者的双重角色。最后,学生是产品的使用者,即戏剧的观看者。每个学校都有自己的决策过程,并且,在决策的不同阶段,参与者的数量可能会加倍,其角色也可能会转变。例如,有时,学生的父母或老师可以改变活动的整个决策过程。

所有的艺术企业都必须了解目标市场消费者的决策和购买过程。

第六节 传播计划

一旦确定了目标群体,市场经理就需要基于既定目标和目标细分市场规划企业的传播活动。在这个过程中,营销人员可以通过对一系列基本问题的回答,辅助自己做出计划决策。

一、所有传播计划都必须回答的几个基本问题

传播计划是企业用来接触目标细分市场的一个非常实用的工具。它促

使企业在一些关键参数上,对自己所采用的方法进行反思。简单说来,传播计划是企业对"Who? What? To whom? How? When? With what results?"等问题的回答。

谁?(Who?)

首先,为了有效地实施传播活动,企业必须了解自己在消费者心中的形象,即消费者对企业的感知(也可以被称为定位)。市场经理或营销团队应该考虑以下问题:
- 大众如何看待企业和产品?
- 企业的竞争优势是哪些?
- 企业所呈现的形象是否与企业所期望传达的形象相符?

什么?(What?)

然后,企业必须确定传播活动将要传达的信息。关键问题包括以下几条:
- 产品的优势是什么?
- 消费者购买产品的动机是什么?
- 企业进行传播活动的意图是什么?
- 企业形象可否被改变?
- 传播活动是否足以让产品为人所知?或者,潜在消费者是否可以被逐渐引导至购买阶段?

向谁?(To whom?)

企业必须将市场细分,并决定自己的目标细分市场。换句话说,问题如下:
- 企业的目标市场是哪一个细分市场?
- 谁是决策者?
- 目标市场的概况如何?

如何?(How?)

在这之后,企业必须决定自己接近目标细分市场的最优方式。应当提出以下问题:

- 目标细分市场通常使用哪些媒介？
- 应当关注纸质媒体还是电子媒体？
- 应该使用哪一种媒体来接触主要目标群体？
- 应当使用哪一种推广工具（个人销售、广告、公共关系或促销）？
- 应该使用哪一种代码（颜色、符号等）？
- 应当突出哪一种特征（声誉、声望、易接近性、新奇或独特性）？

何时？（When?）

考虑到企业的目标和特定渠道的局限性，企业还须确定信息传递的最佳时间。有关的问题包括：

- 订阅活动应当何时启动？
- 媒介和广告投放的最后时限是什么？
- 哪一天（星期六、星期四还是另外一天）最适合播放广告？
- 目标市场的消费习惯或购买习惯是什么？

结果怎样？（With what results?）

只有设定了可衡量的目标，企业才能评判其传播活动的效果。以下问题应该可以为衡量传播计划的有效性提供一些思路：

- 销售量增长了多少百分比？
- 消费者对产品的态度有何改变？
- 预设的目标和已达到的目标之间是否存在差距？如果有差距，产生差距的原因是什么？
- 企业是否利用了所有可供其支配的资源？
- 企业是否过度使用了资源？
- 传播计划是否触及了那些以前不了解企业产品的目标群体？
- 最后，衡量底线是：消费者是否真的购买了产品？

二、传播计划的内容

传播计划可以被看作是"为构建传播渠道、确定传播活动内容和评估所需资金而进行的一系列有序的决策和操作"。为了使传播计划有序进行和实施，前期分析是十分必要的。

传播计划的阶段

在对当下情况进行分析之后,市场经理或营销团队需要设定传播的目标、起草预算,并设计整体传播策略和针对营销组合中各组成部分的特殊策略。营销组合中的每个组成部分都涉及三个关键决策:确定理念、确定方法或工具、确定预算。最后,策略必须被切实实施并监控。

设定传播目标

任何传播活动都需要清晰地界定传播目标,该目标必须与市场营销策略的目标相一致。市场营销目标和传播目标在本质上是有所差别的。

市场营销目标通常以市场份额或销售数量表示。传播目标则通常与企业想要对消费者造成的影响相关。传播目标一般包括提高产品认知、保持现有的购买意向,或者改变消费者的偏好等。

为了方便评估结果,这些目标必须是定量的。例如,一家希望将自己的市场份额增加10%(市场营销目标)的企业,其传播目标是提升潜在消费者的购买意图的50%,或者实现80%的产能。

起草预算

在任何企业里,起草一份传播活动的预算都是十分微妙的。不幸的是,对市场经理来说,没有任何"特殊药物"或"秘密配方"可以帮助他们确定传播活动的最优投入金额。

但是,在设置投入金额上限时,市场经理需要遵循三条基本原则:

(1) 所有的额外投资都必须有助于企业创造利润或盈余(或实现预算平衡)。

(2) 每一美元的投资,都需要产生至少一美元的利润或盈余,这才是值得的。

(3) 销售成本必须少于销售收入。

无论是从经济上还是逻辑上,这三条原则的必要性都一目了然,然而几乎没有哪家企业可以将预算精确到这一地步。

第七节　直接营销[*]

传统的传播工具是为了推广快消品而开发的,而且它已被证实对文化企业不太有效。在文化艺术领域,目标人群范围太窄、产品太复杂、预算太有限,因此,大众传播技术无法在这一领域中被充分利用。此外,虽然广告所产生的影响确实存在,但却是难以被精确测量的。人们无法保证一则广告被确实地观看、理解且记住,因为传播是单向的:从艺术企业到目标人群。此外,区分广告和其他因素对消费者的影响,也尤为艰难。

最后随着产品推广开支的稳步上升,资金预算少的产品将越来越无法承受由此带来的巨大成本。因这种增长引发的媒体数量的增加以及随之而来的铺天盖地的广告宣传,将造成消费者对营销活动免疫,他们会忽视大多数的广告信息以确保自己免受信息轰炸的干扰。

直接营销则能够解决以上所有的问题。

一、定义

直接营销是"为了获取消费者的立即回复或培养长期的顾客关系,而与目标个体建立的直接联系"[5]。在直接营销活动中,企业通过邮件、电话或者电子邮箱,而非大众传播媒介(广告牌、报纸、电台和电视),直接向消费者发送特定的、有时间限制的推广活动的信息。这能引发消费者直接且快速的反应:更新订阅、获取更多信息、访问实体店或网店。

采用直接营销模式的企业通常会使用直接分销。因为,对推广活动有反应的消费者,通常会跳过中介机构和经销商,直接从企业预定产品。这种模式适用于以聚集现场观众为首要任务的文化组织(剧院、交响乐团、博物馆等),因为门票是很容易被邮寄或从网上打印的。

直接营销并不是一种新型的营销模式,目录销售早已存在。然而,信息技术(尤其是数据管理和互联网技术)的发展使这一方式得以重生并再次为人所用。通过对信息技术的使用,企业可以与每一位消费者都建立紧密的联系,并更好地满足顾客需求。

---

[*] 作者:菲利普・罗波那(Philippe Ravanas)。

直接营销有以下几个优势：

- 比传统广告的市场定位更精确，因为只有那些有潜在购买能力的消费者，才会接收到由企业发送的客制化推广信息。而传统广告的定位只能精确到某一媒体的受众范围。例如，报纸上的一则广告，可能被报纸读者看到，甚至阅读到，但这些读者却很可能不是产品的实际或潜在消费者。

- 能够准确地衡量传播活动的投资回报率，因为消费者对推广活动的回应比率和与每位消费者的联络成本是已知的。例如，如果一家企业发送一千份推广活动信息给潜在消费者，其中20位对这一推广活动做出了反应，那么通过将这20份销售的总金额除以总成本（构思具体推广活动和起草信息所使用的时间、纸张成本、打印成本、信封成本、邮票和运输成本等），企业就能够计算出推广活动的投资回报率。

- 因为目标市场直接回应的可能性，直接营销可以与目标市场之间建立更为个性化的双向沟通。这种客户回馈十分有利于提高服务质量并提高顾客满意度。

- 可以摆脱传统媒体的限制，向消费者发送密集信息和提供复杂的推广活动。

- 缩短促销信息由发送至接受的过程的时长，因为促销信息可以随时发送，不受传统媒体出版发行规划的影响。

基于上述原因，直接营销模式已经逐渐普遍化，并成为许多文化艺术企业传播和分销的主要方式。

二、直接回应媒介

直接营销的常用媒介包括邮件、电话以及互联网。

- **邮件**：尽管面对着来自互联网的竞争，但邮件仍是至今为止人们最常用的媒介之一。作为一种直接的个人沟通方式，邮件有许多形式，包括信件、明信片、小册子、目录、样品、磁带、CD等。在许多国家，邮局会为大宗邮寄业务提供优惠。

- **电话**：电话营销（用电话进行直接营销）比邮件更为快速且互动，但同时也更为昂贵。以电话的方式联系消费者需要花费大量的人力和时间。电话营销在一些国家里是被管制的，消费者可以从联系簿上移除自己的电话号码，以避免接到销售和推销电话。

- **互联网**：电子营销（用互联网进行直接营销）具有一些关键性的优势。

它同电话营销一样快速且互动,但是更为便宜;发送一封邮件的成本只相当于一通电话或一张邮票的零头。

例如,芝加哥荒原狼剧院向每一位购票者问询邮件地址,目前已经收集建立了一个有 5 万份电子邮件地址的数据库。这一数据库对推广正在进行的或未来的演出来说是一个极为有效的工具,它使得剧院在上座率低于预期的情况下可以进行快速弥补。剧院仅在几个小时的时间内,就可以确定传播活动、起草信息、检索对应数据库,并以极低的成本向潜在消费者邮寄活动信息。

然而,大量的垃圾邮件(未经授权的商业邮件)抹黑了电子营销的形象。一些国家已经采取了立法的方式来限制不受欢迎的电子营销活动。

社交媒体(博客、Facebook、Twitter 等)可以帮助企业规避垃圾邮件过滤器。电子营销还具有合作功能,企业与消费者之间的关系也因此超出了单纯的交易关系。这些网络应用帮助并加强了两者之间的交流,并帮助企业:

- 聆听客户意见,进行顾客调研,并更好地为客户服务
- 与客户分享产品创作过程
- 将各个客户联系起来
- 通过向客户提供人际传播的工具,让客户参与到企业市场营销活动之中
- 将客户从被动的聆听者转变为主动的参与者

如果企业同时使用了以上所有媒介,那么它们将需要一个可以把所有媒介整合在一起的、连贯的直接营销传播策略。反之亦然,企业的传播策略应当与整体市场营销策略相呼应,并与所有的传播工具相协调。

三、数据库和建模

企业组织必须提前收集每位客户的所有相关信息,以便为直接营销活动做准备:比如联络信息(名字、地址、电话号码以及电子邮件地址)和消费兴趣偏好信息(第五章中的社会人口和心理细分市场、消费者行为数据等)。

企业可以在直接交易期间询问客户这些信息。或者,企业也可以从第三方机构购买这些信息,或从另外一家有相似目标受众的企业那儿获得信息。在这之后,企业需要将消费者信息整合进电脑数据库,以便每次交易过后进行数据访问和数据更新。

企业可以在数据库中检索特定类型的消费者,并向他们提供定制的服务。企业还可以分析客户的以往消费模式,并追踪他们与企业关系的变化。这一变化过程通常被称为"消费者生命周期"。根据所收集的全部信息,企业可以推断出一系列标准的消费者资料;这一过程被称为"建模"。通过将一位消费者的生命周期与几个标准消费者资料进行对比,企业可以预测客户何时、如何以及将花费多少钱购买。持有这些信息的企业可以直接联系客户,并向客户提供他们所需的东西或服务。

四、关系营销

对每位客户的深入认知、对消费者消费品位和偏好的了解,以及对未来交易的预测,深刻地改变了市场营销的功能。实际上,它标志着传统的大众市场营销时代的结束,传统大众市场营销的主要目标是:以同样的理由和信息将产品销售给未经识别的消费者。它开启了关系营销的新时代。关系营销的首要目标是:通过加强企业与每一位客户之间的关系纽带,来增加购买力。

这种"一对一"[7]客制化的关系是企业的财富来源。它根据消费者的资料为每位消费者量身定制服务、在他们需要时为其提供服务并允许其评判服务质量,并以此建立起了客户的忠诚度。然而,这种关系式的营销需要企业在软件和硬件上投入大量资金、收集信息、并且还要具有能提供客制化服务的能力。为了盈利,它还需要给予具有较大潜力的客户以优先权。

对文化企业来说,这并非总是可行的或是必需的。

五、道德和法律方面的考虑

企业对实际和潜在消费者的详细信息的收集,会引发人们对隐私保护的担忧,尤其当企业想要收集消费者的金融、医疗或个人信息的时候。通过网络来收集这些信息则更成问题,因为互联网的开放特性并不能保证信息的保密性。

为了保护消费者隐私,尤其是未成年人的隐私,许多国家都出台了针对信息收集过程的法律监管条例。

为了将直接营销与信息技术相结合,企业组织不仅要遵守当地法律,还要明确并发布自己的道德规范,以消除客户的疑虑。所有的消费者都有权知道企业收集的信息类型、有权知道企业收集信息的原因、有权拒绝将信息与其他企业分享、有权查看自己的信息以及有权修改信息。如果一家企业违背了这一规范,那么它将失去消费者的信任。

▶▶▶ 案例 9.1

"聆听博物馆":意大利博物馆的传播策略

卢多维科·索里莫(Ludovico Solimo)于 1999 年为意大利文化遗产部进行过一次调查,调查对象为 12 所国家博物馆的参观者,这项调查旨在加强博物馆与参观者之间的沟通交流。这项调查过了十年之后,索里莫与意大利文化推广办公室又合作进行了另一次调查。这次调查是为了更新和扩充上次的调查数据。这十年期间,有关意大利博物馆新管理办法和传播办法的争论不断。这两次调查结果在以下四个方面呈现出了差异:

- 博物馆参观者的人口统计概况
- 顾客对博物馆所采用的传播方式的满意度
- 参观者对博物馆传播策略有效性的评估
- 参观者对强化传播沟通渠道的要求

为了探寻博物馆与参观者之间更深层次的关系,博物馆方面就人们参观博物馆的原因、满意度、使参观过程更为愉悦和成功的方法,以及增进沟通传播的效果新科技工具等方面进行了调查。

参观者概况

新问卷调查在人口统计方面的结果如下:女性参观者的比例为 56%,而 1999 年该数据为 59%;青年人(15—24 岁)占参观人数的 14%,而 1999 年该数据为 28%;老年人(65 岁以上)占参观人数的 13%,而 1999 年该数据为 4.5%。尽管如此,考虑到意大利的总人口情况,青年参观者的数量仍占多数,老年参观者的数量仍不足。

意大利博物馆的外国游客比例从 1999 年的 54% 下降至 42%,而本土游客所占比例从 46% 上升至 58%。

本土游客的比例从 1999 年的 28% 降至 18%,下降了十个百分点。新趋势还包含:在本土游客中,受过高等教育的游客从 1999 年的 37% 上升至 53%,而未受过高等教育(仅有小学至高中文凭)的游客的数量有所降低。受过高等教育的游客占总游客人数(本土和外国的游客人数)的 64%。

参观之前

受访者表示,他们获取博物馆和展览相关信息的主要方式是通过互联网(67%)、媒介(45%)和口碑传播(32%)。三分之一(大约35%)的受访者表示他们是在浏览书籍或旅游指南时发现的博物馆信息,22%的受访者声称他们一直都知道该博物馆,15%的受访者是通过口口相传或从学校了解到的。

与1999年的调查结果相对比,使用书籍和旅游指南作为信息渠道的游客数量比例下降了10%,口碑传播下降了8%。相反,互联网上升了13%,它已经成为游客获取博物馆知识和信息的主要来源之一。

至于受众动机,参观博物馆的原因大多首先是理性的(比例为57%),然后是感性的——为了在有吸引力的环境下观看美好的事物,最后是娱乐性的;感性原因和娱乐原因都占30%。相较于1999年的调查,选择基于理性和感性原因而参观博物馆的受众人数有所下降。

在所有的参观者中,有60%的人会在参观前收集相关信息,其中55%的人通过阅读旅游指南获取信息,22%的人通过访问网站获取,还有22%的人通过查阅书籍和目录获取信息。查询过与展览和藏品相关信息的受众占比71%,查询过有关营业时间和票价等方面问题的受众占比55%。在这其中,有30%的受众通过博物馆官网获取了相关信息,63%的人表示找到了所需信息,而将近30%的人仅找到部分所需信息。

参观期间

参观博物馆的人群中,大部分受访者(46%)是与家人一起,三分之一的受访者是与朋友和熟人一起,17%的受访者是独自参观。

超过80%的受访者注意到或是使用了博物馆的传播沟通渠道,人数相较1999年大幅增加。28%的参观者使用了导游导览,26%的参观者使用了语音导览。

博物馆沟通传播渠道中,最令参观者感到满意的是展览设置(88%)、博物馆员工(78%)和说明文字(77%)。参观者不太满意的是语音导览(48%)、导游导览(39%)以及地图、传单、印刷指南和外部标志(38%)。参观者对所有的传播工具的满意度都逐渐开始下降,除对信息板和传单的满意度保持不变外,对说明文字的满意度反而有所提高。

最后,认为说明文字和信息板都较为通俗易懂的参观者的人数比例分别为79%和76%。

参观之后

60%的受访者表示他们愿意在参观期间接收更多的信息。在这60%的受访者中,60%的人偏好书面资料(指南、目录、面板等),25%的人偏好与员工交谈或多媒体显示屏。

大约有60%的参观者表示他们愿意接收更多与藏品主题相关的深度信息,将近一半的参观者愿意了解更多有关展览历史和地理方面的知识。少量受访者表示需要更多与藏品相关的分析资料。

至于参观总体满意度,95%的受访者给出了正面评价,而在1999年调查中,92.6%的受访者给出了正面评价。

至于博物馆的形象,受访者主要将其与"神殿""纪录""知识殿堂"和"奇珍异宝"等联系在一起。这与1999年的调查结果基本一致。当参观者被问及他们参观后的需求时,65%的受访者回答希望接收博物馆的信息或快讯,32%的受访者回答他们将会访问博物馆网站,25%的受访者暗示他们希望通过电子邮件持续跟踪博物馆的发展近况。

最后,40%的受访者表示出了对博物馆科技设备的兴趣,比如在参观期间使用平板电脑浏览与某个特定展览有关的信息等。

来源:意大利都灵费兹卡拉多基金会(Fitzcarraldo Foundation)亚历山大·波勒(Alessandor Bollo)和意大利那不勒斯第二大学(Seconda Universita di Napoli)教授卢多维·索利马(Ludovico Solima)撰写。

小 结

传播的四种主要工具分别为广告、个人销售、公共关系(包括对外宣传)和促销。

市场营销传播的本质功能是向消费者传播信息和改变消费者对某一产品的感知。对处于忽视阶段的消费者来说,"改变"尤为重要。如果消费者需要大量改变,或如果产品太复杂,那么个人销售是最合适的工具。如果消费者仅需少量改变,或产品简单,那么就可以使用广告进行传播,其他传播工具起辅助作用。在文化环境中,有限的预算使得公共关系和对外传播成为艺术组织最为常用的工具。

在所有的商业传播活动中,对可以影响购买决策的各类参与者的了解都是十分重要的。通常,传播活动主要涉及五类参与者:发起者、影响者、决策者、购买者和使用者。在这之后,在进行传播规划时,营销者需要回答六个问题:谁?为谁?什么?如何?何时?有什么样的结果?

一般说来,对传播计划的策划有八个步骤。前三个步骤一般与文化企业的市场营销策略有关:分析情况、设定市场营销目标和开发市场营销策略。与传播计划尤为相关的是:设定目标、起草预算、开发策略以及实施和监控这些策略。

文化企业通常使用关系营销(直接营销)作为接触个人消费者的主要方法。电话和邮件是直接营销所使用的传统媒介,而互联网和社交媒体则是文化企业与消费者进行直接接触的、有效的新工具。

问题

1. 什么是传播?
2. 如何区分四种传播工具?
3. 传播变量的主要功能是什么?
4. 在什么情况下,使用个人销售比广告好?
5. 在什么情况下,公共关系传播策略较为适用?
6. 请分别举例说明在什么情况下消费者更接近于忽视阶段,在什么情况下消费者更接近于行动阶段?
7. 为儿童节目购票的决策者是谁?为什么?
8. 传播计划中所涉及的几个基本问题,其主要目的是什么?
9. 评论家是否在文化消费者的决策过程中起着重要作用?
10. 市场营销目标和传播目标的区别是什么?
11. 直接营销的优势是什么?
12. 关系营销的主要优势是什么?

注释

1. Berneman, C., and M.-J. Kasparian. 2003. "Promotion of Cultural Events through Urban Postering: An Exploratory Study of Its Effectiveness." *International Journal of Arts Management*, Vol. 6, No. 1 (Fall), pp. 30—40.

2. d'Astous, A., R. Legoux and F. Colbert. 2004. "Consumer Perceptions of Promotional Offers in the Performing Arts: An Experimental Approach." *Canadian Journal of Administrative Sciences*, Vol. 21, No. 3, pp. 242—254.

3. "独立收入"是指文化企业的门票收入和衍生产品收入等自给性收入,不同于公共部门的资金拨款收入。

4. McConnell, J. V., R. L. Cutter and E. B. McNeil. 1958. "Subliminal Stimulation: An Overview." *American Psychologist*, Vol. 13, No. 1, pp. 229—242.

5. Kotler, P., and G. Armstrong. 2005. *Marketing: An Introduction*, 7th ed. Upper Saddle River, NJ: Prentice-Hall.

6. Ravanas, P. 2006. "Born to Be Wise: How Steppenwolf Theatre Mixes Freedom with Management Savvy." *International Journal of Arts Management*, Vol. 8, No. 3 (Spring), pp. 64—73.

7. Peppers, D., and M. Rogers. 1996. "The One to One Future: Building Relationships One Customer at a Time." Journal of Marketing Vol. 59, No. 4, pp. 108—109.

扩展阅读

Braun, M. 2000. "Courting the Media: How the 1998 Spoleto Festival USA Attracted Media Coverage." *International Journal of Arts Management*. Vol. 2, No. 2 (Winter), pp. 50—58.

Colbert, F., A., d'Astous and M.-A. Parmentier. 2005. "Consumer Perception of Private versus Public Sponsorship of the Arts." *International Journal of Arts Management*. Vol. 8. No. 1 (Fall), pp. 48—61.

d'Astous, A., A. Caru, O. Koll and S. P. Sigué. 2005. "Moviegoers' Consultation of Film Reviews in the Search for Information: A Multi-country Study." *International Journal of Arts Management*. Vol. 7, No. 3 (Spring), pp. 32—46.

d'Astous, A., and F. Colbert. 2002. "Moviegoers' Consultation of Critical Reviews: Psychological Antecedents and Consequences." *International Journal of Arts Management*, Vol. 5, No. 1 (Fall), pp. 24—36.

Fishel, D. 2002. "Australian Philanthropy and the Arts: How Does It Compare?" *International Journal of Arts Management*, Vol. 4, No. 2 (Winter), pp. 9—16.

Kolb, B. 2001. "The Decline of the Subscriber Base: A Study of the Philharmonic Orchestra Audience." *International Journal of Arts Management*, Vol. 3, No. 2 (Winter), pp. 51—60.

Pope, D. L., J. Apple and P. Keltyka. 2000. "Using an Integrated Ticket Donation Program to Increase Subscription Sales and Reach Underused Markets: A Strategic Marketing Approach." *International Journal of Arts Management*, Vol. 3, No. 1 (Fall), pp. 39—46.

Van der Burg, T., W. Dolfsma and C. P. M. Wilderom. 2004. "Raising Private Investment Funds for Museums." *International Journal of Arts Management*, Vol. 6, No. 3 (Spring), pp. 50—60.

第十章
CHAPTER 10

市场营销信息系统

教学目标

- 明确数据的内部来源
- 介绍并审视数据的次级来源
- 界定并分析数据的主要原始来源
- 讨论数据收集的主要方法
- 列出研究计划需遵循的步骤

》引言

市场营销信息系统（MIS）是市场营销过程的基本组成部分，它能为企业提供有关市场决策的信息。MIS只是决策过程中的一个辅助性工具。没有任何工具能够代替正确的判断。

MIS使用三类数据：内部数据、二手数据和原始数据。内部数据包括从企业内部获得的所有信息，比如销售和财务报告等。二手数据主要指公共组织或私人组织通过出版机构、互联网或图书馆系统发布的公开报告。原始数据是指直接从消费者处获得的数据。这类信息通常是通过市场研究、民意测验、问卷调查或商业调查等方式收集的。企业可以自己进行数据收集，也可以聘请专业公司进行调研。本章将审视信息收集过程中的方方面面，尤其是二手数据和原始数据的来源和收集方式。

第一节　内部数据

"内部数据"这一术语在本章中包含企业内部任何对决策过程有用的信息。内部数据通常有六个获取来源：会计系统、销售报表、客户名单、网站点击报告（数据挖掘技术）、企业员工以及以往的研究。值得注意的是，由企业调查或研究得出的结果是原始数据的一种，但在调研结束之后，由调研信息得出的调研报告则会被纳入内部数据的范畴。这些都是衡量文化组织业绩的有用工具。

本章主要关注市场营销信息系统在加拿大的运用，但类似的方法也适用于其他国际市场。附录1列举了电影和电视节目在海外销售的案例。

会计系统可以为企业提供大量有趣的信息，如企业整体的收支平衡点或每个产品的收支平衡点。会计系统还可以帮助市场经理估算市场营销活动的利润。对会计系统提供的数据进行分析，有利于企业确定市场营销活动的方向并协助其对原始和二手数据的收集。

企业还可以使用由票房数据或客户账单生成的销售报表中的数据。对数年间的票房数据的比较分析，有助于市场经理制定营销活动的销售曲线并据此做出相应的措施决定。这些措施可能会影响市场营销组合中的一个或几个变量。例如，如果在营销活动开始后的几周内，销售数据总体一直呈现下降趋势，那么企业也许会增加一段时间内的推广预算，以保持或提高上座率。

这类数据可以帮助企业在现有模式基础上，修改自己的营销策略。随着时间的推移，可能发展成为企业分析和预测销售数据以及强化营销策划过程的指导方针。

商业组织或非营利组织的客户名单、用户名单或捐赠者名单等，也是极为有用的信息来源。例如，客户所处的地理位置实际上是企业的商圈所在。正如第八章所述，这是衡量企业在特定地区内渗透度的最简单方法之一。

企业的数据库不仅为企业提供了与消费者和他们的购买模式相关的有价值的信息，还可以帮助它们更好地服务于消费者。亚马逊，一家知名的书籍和其他产品的线上分销企业，正是一个利用软件技术优化客户服务的最典型的案例。举例说来，如果某消费者在亚马逊上购买了一张巴洛克歌剧的CD,那么在下次访问该网站时,他或她很可能会发现自己的首页上出现了一个不熟悉的巴洛克CD的推荐,或是一条有关巴洛克歌剧的书的推荐等。这种推销产品的方法是很多巴洛克歌剧迷所乐见的。

市场经理还可以从与消费者有过直接接触的职员那里获得一些其他的有用信息。这些人员包括:电话接线员、票务代理、招待员、保安、导游翻译以及餐厅和酒吧人员等。负责传播或销售的职员往往可以收集到一些与最终营销决策高度相关的数据。

当然,数据分析人员对以往调研数据的熟悉掌握也十分必要。尽管有些信息可能过于陈旧,但是这些信息却可以为分析企业的现状提供重要线索。有时,为了对新旧数据进行对比,某些陈旧的调研甚至需要被重新操作一遍。

最后,由于互联网技术的发展,对某些产业的信息的收集已经变得越来越容易。例如,所有的文化艺术行业协会都有自己的网站,许多网站还提供行业内成员组织的直接网页链接。

第二节 二手数据

一、总则

二手数据主要指那些由政府组织或私人团队公布的数据。对市场经理来说,这些数据尤为有用,因为这些数据有助于企业对产品需求的规模和演变、对产品市场的规模和组成以及对产业本身的结构进行测量和估算。

二手数据的一个主要优势是节约时间和资金成本。获取这些数据的成本很低,但可以在相对短的时间内完成,而类似的数据若使用市场调研的方法进行采集,则可能需要几个星期甚至几个月的时间。

二手数据也能引出一些问题和假设,从而指导企业进行原始数据调研。

二手数据包含所有为特定目标收集的信息,包括企业从外部获得的信息以及与企业研究问题相关的信息等。在某些情况下,数据可以为企业的研究提供部分答案。然而有时,与某个问题相关的信息却寥寥无几,已有信息也可能已经过时。这时,对希望进行再次调查或更新调查的研究人员来说,过去所使用的用以关联数据的方法论是相当宝贵的。

应该指出的是,企业提出的问题越详细、感兴趣的领域越有限,能找到的二手资料就越稀少。在这种情况下,企业有必要使用原始数据。

二、公共部门和私人部门数据:优点和缺点

二手数据可以从私人部门或公共部门处获得。所谓公共组织包括如政府部门、中介、研究院、协会等各种各样的政府职能机构。此外,许多民意调查企业和期刊也会发布研究成果。

以上两类二手数据各有各的优点和缺点,如表10.1所示。在实际操作中,企业应该同时使用这两种来源,以相互补充。

为了对比二者的优缺点,我们将以加拿大统计局作为案例。加拿大统计局在数据收集和数据处理方面享有盛誉。但我们这里所讨论的这些特征也普遍适用于其他国家统计局。

表 10.1 公共数据和私人数据的优缺点

	公共数据	私人数据
科学方法论	＋	－
数据标准化	＋	－
一段时间后再次实施调研的可能性	＋	－
可访问性	＋	±
聚合性	－	＋
准确性	－	＋

科学方法

加拿大统计局服务于广大人群,比如政治家、学生、分析员和高管人员等,他们通常会基于加拿大统计局的数据而做出重要决策。作为一所由公共资金资助的政府组织,加拿大统计局必须谨慎地选用数据采集方法,以确保数据的有效性。事实上,众所周知,一直以来加拿大统计局都十分翔实地公布自己的调研程序。而私人二手数据的来源却并不如此。通常,私人出版的报告不会详述调研方法;因此,读者无法具体估算报告的偏差。有时,这些研究结果甚至会出现严重的误差。总之,检查公共研究数据的采集方法,要比检查私人机构的容易许多。

数据标准化

加拿大统计局的数据都是按照一定的标准分类的,这极大地帮助了读者进行数据的检索和对比。但私人数据却并非如此。私人机构的数据调研通常是为满足特殊客户的需求而定制的。在大多数情况下,由同一家私人调研企业执行的两个不同的研究,其数据是无法被对比的,因为这两个调研的调研目标和采集的信息类型可能完全不同。但是不排除在有些情况下,一个调研是另一个调研的重复实验,这样的两组数据间存在着可对比性。

时间序列的可能性

加拿大统计局的数据标准化使得研究人员可以创建时间序列。加拿大统计局每一年都延续以往的传统,使用相同的信息分类方法。当然,有时,根据社会环境的变化,加拿大统计局的数据系统也会进行一些细微的调整。例如,在1980年以前,"家用娱乐设备"的类别中并不包含录影机这一项,因为录影机在那时还不是一种普遍的家用设备。通过对某类产品在不同时期的数据的对比,研究人员能够实时监控市场对产品的需求。而私人企业所提供的信息则无法支持这种数据追踪和后续跟进。

可访问性

加拿大统计局的数据往往能够很容易地被企业搜索到;只需少量的花费,甚至不需要任何花费,人们就可以在大型图书馆里对其进行查阅,或是直接通过加拿大统计局的网站访问。私人数据也涉及各个方面,但通常是保密的和不可访问的。此外,购买私人数据的花销很高,对某些企业来说,这种高价是企业所难以承受的。总而言之,私人数据的可访问性是一个需要被认真对待的问题。

数据的聚合

由私人企业发布的调研报告通常综合了大量的、各种各样的数据。这是私人数据的主要优点,因为数据综合可以简化市场分析员的任务。例如,在私人调研企业制作的报告中,过去数年的产品需求会被概括为一张图形或图表,而倘若使用加拿大统计局的数据,调研人员则需要在查看几个不同的数据目录之后,才能制作相同的需求曲线。因此,私人调研报告中的数据聚合是绝对优势。

信息准确性

由于加拿大统计局调研的复杂性和其采用的数据错误防范措施的严谨性，数据从调研采集到发布通常需要花费2—3年的时间。然而，私人企业发布的调研报告通常聚焦于时事以及客户给定的命题。因此，在临近出版公布时，报告中的数据都还是最新的。

三、公共数据

国家统计机构

国家统计局无疑是该国二手数据的主要来源，也是最可信赖的和易于访问的数据来源。国家统计局会发布大量与各种话题有关的文件资料。无论在怎样的环境下或是怎样的议题，国家统计局都是最有可能发布相关信息的机构。

国家统计局所发布的信息范围相当广泛：既有综合性文件资料，如人口普查数据；又有非常具体的材料，如表演艺术方面的调研等。市场经理或市场调研人员在寻找某特定国家的文件资料时，应当先对该国国家统计局公布的资料目录进行查阅和咨询，以便找到与调研最相关的资料（例如：在美国使用 www.census.gov 网站，在加拿大使用 www.statcan.ca 网站，在澳大利亚使用 abs.gov.au 网站，在法国使用 www.insee.fr 网站等）。

加拿大有一项特别的调研，加拿大统计局会每两年进行一次有关加拿大家庭开支的调研（Statistics Canada. Family Expenditure in Canada. Catalogue No. 62—555）。调研结果包括加拿大家庭的平均开支水平，及电影、舞台剧、文化机构（比如博物馆和画廊）门票在其所有家庭花销中的比例。

其他政府机构

由政府各个部门和机构所发布的信息是二手公共数据的另一个来源。

在加拿大，类似的数据来源包括加拿大艺术委员会研究部门（Canada Council for the Arts Research Department, www.canadacouncil.ca）、加拿大遗产部（the Department of Canadian Heritage, www.pch.gc.ca）、加拿大外交国际贸易部（the Department of Foreign Affairs and International

Trade,www.dfait-marci.gc.ca),以及不同省份的艺术委员会和文化部门。

不同国家的其他政府组织和部门也会发布一些调研结果和文件资料，这些结果和资料对处于文化消费大环境中的艺术机构和组织来说，也是非常有益的。

四、私人数据

数据库和索引

市场上也存在着各种可以免费查询的数据库。不久之前，这些数据库还只提供纸质版的文件。但现在，这些数据已经电脑化了，人们可以在纸上、缩影胶片上、CD机上或者互联网上查看它们。

私人组织发布的报告

文化或艺术企业的管理者可以从私人组织处获得一些有用的信息[1]，无论艺术本身是不是这些组织的主要关注点。加拿大商业与艺术委员会（www.businessforarts.org）和美国福特基金会间接参与了文化或艺术行业，因此它们所发布的信息中，包含着有关艺术管理的数据资料。

互联网的繁荣确保了企业可以轻松访问大量有关特定产业的基本信息。例如，所有文化和艺术领域的行业协会都有自己的官方网站，有些网站还提供协会成员网站的直接链接。

国际组织是国外数据的重要来源。大多数行业都有自己的国际协会，该协会能够提供行业内其他国家的相关信息。就这一点而言，联合国教科文组织（UNESCO）是一个尤为丰富的信息来源，UNESCO的信息主要来自于其下属的国际博物馆协会（www.icom.museum）。

市场经理还可以查阅一些管理期刊，比如《市场营销期刊》（*Journal of Marketing*），或是与文化事务相关的期刊，比如《国际艺术管理期刊》（*International Journal of Arts Management*）（www.hec.ca/ijam）、《文化经济学期刊》（*Journal of Cultural Economics*）、《国际文化政策研究期刊》（*International Journal of Cultural Policy Research*），或者《艺术管理、法律与社会期刊》（*Journal of Arts Management, Law and Society*）。

第三节 原始数据

原始数据可以通过使用"市场调研""问卷调查"或"民意调查"这类数据采集方式直接从目标市场处获得。数据可能由市场经理进行整理,或者由专业调查机构代为执行。具体流程包括:收集与所述问题相关的数据、分析数据,然后解释数据、做出决策。

▶▶▶ 案例 10.1

荷兰文化艺术营销:吸引年轻游客参加荷兰艺术节

荷兰艺术节始于 1947 年,是荷兰最早的表演艺术节。每年 6 月,该艺术节都会在阿姆斯特丹的几个不同地点举行,涵盖多个领域:古典和现代音乐、戏剧、舞蹈、歌剧、音乐剧、流行音乐和世界音乐、跨界艺术、演讲以及视觉艺术等。多年来,从冒险前卫到宏大庄严,每位艺术总监都将自己的艺术喜好加入到艺术节中。现任艺术总监皮埃尔·奥迪(Pierre Audi)将不同表演艺术领域的知名人士和具有实践经验的艺术家汇聚在一起,使荷兰艺术节回到本源,从而让观众"博览世界"。

传统的荷兰艺术节的参观者往往年龄较大、经济宽裕并教育良好。基于此,艺术节组委会开始思考如何将年轻观众吸引至此的策略。2010 年,组委会建立了特别项目"HF Young",旨在吸引 25 岁至 29 岁的年轻专业人士。组委会进行了定向研究,调查这一群体不愿参加文化节活动的原因,并将研究结果用于对"HF Young"项目设计。新策略有四个核心元素:起引领号召作用的"HF Young"项目"青年代表";LinkedIn 和 Facebook 上的"HF Young"社区;十场特定演出的绝佳座位的票价的大幅度折扣;表演结束后"HF Young"特殊区域的免费饮品。该策略十分成功:"HF Young"成员购票数量从 2010 年的 140 张突增至 2011 年的 672 张。组委会在 2011 年再次进行了定性研究以评估该策略。结果表明:年轻游客对"HF Young"较为满意,并且尤为乐意在演出中见到更多的年轻人,这使他们感到宾至如归。在吸引从未考虑参加荷兰艺术节的年轻观众方面,"青年代表"是最成功且最有效的方法。在艺术节开幕之前举办一场晚会来介绍特定演出的提议也受到了游客的高度评价。

来源:马斯特里赫特大学(Maastricht University)安娜·艾尔弗斯(Anna Elffers)和荷兰艺术节(Holland Festival)营销主管诺伯特·波德(Norbert Bode)撰写。

采集原始数据的成本应该反映出企业希望获取的信息的价值。换句话说,市场经理必须计算该市场调研是否值得。如果一家企业为一场问卷调查活动花费了5000美元,而其所获得的信息却不足以使企业节约或赚取至少5000美元,那么这样的调查活动就是无用的。如果企业在最后所获取的利润有所减少的话,那么整场市场调研活动就可能不值得大费周章地进行。

原始数据有三种采集方法:探索性研究、描述性研究以及因果性研究。

一、探索性研究

探索性研究主要为企业提供定性数据。这种研究不是建立在假设或先入为主的想法之上的,研究样本通常较小,故而研究结果不能推广至广泛人群。这是一种灵活的、非结构化的和定性的研究方法。

这种研究可以实现多个目的,比如定义问题、提出假设、生成新产品创意、抓住消费者对新概念的第一反应、预试问卷或是确定选择观看一场演出或一部电影的评选标准等。

探索性研究能够揭示消费者感兴趣的领域和话题,从而帮助研究人员和市场人员熟悉未知领域。该研究还可以用来评估组织的客户服务水平。这是博物馆使用"神秘访客"方法的主要原因,"神秘访客"是指经过培训的调查人员参观一个或多个博物馆,然后报告他们的观察所得,并进而分析观察中的发现,从而调整博物馆服务,提升博物馆的服务水平。

探索性研究可以采用以下几种方式:讨论组、深度访谈、案例研究、观察和推演。研究所采用的样本通常是便利样本。

二、描述性研究

描述性研究旨在寻找与给定主题相关的特定信息。该研究通常始于一个假设,假设会被测试并被确认或否认。这种类型的研究只能在情势非常明确,需要具体和特定的信息、理念和变量时使用。描述性研究往往在探索性研究之后,这样可以更清晰地定义研究假设和研究参数。

探索性研究是定性研究，样本数量少，而描述性研究的样本数量较多，需要具有一定的代表性，往往是定量研究。

举例来说，描述性研究可用来确定：具体哪些因素能够影响某一特定人群的门票购买决策过程。描述性研究还可以提供有关博物馆参观者的社会人口概况，或是勾勒出给定区域内流行音乐乐迷的特征等。

数据收集方法

描述性研究有三种关键的数据采集方法：邮件/互联网、电话和面谈。对方法的选择应取决于研究目的或目标以及可使用的资源。所收集的数据的广度和精度、所需的时间和精力、问题的类型（开放式还是封闭式）、不同方法所需的成本以及所需的监管都是影响数据采集的因素。尽管还有其他的方法可以被用于数据采集（观察法、投射法等），但是本章只聚焦于邮件/互联网、电话和面谈这三种方法，因为这三种方法是民意调查企业最常用的方法。

▶▶▶ 案例10.2

一场基于市场营销调查结果的展览

2010年2月，伦敦中庭画廊（Atrium Gallery）依据市场调研结果，举办了一场名为"微观城市"（Tinned cities）的针孔摄影展。此次活动属于瓦伦西亚大学和伦敦经济学院两所学校跨学科合作项目的一部分。调查人员从艺术家所选择的大量照片中确定了参展的23张针孔黑白照片（fotolateras.com）以供调研。

研究中用到了结构化调查问卷，该问卷旨在衡量这些照片的吸引力。研究问题集中在艺术展览的消费模式。问卷分为四个部分：文化消费模式、参加/不参加艺术展的原因、对照片的评价以及分类变量。每张照片都由受访者用语义差别量表对四个方面进行评定。具体方面如下：喜爱度、原创性、吸引力和艺术感知。600名受访者由学生、行政人员以及教职工组成，他们都是大学校园艺术展的潜在参观者。瓦伦西亚大学学生用笔记本电脑展示照片，用纸质问卷进行实地调查，并使用了SPSS 17.0进行数据分析。

评分最高的23张照片中的大部分都与标志性的城市有关，如纽约、威尼斯和巴黎，并且水在其中是一个典型特征。伦敦经济学院学生的配文也与这些照片一同被展出。

此项研究的结果可用于营销决策,如宣传活动(网站、直销营销、公关),以及组织平行活动,如由艺术家主持的会议和工作坊。展览举办过后的定性研究表明:就出席人数和满意度而言,此次展览是成功的。

来源:西班牙瓦伦西亚大学(Universitat de Valencia)曼纽尔·夸德拉多(Manual Cuadrado)和玛丽亚·尤金伲亚·鲁伊斯(Maria Eugenia Ruiz)撰写。

电子邮件问卷调查

电子邮件问卷调查(或网络问卷调查)主要有两大优点:相较于另外两种方法,该方法可以以低廉的成本覆盖更多的人群。它还尊重了调查对象的匿名期望,使得调查人员可以获取更多的个人信息,同时减少了面谈可能造成的潜在误差。电子邮件问卷调查有以下几大缺点:无法控制受访者的身份,受访者有可能参考第三方的意见进行作答;缺乏对问题回答顺序的控制;存在受访者误解术语的可能性等。另外,网络问卷调查依赖于家用电脑的渗透率。实际上,并不是每家每户都有电脑。所以,根据这些调查结果并不能推测出整体的人口情况。

针对大众消费产品的电子邮件问卷调查的回复率大概在2%到5%之间。若是有关文化问题的调查,回应率可能会达到25%至40%。当消费者样本群体与被调研机构有所关联的时候,回应率可能会大幅上升;例如,"博物馆之友"会更乐意配合问卷调查,尤其当该问卷是出自他们所支持的博物馆的时候。一些专业协会也存在着类似的情况。

电话问卷调查或民意调查

电话问卷调查是在短时间内触及大量人群的快速方法之一。通过增加电话操作员的数量,一家民意调查企业可以在一个星期内接触到几千名受众。

电话问卷的回应率通常较高,大约在80%至90%之间。但是,在一个区域内过于频繁地使用该方法,则可能会导致高拒绝率。

电话调查允许采访者就受访者不理解的地方进行解释。该方法在日常调查中更为有效,因为采访者无须游走各地。尽管该方法的成本比电子邮件问卷调查/网络问卷调查昂贵,但相对于面对面采访的方法而言,是比较便宜的。

电话访谈的一大不足之处是缺乏视觉支持,在使用多项选择问题的时候也较为困难。实际上,电话调查所使用的问题必须相对简单。更进一步地说,这些问题还必须得到快速问答,因为受访者不会接受超过 15 分钟的采访,除非受访者对该调查项目十分感兴趣。

面谈

如果市场调查人员想要获取更为复杂的数据的话,那么面谈更为有效。采访者可以使用视觉材料,并可以解释或重复问题。这种方法使得受访者可以就自己不明白的问题向采访者进行追问,并使得采访者可以就某些特定的问题进行更深入的研究。

相较于另外两种数据收集方法,面谈耗费更多的时间和金钱。此外,由于面谈的复杂性,加之采访者的主观性,所以这种方法也更容易造成潜在的偏见。

误差来源

无论使用何种数据收集方法,每个研究人员都必须尽力减少偏见和误差。这些偏见和误差主要存在于数据的收集过程中。误差的来源主要有四种:拒绝回答、抽样误差、含糊或不准确的回答,以及由采访者造成的人为误差。研究人员必须时刻谨记这些可能的误差来源,并尽力将误差的影响减少到最小。

如果样本中的一些成员拒绝回答问题,那么就会产生严重的误差。拒绝率越高,数据统计结果与现实有偏差的可能性就越大。因为研究人员不知道这些拒绝回答的样本人群的想法如何,所以调查结果可能并不准确。尽管问题的拒绝率不可能完全为零,但是研究人员可以通过对恰当的评估工具的使用,将拒绝率降至最低,以减少误差。

抽样误差也可能导致无法代表整个样本人群的研究结果,尤其当抽样方法不准确,或者当样本规模不足时。

描述性研究中的第三种误差,主要来源于模糊的或不准确的回答。部分受访者会为了不显得自己无知,而随便给出一些答案,或是根据对某一特定问题的舆论而给出答案。误差的产生还有可能是因为:数据采集的时间距离事件发生的时间过久,以至于受访者的记忆比较模糊,从而造成了误差。受访态度也可能会造成误差,受访者会因为各种个人原因而有意识地修改自己的答案。其他常见的产生误差的原因还包括缺乏时间、一般性疲劳、感觉隐私被侵犯、自然而然提供社会可接受的答案(例如,因为购书被认为是有益的,所以很多人都会选择购买书籍),以及取悦采访者的欲望。一些受访者可能会出于礼貌而附和采访者,尽管他们实际上完全不同意对方。

最后一种误差来源是采访者,他们可能在不知不觉中,通过身体语言或说话的方式影响受访者。对采访者进行培训能够将这种潜在误差来源最小化。

三、因果性研究

因果性研究是研究一个因素对另一个因素的因果性影响。这种数据收集方法的代表案例是:研究免费分发某剧团演出的门票对未来演出门票销售的影响。

这类研究相当严格而且专业,它只分析了现实情况的一个方面。因果性研究所基于的原则是:关于产品的知识是众所周知的,人们已经确定了多个影响产品的变量并且这些变量已经为人熟知。这种类型的研究设法寻找成对变量之间可能存在的因果关系。它提出一个或多个假设,然后逐一测试。

第四节 描述性研究的实施步骤

描述性研究试图在确定研究问题之后实现所规划的目标。并且,这些目标需要被尽可能快速、准确(较低的误差度)且低成本地实现。有时,市场经理可能仅仅只对一部分的目标进行调研,而不是完整地研究一个问题的方方面面。

表 10.2 列出了所有研究活动都必须历经的 14 个步骤。

我们可以将这 14 个步骤分为两大部分。最初的四个步骤适用于所有的研究。市场经理或调研员需要根据他们所提出的问题,选择适当的方法工具,解决研究问题。尽管另外十个步骤是在描述性研究的框架中提出的,但是有些情况下,它们也同样适用于探索性研究和因果性研究。当然,研究中的某些内容也可能不同于,甚至不适于其他的研究类型。

表 10.2　研究项目的 14 个步骤

步骤 1	定义问题
步骤 2	设立研究目标
步骤 3	决定所需人力资源和财力资源
步骤 4	制定日程表
步骤 5	选择合适的工具和方法
步骤 6	选定样本
步骤 7	设计问卷
步骤 8	测试问卷
步骤 9	编码答案
步骤 10	采集数据
步骤 11	监控采访者
步骤 12	编译数据
步骤 13	分析结果
步骤 14	书写报告

步骤 1：定义问题

在数据收集工作开始之前，研究人员或营销经理需首先确认其研究问题的定义是否恰当。如果研究者对研究问题的界定十分明确且详细的话，那么其后续工作也会更为容易。

因为资金有限，所以文化企业通常不能频繁地进行市场调研。因此，很多文化企业会试图将所有想要调研的问题都放进问卷，最后导致受访者因为问卷太长或太复杂而放弃作答。

对市场经理或研究人员来说，一个好的研究问题需要建立在内部数据或二手数据的基础上。不管怎样，在数据采集之前，检查并确认别处没有现成的类似数据是十分必要的。

企业通常会在以下几种情况下，开启调研工作：
- 会员数量较前一年大幅度下降
- 企业高管希望了解消费者对产品价格变化的反应
- 企业想要进入一个未知的市场

步骤 2:设立研究目标

分析人员可以以企业待解决的问题为起点来展开对研究目标的设定。例如,一家剧院可能希望了解会员不续会费的原因,或者想要知道对价格变化产生消极反应的消费者所占的比例,又或是想明确特定区域内居民的消费习惯等。

步骤 3:决定所需的人力资源和财力资源

市场经理还必须计算可用于研究的人员数量和预算。显然,最终的决定将取决于研究的流程和复杂程度,以及研究工作将采取的调研方式——例如,通过外部企业或内部团队完成等。分拨给原始数据采集工作的预算,一般会高于二手资料收集所需的费用。

对市场研究所需要的资金进行预算,可以帮助企业对调研结果的价值进行评估。市场研究所获取的信息的价值,通常是难以被事先预估的。但是,市场经理或研究人员必须设法回答这个问题,以避免造成对时间和金钱的浪费。

步骤 4:制定日程

对于任何研究计划来说,时间都是最重要的元素。市场经理和企业必须了解数据在什么时间是可用的,并且它会在什么时间被企业所需要。如果描述性研究的日程安排较为紧张,那么调研者可能需要通过电话访谈或网络问卷的方法进行调查。然而,就算电话访谈如期完成,其能产生的数据量也可能十分有限。

步骤 5:选择适当的工具和方法

一旦明确目标,市场经理或市场研究人员就必须在三种研究方法(探索性研究、描述性研究、因果性研究)中选择一种,争取以最低的时间和金钱成本取得必要的信息。在这之后,市场经理需要对数据的采集方式进行规划;例如,在描述性研究中,有电子邮件问卷或网络问卷、电话问卷以及面谈等几种方式可供选择。选择的标准取决于具体的预算和日程安排。

步骤6：选定样本

一旦选择了描述性研究方法，研究人员就必须决定样本参数。样本需要包含足量的、随机挑选的、能够代表整个研究群体的受访者，这样才能产生有效的数据。在某些情况下，如果研究群体的人口数量相当有限，且又高度多样化，那么市场研究人员会将整个研究群体作为样本进行研究。

不考虑研究群体的人口规模，研究样本必须包含至少30个调查对象。根据统计规律，一旦随机选择了30个调查对象，那么这一调查的样本则可以被认为是具有统计显著性的。调查结果的准确性和可靠性随着样本规模的增加而提升。同样的规则也适用于在主样本范围内对一个子群体进行研究的时候。在任何一个特定的研究范围内，研究人员都必须确保至少有30个调查对象。当然，通过对一个少于30个调查对象的样本的调研，研究人员也有可能分析出研究结果或可能进行子群体分析。在这种情况下所使用的研究方法是非参数统计方法，研究人员将无法普及研究结果。[对这些方法感兴趣的读者可以参阅西格尔（Siegel）的《非参数统计学》(*Non-parametric Statistics*)。[3]]

一个代表性样本所需的受访者数量并不由研究对象群体的数量规模所决定。然而，样本的规模却能够决定数据的准确程度。研究对象群体的人口越同质，所需的样本数量越少。统计规律证实，无论在仅有5000人口的小镇，还是在具有500万人口的大城市里进行舆论调查，规模相同的样本所提供的数据的准确度往往相同。

样本的规模需依照回收的问卷数量进行统计，而非派发出的问卷的数量。例如，如果某调研需要400名受访者，而这类问卷的回应率通常为40%，那么调研者需要发放1000份问卷，才能收集到所需的样本数量。应当谨记的是，样本规模越大，研究成本越高，数据处理和分析的周期就越长。回应率也能反映出问卷的长度、受访者对调研问题的兴趣以及调研活动所创造的回复动力。许多策略都可以用来增强调查对象对问卷的回复动力，比如每封邮件里都包含1美元现金，或是附送贴上邮资的回邮信封等。

样本规模也会影响市场经理对所收集信息的信任度（见表10.3）。市场研究人员选择269名调查对象，其可靠性为90%，误差超过5%（5%是可接受的最大误差）。如果样本包含382名调查对象，数据的可靠性上升至95%，那么最大误差为5%。如果一项基于382名调查对象的研究显示，

30%的受访者偏好某种特定的演出,这其实是说明,考虑到95%的可靠性,对这一演出有所偏好的受访者的实际占比应该在28.5%至32.5%之间。

常用的抽样法有以下三种:简单抽样法、系统抽样法和定量抽样法。

简单抽样,是指在研究群体或所调研的对象中随机选择样本。采用这种方法时,每个人被选择的概率都是一样的。如果一家企业想要以一整个城镇的居民为样本进行问卷调查,那么它需要采集所有联系人的姓名和地址信息作为抽样池。在两条主干道交汇处随机询问路人不会产生具有数据显著性的结果,因为研究群体中的每个个体在特定时间内出现在那个交汇处的概率并不相同。

表10.3 依据可靠性要求而需要的样本规模

最大误差 (%)	可靠性要求		
	80%	**90%**	**95%**
±1	4,100	6,715	9,594
±3	455	746	1,066
±5	164	269	382
±10	41	67	96
±15	18	30	43
±20	10	17	24

简单抽样法并不适用于所有情况。因此,企业也需要考虑采取系统抽样的方法。这种方法需要抽取部分研究群体作为研究对象,举例来说,从X个人中选出一个人。如果研究群体是交响乐会员,那么市场经理或研究人员可以从每个区域中选择一个人作为样本,比如每隔10人选择一个样本,直至采集到足够的样本为止。当总的研究群体的人数已知且确定的时候,这种方法十分有效。

最后,定量抽样方法力求通过对相同的样本比例的分析,发现某些常见的特征,从而揭示出研究对象的整体特征。这些特征可能是年龄、性别、收入、受教育程度或者其他兴趣变量。例如,在一次电话调研中,如企业所需的女性样本比例为51%,那么一旦达成了这一目标,采访者就无须继续采访下去了。

步骤 7：设计问卷

设计结构化问卷是一项复杂的工作。问卷不仅影响着所获信息的质量，还会影响问卷的回应率。

问卷的问题必须小心措辞以免答案有偏见，所用的词汇也必须易于理解。

市场研究人员根据研究目标而制订所需采集的信息的清单。然后，这一清单被转化为有序的、有逻辑的一系列问题。从受访者最感兴趣的问题开始，以最复杂或隐私的问题结束，如年龄和收入。

问题可能是封闭式的或开放式的。对于封闭式的问题，受访者可以在已有的答案中选择自己最喜欢的。开放式问题允许受访者自由作答。为了便于对具有大量样本的长问卷进行数据分析，描述性研究往往包含着大量的封闭式问题。

为了提高回应率，问卷制订者必须确保问卷的最终版本是简短且精心排列过的，问题是按逻辑顺序排列的、封闭式的问题是可取的。一段对问卷答案的重要性的介绍将会鼓励受访者完成问卷。

步骤 8：测试问卷

在使用调查问卷收集数据之前，市场经理或市场调研团队的带头人需要预先对问卷进行试验。这一步往往能揭露出问卷中模棱两可的地方，从而在正式进行调查之前，对问卷做出必要的改动。通常情况下，参与问卷调查前测的受访者十几人足矣，这些受访者需尽可能地与被研究群体的概况相似。

使调查问卷更为有效的其中一个方法，就是将调查问卷置于真实的情境中进行测试。研究人员可以抽取一定数量的人(如 100 个人)作为样本，让他们对问卷进行回答。在对这些数据进行编译、分析之后，研究人员可能会对问卷做出相应的调整。在真实的情境下对调查问卷进行试验，尤其适用于那些问题很多且受访者的答案的精确度至关重要的问卷。

这一步骤是企业改进问卷并规避误差的关键一步。

步骤 9：编码回复

一旦研究人员准备好进行数据采集，且问卷确定了最终版本，那么回收的答案则需要被编码。这个步骤有助于后期的数据处理。

步骤10：采集数据

在问卷已准备妥当的情况下，研究人员可以进行对样本数据的采集。要培训采访者，并通过邮件、电话或面对面的方式联系受访者。

步骤11：监控采访者

即使采访者是经过培训的专业人士，企业仍需监控采访者的工作，以确保受访者已被联系过，并且采访者遵循了采访指南。通常，采访者对受访人的联系被企业所监督。这一举措确保了数据的可靠性：受访者已被联系上，且被恰当地问询了问题。

步骤12：编译数据

对数据的编译是一个机械化的步骤，可以是人工的也可以是电脑操作的。分析人员可以在电脑上使用将分析简单化的特殊软件。对这一步骤的执行必须非常小心，因为转译中的误差可能会导致解读上的错误。

步骤13：分析结果

对问卷结果的分析需要被谨慎对待。俗话说"数字呈现的是我们想要它们呈现的"，这句话虽然听起来消极，但事实的确如此。分析人员必须尽量严谨，而不是简单附和企业高管的想法。

在这一点上，市场研究完整地体现了自己的价值。研究人员必须将看似无关的数据转变为可分析的、相关联的数据。为了解读采集到的数据，研究人员需要了解不同问卷的意义，以及它们之间的关联。

步骤14：书写报告

问卷调查的结果通常以书面报告的形式呈现。书店和图书馆里往往有一些非常好的、关于书写研究报告的手册。书写报告的首要准则，是报告的易于参考性。因为调查报告在之后很可能会被企业所使用，或其他人想要重复调查，所以，为了对比或更新结果，报告中需要包含详细的研究方法，并将问卷复印件作为附录提供。

小结

市场营销信息系统包含三类数据：内部数据、二手数据和原始数据。内部数据通常由企业的会计系统提供。当然，其他群体，如企业职员，甚至客户等，也是企业的内部数据来源。

二手数据的两大来源是政府部门和私人部门。公共数据的主要来源是每个国家的国家统计局。其他政府部门和机构也会发布一些市场经理和高管感兴趣的文件资料。私人数据可以通过数据库进入访问。公共数据和私人数据有各自的优点和缺点。在实际操作中，这两类数据可以相互补充。公共数据的主要优点是数据标准化、研究的谨慎性（precautionary methodological measures）、具有跨时间对比研究的可能性以及访问的简单性。私人数据的优点是信息聚合且准确。

私人数据通常来自问卷调查和市场研究。研究包括探索性研究、描述性研究和因果性研究。在探索性研究中，尽管没有前提假设，但研究者可能会提出一些变量。在描述性研究中，研究人员从研究假设出发，然后设法去验证或否认这一假设。而因果性研究主要检验两个变量之间的因果关系。

探索性研究可以使用几种研究方法，包括集体访谈、个人访谈、案例研究、观察研究、预测和推演等。集体访谈通常用于对新产品或新规划的测试。

在描述性研究和因果性研究中，研究计划通常包含 14 个步骤：定义问题、确定目标、确定财力和人力资源、制订日程、选择方法和工具、确定样本规模、起草问卷、测试问卷、编码、采集数据、监控采访者、编译数据、分析结果和书写报告。

问题

1. 市场营销信息系统使用的三种数据类型分别是什么？
2. 什么是内部数据？其主要来源有哪些？
3. 在开始市场研究之前，为什么要先查阅不同的二手数据？
4. 公共数据和私人数据的优缺点分别是什么？为什么我们常说一方的优点是另一方的缺点？
5. 公共数据的主要来源是什么？私人数据的呢？
6. 定义以下三种研究类型：探索性研究、描述性研究和因果性研究。分别为这三种研究类型举例。

7. 为什么在市场研究开始之前要定义研究问题?
8. 什么是随机样本?
9. 样本规模是否随研究群体的不同而不同?如果是,为什么?
10. 什么是定量抽样?
11. 制订问卷时需要遵循的基本规则是什么?
12. 为什么调研企业要监控采访组实施的部分采访?

注释

1. 参见卡梅尔及雷米·马尔库艺术管理(Carmelle and Rémi Marcoux Chair in Arts Management)研究中心网站公布的相关信息。
2. Kirschberg, V. 2000. "Mystery Visitors in Museums: An Underused and Underestimated Tool for Testing Visitor Services." *International Journal of Arts Management*, Vol. 3, No. 1 (Fall), pp. 32—39.
3. Siegel, S. 1956. *Non-Parametric Statistics*. New York: McGraw-Hill.

扩展阅读

Bennett, R., and R. Kottasz. 2001. "Lead User Influence on New Product Development Decisions of UK Theatre Companies: An Empirical Study." *International Journal of Arts Management*, Vol. 3, No. 2 (Winter), pp. 28—40.

Gilhespy, I. 1999. "Measuring the Performance of Cultural Organizations: A Model." *International Journal of Arts Management*, Vol. 2, No. 1 (Fall), pp. 38—53.

Harrison, P., and R. Shaw. 2004. "Consumer Satisfaction and Post-purchase Intentions: An Exploratory Study of Museum Visitors." *International Journal of Arts Management*, Vol. 6, No. 2 (Winter), pp. 23—33.

附录 1

对国际领域电视或电影作品销售的评估

在决定出口到国外或者在国外建立合作关系之前,企业应该对相关可能性、风险和未来可能遇到的挑战进行评估。这样就能更好地做出抉择,避免代价高昂的错误,而且最终能最大限度地利用任何一个潜在的商业机会。

市场潜力

任何一个想要经营出口业务的企业都首先应该对国外市场的潜力进行

评估。图书馆和互联网是较好的基本信息来源。各国政府也会发布一些相关的市场数据。大多数国家都会在网站上发布有关其文化产业发展的数据。欧洲视听观察组织（http://www.obs.coe.int/index.html.en）传播关于欧洲视听产业的相关信息。欧洲视听观察组织是一个含有36个会员国和欧盟委员会（European Commission）的公共服务机构，并以欧盟委员会为代表。

一些行业性杂志也会提供关于各种文化产业的丰富数据,包括这些行业的动态趋势等。http://www.variety.com；http://www.hollywoodreporter.com；http://www.worldscreen.com。

为了了解整体经济形势（购买力、货币走势等）,对经济方面的数据的研究也是十分必要的。周刊杂志《经济学家》是一个极好的信息来源。http://www.economist.com。

市场进入

企业应首先确定目标国家是否限制进口,是否存在配额制或者进入壁垒。国家对外币的限制甚至也会阻碍企业进入市场。

其次,还应考虑到一些可能存在的困难,比如盗版侵权行为或侵犯知识产权的行为等。

最后,企业应当考虑到国家的补贴。如果目标国家的政府提供相应的补贴的话,那么企业可能会面临激烈的竞争。

竞争

企业需要对竞争环境的强度和质量进行评估。与大使馆或领事馆的代表人员进行讨论可以是一个很好的切入点。

对其他问题的思考还包括：现在和将来的竞争对手可能提供什么样的产品,替代产品是什么。如果目标市场已经饱和,那么企业需要谨慎考虑成功的可能性。

产品适合

企业所出口的产品或服务必须满足潜在消费者的期望。为了适应不同的市场,产品或服务也许需要被改变,在这种情况下企业需要首先确定相关成本。需要将运输成本、进口限制以及信息收集成本等全部考虑在内。

企业也有必要熟悉目标市场的消费者行为。例如,美国四大广播公司[哥伦比亚广播公司（CBS）、美国全国广播（NBC）、美国广播公司（ABC）和福克斯（FOX）]从来不播出配音或字幕节目。

对国家文化的了解也是非常重要的。例如，出口到阿拉伯国家的企业需要了解国有广播公司或剧院可能对产品施加的限制。在与原产国完全不同的文化环境中，某些图片或场景可能会造成文化震惊，所以产品必须被预先考量和提前编辑。

售后咨询和服务

　　对某些产品来说，售后追踪计划也是必需的。例如，当一个电视节目模板被出售到海外后，企业通常需要追踪其后续节目的制作。有时，为了提供适当的咨询服务，管理者可能有必要前往这个国家。

国际博览会和节日

　　国际博览会或节日是企业熟悉某个特定行业的良好契机。大多数行业（迷笛音乐节、戛纳电影节、MIP-TV 电视活动以及法兰克福图书展等）都会举办这类活动。

对已识别的区域进行访问

　　为了会见当地产业的代表而访问相关国家是一个很好的策略。尽管访问这些地区可能花费颇巨，但只要计划得当，这一策略很可能生成有价值的信息，并极大地提高企业的成功概率。

第十一章
CHAPTER 11

营销过程的计划与控制

教学目标
- 简述市场营销对实现企业宗旨的作用
- 阐述战略营销过程
- 探讨关键战略方法
- 研究市场营销计划所包含的具体内容
- 思考企业掌控市场营销的重要性

>> 引言

本书中,我们已经审视了市场营销模式的各个组成部分。将这些部分综合起来,就构成了市场营销的过程。这一过程被称作"计划与控制周期"(planning and control cycle),通过这一过程,企业可以实现自己的目标。

计划与控制是彼此关联、互补的两个功能。事实上,控制往往发生在某些计划之后,这些计划包括设置衡量目标,通过将目标或者预测数值与实际结果的对比,企业经营者可以评判企业营销活动的效果。计划是指制定目标,控制是目标的实现情况。此外,通过预估实现预期结果所需耗费的精力,"控制"也可以帮助企业经营者制订未来计划。

本章梳理了市场营销的计划与控制周期所涉及的各个组成部分。我们会首先界定市场营销在实现企业宗旨方面所做出的贡献。然后,我们将关注起源于市场营销计划和组织结构的营销策划过程。市场营销计划要与企业战略保持一致,因为任何市场营销策略都必须为企业发展战略的成功作出贡献。最后,我们会着重分析控制市场营销活动的关键要素。

第一节　市场营销对于企业的重要性

成功的企业往往将任务和权力下放给不同的企业部门或者组织单位完成。每个部门都对实现企业整体宗旨起着不同作用。例如，市场营销部对企业的营业额增长、发展、盈利（或者收支平衡）和总体运营起到了积极作用。尽管与其他部门有着一样的总体目标，但市场营销部的责任与财务或者生产部门截然不同。这种部门与部门之间的协同合作与市场营销组合之中的各个要素间的关系类似。各部门协同合作所产生的效果大于各部门独自产生的效果的简单集合。

在考虑营销策划或市场监控之前，市场营销必须与企业宗旨相关联。[1]企业宗旨引导企业制订一系列的整体目标。在所有的管理策划过程中，目标层次需要与战略层次相对应（图11.1）。

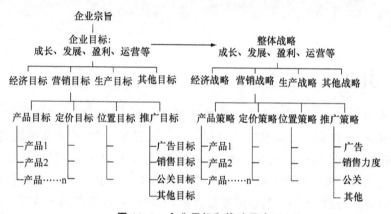

图 11.1　企业目标和战略层次

市场营销部门必须要基于企业的整体目标，设立自己的营销目标。然后，市场营销目标再被转化为一系列子目标，分别与市场营销组合中的各个变量相对应。然后，根据每个变量，企业可能又会制订一连串具体目标。同样地，企业也会依整体目标来制订企业战略，从而支持市场营销策略，而市场营销策略反过来又受到与市场营销组合变量相关的策略的支持。显然，企业计划是由不同部门或者单位各自的计划所组成的；因此，市场营销计划也必须与企业的整体计划相适应。

第二节　市场营销计划

一、市场营销计划的过程

市场营销计划（见图11.2）包含了与市场营销模型的组成部分相关的若干问题。回答以下五个关键问题可以帮助市场经理确保营销计划的可靠性和周密性。

- 企业当前的市场位置以及未来的发展方向是什么？（环境分析）
- 我们想要去哪里？（企业的发展目标是什么？）（设置战略目标）
- 我们要为市场营销投入什么资源？（分配资源）
- 我们要怎样达到目标？（市场营销组合）
- 我们要怎么做？（战略实施）

以上五个问题所暗示的市场营销计划流程，涉及了对过去、现在和未来的审视。企业当前的行为方式，很大程度上是受其过去的行为所影响的。同理，企业未来的行为方式也将反映现今的企业行为。对这五个问题的回答有利于增强市场营销计划的连续性，无论是短期的还是长期的计划。事实上，长期计划通常也是由多个短期计划所组成。

二、市场营销计划

市场营销计划诞生于一系列的决策过程之后。如果它涵盖颇广并且会影响整个企业的发展，那么这一市场营销计划将成为企业战略视角转变的一个契机。市场营销计划也可以只涉及一个细分市场、产品种类或者产品。如表11.1所示的市场营销计划是一个具有广泛适用性的分析框架（大纲）。

环境分析

制订市场营销计划的第一步就是对环境的分析。这一分析需要回答两大问题：我们现在所处的位置在哪里？如果不改变现有的战略和目标，继续现在的市场活动，那么我们将会发展到什么位置？

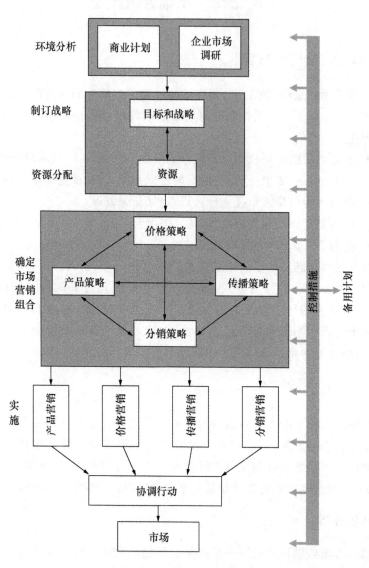

图 11.2 营销计划的流程

表 11.1　市场营销计划

A. 环境分析 企业当前所处市场地位以及未来发展方向是什么？	市场 　　消费者或者顾客组织、需求、细分市场 　　竞争和竞争环境 企业 　　企业宗旨和目标 　　优势和劣势 　　显著优势
B. 设置战略目标 我们想要去哪里？	市场营销目标 　　销量、市场份额和利润收益
C. 分配资源 我们要为市场营销投入什么资源？	预算 人力资源
D. 识别目标细分市场和市场定位 我们想要接触谁，并且让对方感知到什么？	目标和战略 市场营销战略 　　目标细分市场、目标定位、差异化及创新
E. 定义市场营销组合 我们要怎样达到目标？	确定企业产品、价格、分销、传播以及客户服务策略
F. 战略实施 我们要怎么操作？	与市场营销组合的各大变量相对应的活动项目 营销团队中每个成员责任的界定 协调与合作 活动的日程安排
G. 控制 我们如何得知我们发展方向的正确性？	替补方案 对控制措施的描述 平衡计分卡

市场

　　由于一些不可控力，文化企业往往会面临各种压力以及激烈竞争，其所处的市场环境还会随时间的变化而改变。所以，营销人员需要实时监测市场环境，以确保消费者概况、市场细分指标、市场需求、分销网络中的中介机构仍旧处于企业的掌握之中。类似的监测同样适用于私人市场、合作者市场和政府市场。

竞争和环境

由于竞争和环境变量会影响企业和企业市场,所以对环境——政治、社会、文化和科技——动向和竞争者战略变化的研究必不可少。

企业

在市场营销计划中,对企业全景的掌握是很重要的,这是因为市场营销部门的发展目标需要与企业的总体发展目标保持一致。市场经理应该寻求营销目标、企业宗旨和企业目标的一致性,并且据此判断自己的优势和劣势。最后,企业在所处环境中的优势所在也是必须被考虑的。企业应当考虑以下问题:我们是否具有这样的优势?它是否需要被再定义?如果是的话,怎么做?

了解全面概况可以帮助高层管理者定位企业在内部和外部环境中所处的位置,并估量目前形势,这也是考虑企业未来发展方向的机会。源于不断变化的环境和越发激烈的竞争,企业的首要问题变为:我们现有的市场营销战略是否能将我们引向我们想要达成的目标呢?

设定目标与制订发展战略

对目标的设定意味着我们要回答这样的一个问题:我们想要去哪里?

市场营销部门回顾自己的目标、根据需要改变目标、设置销售目标,并决定所需达到的市场份额或企业利润收益。为了实现已知的目标,市场经理可以选择那些有助于企业实现目标的营销战略。这一整体战略,实际描述了企业的目标细分市场,以及企业在各市场(消费者市场、政府市场等)中所需的定位。

资源分配

实现市场营销目标需要投入人力和财力资源,而这二者往往数量有限。对于"我们要为市场营销投入什么资源?"这一问题的解答,决定了企业实现既定目标的方式,并同时影响了企业所设想的战略的可行性。换言之,目标和战略绝不是凭空产生的。企业需要综合考虑目标、战略、市场营销组合中的变量以及可利用的资源。综合考虑的结果可能是企业需要对特定目标和战略进行调整。

确定市场营销组合

一旦市场营销部门找到了营销方向,他们就必须回答一个问题"我们要怎样达到目标?"这时就需要对市场营销组合的各个变量做出决策。

在传统市场营销中,营销人员要考虑的是产品应该具有什么特点,但是在文化市场营销中,营销人员需要识别产品已经具有什么特点,因为文化产品的特点往往都是预先确定的。但是无论是传统市场营销还是文化市场营销,定价策略和分销途径都是确定的,并且传播变量的四个组成部分(广告、公共关系、促销和个人销售)之间是平衡的。

战略实施

市场营销计划表的最后一部分涉及企业实现营销目标的操作层面。

营销计划需要详细列举针对市场营销组合的各个组成部分的营销活动,包括营销团队中每个人的责任、活动的协调合作以及有明确截止日期的日程安排等。

市场营销计划需要常备一个替补方案。市场经理必须通过"未来或预期审查"过程,预测未来可能打乱日程安排或影响营销目标的所有可能情况。而竞争对手的潜在回应是这之中最重要的一环。

对于"我们要怎么操作?"这一问题的回答,必须要考虑企业所选的控制系统,该系统能够衡量企业在实现目标过程中所需要付出的努力。

无论怎样的企业,市场营销计划都是市场经理策划、协调、实施并监控企业营销活动的重要工具。

▶▶▶ 案例 11.1

年轻人剧院:文化通行证
——一个备受欢迎的(先被实现后又被抛弃的)文化项目

宗旨

2007 年 1 月,在意大利文化遗产部举办的比赛中,那不勒斯市赢得了意大利戏剧节的主办权。该戏剧节是一个全国性的节庆活动,旨在扩大剧院的年轻消费者群体,将更多青年人带入剧院。

目标

戏剧节的主要目标包括:在 2008/2009 年,将参与剧院活动的年轻人数量从 2007 年的 50,000 人提高到 500,000 人，并将剧院年轻观众的比例从 35% 提高到 90%。

戏剧节将 19—34 岁的人群分为两类目标受众：狂热"粉丝"（Cult）和普通大众（Pop）。狂热"粉丝"指那些对艺术和文化持有兴趣的消费群体；普通大众则指那些因为缺乏兴趣或者金钱而不消费艺术产品的人，这类群体往往对娱乐和社交感兴趣。

市场营销计划

主办方根据以上两种不同的目标市场，设定了市场营销策略。狂热"粉丝"群体往往具有较强的消费和购买倾向，他们更青睐那些高质量的本土和国际项目。普通大众群体则相反，他们可能无法立即感受到剧院艺术的魅力，因此，剧院将向他们提供一些附加产品（或服务）以吸引他们驻足观看。因此，为了取得这一群体对戏剧产品的信任，营销策略需要以满足他们的社交、娱乐和个人需求为首要基准。

产品

为了支持表演剧目，主办方开发了一系列副产品。在那不勒斯港口旁边的节庆城堡（Festival Citadel）里，除两个主舞台外，主办方还设立了一个户外娱乐区，其中包括两个酒吧、桌椅和舞池等。闭幕晚会就是在这里举行的，Notte Tempo 项目中 33 个剧院的所有观众欢聚一堂，举行戏剧节的庆功活动。

节庆城堡的中心是一个有 1,600 个座位的轮船，轮船不仅接待艺术家，还包括记者、表演者和年轻观众——在为期 5 天的节庆活动中，这一群体逐渐壮大。船上专门为艺术家、有关人员和年轻人开辟了一片可以彻夜畅谈的区域。轮船的接待对象全部为 35 岁以下的年轻人。它逐渐变为一个集会场所，一个公共空间。这一设施的设计基于"年轻人的节庆活动"这一理念，其设立初衷是为了吸引年轻的消费者，尤其是年轻的普通大众群体。

价格

为了在主要产品和副产品之间建立联系，主办方采取了市场渗透策略。消费者可以用三种方式进行消费：

- 购买戏剧节一卡通，持有一卡通的消费者可以在活动期间自由观看演出（需提前订座）和进出活动城堡（34 岁及以下的顾客票价 5 欧元，35 岁及以上的顾客票价 10 欧元）。
- 单次门票，门票的价格根据购票者的年龄段而定（一些演出除外）。

• 轮船一卡通,持轮船一卡通的消费者可以享受两天、三天或者四天的免费演出观看,一晚、两晚或三晚的轮船住宿以及相关服务(20 欧元、30 欧元或 40 欧元)。

分销

为了确保分销活动的广泛性,主办方与 458 个售票点和电话中心,以及 TicketOne 网站建立了合作关系。消费者也可以在参与活动的剧院的售票处,以及节庆城堡中的售票点购买门票。

传播

活动的传播计划既有基于那不勒斯本地的部分,也涉及意大利的其他地区。除了采取常用的宣传方式,如网站新闻、传单和宣传活动之外,主办方还在报纸上发布公告、张贴海报并在意大利的各个大型火车站悬挂横幅。在 2007 年的整个 9 月间,所有通往那不勒斯的高速火车的靠枕和拉门上都被张贴了各种与活动相关的广告、海报和宣传资料。

口口相传的营销策略也得到了运用,300 位与剧院有联系的大学教授被邀请向他们的学生介绍并推荐这次活动。

结果

2007 年 10 月 10 日至 13 日,意大利戏剧节正式举行。除了时间过于紧张和资源过于有限之外,戏剧节成功地吸引了年轻人的参与热情。

活动数据

4	演出天数
50	剧目
44	企业
35	参与 Notte Tempo 闭幕晚会的企业和剧院数量
8,350	一卡通销售量(其中 60% 是 34 岁及以下的年轻人)
1,423	单次门票销售量(其中 50% 是 34 岁及以下的年轻人)
8,581	上座人次
1,905	轮船旅馆的入住人数

(续表)

1,900	现场人员
30,000	包括最后一晚在内的参与人次(近似值)

来源:意大利罗马大学(网校)(Universita Telematica Unitelma Sapienza)菲比安娜·斯嘉丽(Fabiana Sciarelli)撰写。

三、组织结构

企业组织结构可以帮助其实现市场营销计划中所设置的目标。基于企业的规模、产品范围和市场多样性,组织结构的形式往往千差万别。

小企业的市场营销团队规模较小。有时,企业的营销团队只有发起人或者企业家一个人。在一些企业中,市场营销活动仅由一位经理带领一小群辅助人员完成。例如,一位承办人员可能会负责几部作品在一个演出季度(八至十个月)内的所有管理和营销工作。另一方面,表演艺术和电影行业的小型制作公司,以及小型唱片公司和出版公司,它们通常只有一个工作人员负责公共关系或者整个分销市场的销售业务。

艺术行业内的许多企业会通过招收志愿者的形式辅助正式员工的工作。有些志愿者会将自己的全部时间用于某一个组织的志愿工作,但也有一些会同时参与多个组织的工作。[2]

管理者必须将志愿者与正式员工同等对待,尽其所能地将他们纳入本组织内部、鼓励他们、及时给予他们必要的信息,同时,如果有必要的话,解雇他们。志愿者越有认同感,他们的工作效率就会越高。

大企业往往需要同时服务多个不同的市场、营销多个产品,这就要求大企业具有更复杂的组织结构。在这个结构中,主要企业功能分配给了企业高层管理者(如营销副总),他负责协调不同专业部门的经理的活动。图11.3列举了大企业的常用组织结构,当然,这仅仅是企业众多结构中的一种。

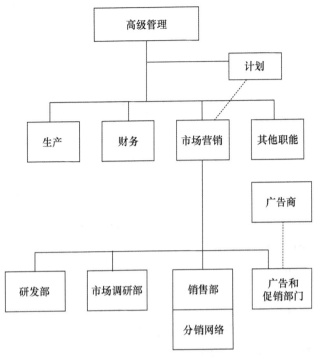

图 11.3 复杂组织结构的示例

第三节 战 略

一、总则

首先,我们必须要明确战略与策略的区别。战略往往从宏观视角着手以便达成最终目标,如保证企业的市场份额。策略是战略中实时更新的部分,如邀请批评家观看作品上演第三天的演出,而非首演当天的演出。市场经理可以在不改变战略的情况下,使用各种不同的策略实现战略所期望的目标结果。

我们在前文中已经强调过,所有的企业战略都是分层次的,其中包括企业的整体战略、市场营销战略以及与各个市场营销组合要素有关的战略等。在这其中,企业的整体战略和市场营销战略容易被混淆。通常情况下,企业的整体战略是从市场营销组合的角度出发的。而下一小节中的企业竞争战略和发展战略又都与市场营销战略紧密相关。

二、企业战略

所有的企业都需要考虑自己与其他企业在同一领域内的实力比较("实力比")。这种"实力比"是公司规模、市场竞争者数量以及企业竞争优势的综合性较量。企业竞争优势可能与消费者所感知的产品的独特性有关。"实力比"同时影响着企业的竞争策略和发展策略。

竞争战略

企业竞争战略可以分为四种:市场领导者战略、市场挑战者战略、市场追随者战略和市场补缺者战略。[3]

市场领导者

市场领导者主导市场,这是被竞争市场所认可的事实。领导者往往是其他企业的参考目标、攻击目标、模仿对象或者避免与之争锋的对象。领导者奠定了市场的基调,并且将会持续被市场竞争所观测。市场领导者在企业战略的制订上有着绝对自由,因为它们或是在规模上、市场份额上、所涉足的外国地区数量上,或是规模效应上,占据着强势地位并主导着市场。

然而,在艺术领域,市场领导者的规模不一定很大,因为艺术企业的规模一般都大小适中。因此,没有企业可以通过规模效应获利。艺术领域的市场领导者通常是那些在产品创作上具有优势的企业,即产品有吸引大量观众或者获得业内一致好评的能力。尽管如此,艺术领域的领导者也有自由选择战略的权力。

市场挑战者

挑战者是市场领导者的主要竞争对手。挑战者通常希望自己能成为领导者,以取得市场领导地位为目标。挑战者往往会采取那些比较有攻击性的战略。有时候,挑战者可以通过采取与领导者类似的战略来对抗领导者。例如,挑战者可以发起有攻击性的广告活动、发售令人印象深刻的产品或者提供极具竞争性的价格等。

另一方面,挑战者也可以通过利用领导者的弱点击败领导者。他们可以试着渗入欠发展的销售网络,为同样的商品设计更优惠的价格,提供更好的服务,或渗透仅部分被领导者势力覆盖的地区或细分市场。需要注意的是,挑战者的战略制订不能凭空而来,它需要对领导者的反应做出预测和判断。

市场追随者

追随者指的是那些占有较少市场份额的竞争者。他们为了适应竞争市场,会不断调整自身的企业行为,而不会尝试争夺市场的首要地位。追随者的企业战略往往以维持自己在目标市场中的地位为主,他们不会去尝试扩张市场。这种战略一般常见于仅有几个企业的寡头市场中,大家不需要打乱彼此的排位顺序并且可以和平相处。

这类战略并不是简单的所谓"放任自流"。正如它们的名字一样,追随者往往会紧紧跟随竞争者的脚步并且根据他们的策略来不断地进行自我调整。这种竞争战略是由市场和市场中所有其他企业的现实情况所决定的。

市场补缺者/市场利基者

补缺者关注的是那些相对独特的细分市场。他们通过开辟利基(缝隙)市场,从而使自己远离市场竞争。

补缺者的专业优势可能来源于其产品的原创性、对某一陌生领域的了解、对特殊技术的使用,或者降低零售价格的生产能力等。以上每一方面都可以成为企业独特的竞争优势。这类策略往往被那些必须与行业巨头竞争的小型文化企业所采用。例如,加拿大的 Sceno Plus 公司,因为在剧场设计和建造方面开发出了坚实的专业技术,从而成为该行业的领导者。太阳马戏团的所有剧场,以及席琳·迪翁在拉斯维加斯剧院的演出舞台,都是由 Sceno Plus 公司负责设计的。

▶▶▶ 案例 11.2

梅兰芳大剧院

梅兰芳大剧院坐落于北京西城区官园桥东南侧,是集传统与现代艺术于一体的演出场所。它坚持"把演出组织好,把票卖出去"的战略目标,在保证社会效益优先的同时注重经济效益。

梅兰芳大剧院秉承"戏曲戏剧，戏曲为主，传统文化优先"的理念，在多门类、多层次、多形式的文化市场中始终坚持传统的舞台艺术戏剧，提供精品化的京剧演出。剧场依托于国家级的演出团队表演，并且与其他地方级院团和演出机构保持密切联系，把符合自己剧场品位的院团邀请来表演，采用灵活的、可调整的票价吸引潜在消费者，征集戏迷的意见与需求，通过剧目形成自身的品牌。采用现代企业制度的梅兰芳大剧院摒弃机构臃肿人浮于事的弊端，剧院规模较小，而且通过调整自身的流程，尽量提高自身的效率，应变能力更强，能快速应对市场需求。专注于京剧艺术的梅兰芳大剧院关注细分市场，通过对社区、老年活动中心等基层机构的辐射作用，与其他剧场机构区分开来，因此始终在文化艺术市场中占据一席之地。

同时，梅兰芳大剧院在京剧艺术发展和文化传播中发挥着引领性作用。梅兰芳大剧院位于北京西部政治文化核心区之一，公共交通资源丰富，这一地理区位优势使其成为知识阶层、商务街区、白领一族的聚集地。现代化高科技的基础设施使大剧院能满足各种表演需求。作为国家京剧院演出的窗口，梅兰芳大剧院呈现出丰富的高质量的国家级演出。同时，它还与其他院团和演出机构保持着密切联系，积极支持地方戏曲院团来京演出。

来源：北京大学艺术学院冯艳丽、张瑜、刘展宏、黄思嘉撰写。

发展战略

大部分的企业都想要提高销量、增加收益、扩大市场份额、扩张组织规模或提升国际知名度。这些都可以是企业的发展目标。基于市场与产品的配对，管理者可以通过各种各样的战略实现这些目标。安索夫（Ansoff）[5]总结了四种战略：市场渗透、市场开发、产品延伸和多元化经营（详见表11.2）。

▲ 拓展阅读11.1

Sceno Plus 的历史

Sceno Plus 成立于1985年，专业从事文化和娱乐设施的设计和建筑工作。Sceno Plus 的团队中包含建筑设计师、技师、舞台设计师、图像设计师、舞台和音效器械设计师以及项目管理人等形形色色的成员。通过将他们的专业知识与热情相结合，Sceno Plus 才得以出色地完成公司承接的那些高难度项目。

服务

Sceno Plus 成立之初，提供的是剧场设计和策划服务（布局与器械）。然而，在 1985 年，Sceno Plus 意识到，为了提供高标准（无论功能水平还是审美水平）的表演演出，剧院在开展项目时，需要各部门之间更好地协调与合作，所以 Sceno Plus 开始将项目管理纳入自己的业务范畴。

从 1990 年至今共囊括十项大奖

1995 年，太阳马戏团委托 Sceno Plus 为其设计它在拉斯维加斯的第二个剧场。百乐官剧院的演出空间非常特别，它的舞台其实是一个可以容纳 600 万升水的水池。凭借这一别具特色的设计，Sceno Plus 与太阳马戏团共同获得了 1988 年的艾迪娱乐设计大奖、加拿大剧院技术研究所技术奖（1999 年）和拉斯维加斯年度最佳展示奖（1998 年）。2010 年，*Pollstar* 杂志将百乐官剧院评为 2009 年最佳音乐会场地。这一奖项认可了场地的重要性，为现场音乐体验设定了新的标准。

来源：Sceno Plus. http://www.sceno-plus.com/.

表 11.2　安索夫模型

	现有市场	新市场
现有产品	市场渗透	市场开发
新产品	产品延伸	多元化经营

市场渗透战略，是指企业试图通过使用不同的手段提高现存市场中产品销售量的战略。例如，通过建立一个更有活力的分销网络、发起新的宣传活动或者重新设置定价等。不管怎样，企业仍在同一细分市场里销售同样的产品。

市场开发战略，是指在不改变原有市场细分的情况下，企业将自己的产品引入一个新的细分市场，进而提高销售。通过将同一产品引入其他市场，企业可以扩展目标消费人群。巡回剧团试图说服其他地区的主办方购买自己的演出，承办方试图通过某个艺术家打入国际市场，电影制片方以跨国合作的方式促进自身的国际化发展等，都是这类战略的典型案例。

产品延伸战略，是指企业通过向现有市场提供崭新的或者改良后的产品以增加销量的战略。销售衍生产品正是这一战略的方式之一。

多元化经营战略允许公司通过向新市场引入新产品的方式,提高企业销售额。这一战略比其他三个战略更具风险,因为它涉及两个未知的变量:新产品和新市场。这一战略适用于那些同时涉足多个文化领域(如电影制作、发行和电子游戏等)的大型企业集团。

表 11.3 列举了以上四个战略可能包含的一些具体举措。

表 11.3 安索夫的四大战略可能包含的具体行为措施

1. 市场渗透(提高现有市场中的产品使用率)	提高消费者的使用率 • 增加采购点 • 提高产品的报废率 • 宣传产品的其他用途 • 为提高使用率的消费者提供奖赏
	吸引竞争对手的客户 • 提高品牌区别度 • 加大推广力度
	吸引非消费者 • 用小样、奖金以及其他类似的激励措施来鼓励消费者尝试本产品 • 适当上调或者下调价格 • 宣传新产品的使用用途
2. 市场开发(在新市场中销售现有产品)	开发新地域市场 • 区域扩张 • 国内扩张 • 国际扩张
	吸引其他市场领域 • 为其他市场开发产品的新版本 • 渗入其他分销渠道 • 在其他媒体上做广告

	(续表)
3. 产品延伸（为现有市场开发新产品）	开发新产品特征 • 改装（其他的观点、改良方式等） • 修改调整（颜色、运动、声音、气味、形状、线条等） • 增强（更坚固、长、厚，更有价值等） • 减弱（更小、短、轻等） • 代替（不同的成分、新过程、其他可能性等） • 改变外观（新设计、布局、顺序、成分等） • 完全扭转（反转） • 结合（将不同的要素、部分、物体、特点或者概念混合、配对、捆绑出售等）
	开发不同品质程度的产品
	创造新模式和形式（产品的复制扩散）
4. 多元化经营（为新市场打造新产品）	公司开发的任何新产品，都用于开拓新市场

来源：改编自 Kotler, P., and B. Dubois. 1973. *Marketing Management*, *Analyse*, *Planification et controle*, 2nd ed. Paris: Publi-Union, p. 287。

安索夫矩阵模型可以让企业根据不同战略的风险，对不同的境况进行分类。企业的风险随产品和市场的新奇程度而增加。多元化战略是所有战略中风险最大的，因为在这个战略中，企业是为了陌生的新市场而开发新产品。市场渗透战略是最不惧风险的，因为企业面对的是已知的领域。而其余两种战略的情况则介于以上二者之间。

这一分析工具适用于各种市场环境。例如，代理商可以利用这一矩阵分析并选择其吸引游客的战略。表11.4显示了一个地区希望通过一系列的竞争活动吸引游客的假设情况。我们将所有可能的战略选择按照风险的大小分为以下四种。

风险最低的战略，指通过协调本地现有的营销传播活动，从而增加游客的数量和游客的开销（模块1）。这一目标可以通过改变市场营销组合中的三个要素（价格、分销和传播）得以实现，或通过传播活动向消费者推广种类繁多的文化产品实现，还可以通过向那些参加多种活动的人提供优惠价格来实现。

第二类战略（模块2）通过向现有消费者引入新产品、提供新活动来增加游客的停留时间和开销。例如，一个已经以狩猎和钓鱼为卖点吸引了很多运动爱好者的地区，可以考虑建造一个新的自然博物馆以吸引更多的同类游客。

营销人员也可以试着通过对外传播活动和针对特殊人群的捆绑销售，来吸引那些还未被现有战略所触及的顾客，如那些较年长的人群等（模块3）。

表 11.4　用安索夫矩阵模型增加地区游客量

	现有市场	新市场
现有产品	1 市场渗透 密集传播	3 市场开发 对外推广和捆绑出售
新产品	2 产品延伸 建立自然博物馆 （自然环境/湿地中心）	4 多元化经营 举办夏季剧场或者 其他节庆活动

最后，通过举办夏日剧场或者节庆活动等方式，将其他细分市场中的消费者吸引过来也不失为一种良策（模块4）。

三、市场营销战略

战略选择

在与市场营销组合变量有关的前文中，我们已经介绍了市场营销部门可以采用的主要营销战略（表11.5）。

这些战略可以彼此组合，为企业提供一系列的战略选择。例如，那些寻求市场定位的企业可以同时采用撇脂式定价、选择性分销和推式战略。而其他企业则可以采取渗透式定价、密集式分销和拉式战略。

表 11.5　市场营销战略

差异化营销、无差异化营销、集中式营销	
产品	定位
价格	撇脂式定价、渗透式定价
分销	密集式分销、选择性分销、独家经销
促销	推式战略、拉式战略

分析市场内部的潜在营销战略

为了从以上各种市场战略中选择出最适合自己（产品）的战略，企业需要明确分析企业产品的战略定位。企业的战略定位可以依据波士顿 BCG 矩阵进行划分。[6]这一模型通过对比企业（或产品）市场份额与领导者市场份额，并在考虑市场增长率的基础上对企业进行定位。例如，如果一家企业的市场份额为 20%，而该市场中的领导者的份额为 60%（市场份额比例为 1:3），那么这家企业所处的情况与那些市场份额为 20% 但主要竞争者的市场份额也只有 20%（市场份额比例为 1:1）的企业不同。在第一种情况下，领导者对市场的影响力是绝对的，然而在第二种情况下，企业的主要竞争者与企业的竞争条件是对等的。另外，企业的战略重点也会随着市场环境的不同而变化。在那些具有高增长率的市场中，企业可以通过吸引新的消费者来增加销量；而在那些不景气的市场中，企业则需要经过激烈的角逐以抢夺有限的资源。

BCG 矩阵由四个模块组成，分别描述了企业产品的四种不同市场占有情况：(1) 在高增长率的市场中占有较大份额；(2) 在高增长率的市场中占有较小份额；(3) 在低增长率的市场中占有较大份额；(4) 在低增长率的市场中占有较小份额（详见表 11.6）。

表 11.6　波士顿 BCG 矩阵模型

		市场占有率	
		大	小
市场增长率	高	明星产品	问题产品
	低	现金牛产品	瘦狗产品

明星产品

明星产品是指那些在高增长率的市场中占有较大市场份额的产品。为了保持明星产品的经济增长，企业需要为其投入大量的资金。明星产品在产品需求减少的情况下仍旧能为企业盈利。有时，在成熟的市场环境中，明星产品还可能变为现金牛产品。

问题产品

企业必须放弃那些无法帮助企业增加市场份额的问题产品。维持问题产品在市场中的地位将会消耗企业很多的资源,而同时,这些投入往往是得不到回报的。对于问题产品中的其他产品,企业应该选择必要的产品进行投入,以提高它们相较于竞争产品的市场地位。

现金牛产品

如果市场增长迟缓,那么企业可能会从占有较大市场份额的产品中获取持续收益。从现金牛产品中获取的收益可以被用于投资明星产品,也可以被用于改善问题产品所处的竞争态势。

"瘦狗"产品

增加产品在低增长率的市场中的份额,需要企业投入大量的资源,几乎没有企业可以担负得起这样的投入。因此,企业需要尽可能地减少自己在"瘦狗"产品上的营销投入,并且为退出该市场早作打算。

基于 BCG 矩阵的产品分析能促进企业做出战略决策,如全力支持明星产品、选择性地投入问题产品、将现金牛产品的利润最大化以及削减瘦狗产品等。这一矩阵也可以帮助企业预估未来的财务需求、产品的潜在获利能力以及平衡产品组合等。这种分析方式尤其适用于文化产业领域中的那些以营利为首要目标的大企业。艺术行业中的小型企业也可以使用这一概念框架分析市场,因为基于 BCG 矩阵的产品分析,可以加强它们对市场动态和未来市场走向的认知与理解。

第四节 控 制

控制是指,为了评判营销战略或者策略的实施效果,而对市场行为所造成的全部或部分结果进行检测;如果计划与实际不符,那么企业需要尽早做出必要的改变。市场经理使用图 11.2 所示的市场营销计划,可以监控一个、多个甚至营销中的所有变量。如果所有变量都在掌控之内,那么这就叫作市场营销审查。

一、循环控制

对市场营销活动的监控或者评估有一套固定的程序。控制是这一循环中的一部分,它包含对正确措施的计划和实施。当然,只有当计划已经被实施之后,我们才能谈及控制。

营销部门的目标以及与市场营销组合中各个变量或组成部分有关的目标,可以转化为一系列行动和计划。这些目标和行动进程需要与用以衡量计划与实际之间的差距的标准规范相对应。对于这类差距的原因分析可以促使企业采用相应的矫正措施以影响接下来的目标制订和行动计划(详见图 11.4)。

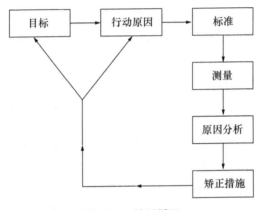

图 11.4　控制循环

二、控制工具与衡量标准

为了确保实现企业目标,所有企业管理者都知道他们必须控制企业的运营,尤其是当政府重视组织的业务控制能力的时候。[7]

根据被分析的客体、需要被分析的内容、市场营销部门的目的、市场营销组合中的各个要素的目标、预算等方面的不同,市场营销的控制工具也会有所不同。对于每个要素的监控都需要使用不同的工具。

市场营销部门的目标往往会被转化为销售量、游览人数、市场份额或者预测利润。因此,所使用的衡量工具会因这些参数而不同。市场经理希望知道实际销售量是否达到了预期的目标。而这可以通过客观对比销售报告中的数据得知。同样,通过对比实际销售和需求,可以得知市场份额是否达到了市场营销计划中所设定的目标。通过查看财务报告,并将其与计划中的目标相对比,市场经理可以测量企业的盈利能力。

下一步不仅要检查与市场营销组合中每个组成部分(产品、价格、分销和传播)有关的目标是否被实现,还要检查这些目标是否被有效实现。市场经理或者执行者可以检查一段时间内每个产品的销售量,并仔细查看每个产品或区域的盈利情况。市场经理还可以对比研究企业和竞争者的价格水平,以及当前和过去的传播工具的有效性。

市场信息系统所获得的内部资料和二手资料,对于营销控制来说非常重要。营销控制操作也可能涉及原始数据的使用。通过使用原始数据,市场经理可以衡量产品定位的正确性、通过传播活动创造的产品意识是否与预期目标相符,以及分销网络中的成员是否满意等。

市场经理或执行者应该开发出一套专门的评判标准,用以监控营销实际操作和定期比较结果,并确保使用的是同样的标准体系。用不一致的标准来监控产品营销活动和对比结果是毫无意义的,因为这并不是真实的对比结果。同样地,不准确的测量会导致市场经理做出有问题的或者错误的决定。[8]

平衡计分卡是市场经理监控市场营销活动表现的重要工具。平衡计分卡是一种分析文件,它结合了一系列的指定性能指标来跟踪进度。它由卡普兰(Kaplan)和诺顿(Norton)于1992年引入,是十分有效的绩效管理工具。市场经理可以使用所有为了实现组织战略所必需的指标。由于它的适用范围非常广,所以在选择平衡计分卡应包含的指标时,市场经理需要仔细考虑。

平衡计分卡必须反映出企业的市场营销目标和策略。此外,市场经理必须了解因果联系,并使用来自内部或外部的财务以及非财务指标。这一工具不仅是监控企业活动的利器,更是市场经理与企业管理者之间的沟通渠道。

三、市场营销审查

市场营销审查是一项深入、系统、阶段性的批判研究,其主要针对的是企业在具体环境中的市场营销导向。审查可以帮助企业解决现阶段的问题、强化竞争优势、提高市场营销活动的效率和盈利能力。

营销审查需要对企业的目标、政策、组织结构、流程和工作人员进行回顾。企业应该时常进行营销审查，而不是仅在危机时使用。营销审查的内容也不应仅覆盖企业目前遇到困难的营销活动，而应涉及企业营销的方方面面。执行营销审查的主体，最好是董事会或公司高管所信任的独立企业或者是企业内部的独立部门，以保证结果的客观性。

表 11.7 详细列出了市场营销审查的清单。它涵盖了组织在进行营销审查时所需要注意的所有问题。

表 11.7　营销审查中需要注意的关键性问题

A. 环境分析

市场和环境
- 企业现在所处的市场是哪个（哪些）？
- 市场中的消费者是谁？
- 细分市场是如何被界定的？
- 市场目前的需求和潜在需求分别是什么？
- 市场中的竞争者是谁？他们的规模有多大？他们经常采取的战略是什么？
- 影响企业的环境因素有哪些？它们是怎样发展的以及以后会怎样发展？

企业
- 企业的宗旨是什么？
- 企业的目标是什么？
- 企业的整体战略是什么？
- 企业的优势和劣势是什么？
- 企业有无一个显著优势？是什么？
- 企业有无一个长期的计划？短期的计划？

B. 市场营销计划的分析

目标和战略
- 市场营销目标是什么？
- 通过这些目标取得了什么结果？
- 企业所采取的市场营销战略是什么？目标细分市场是什么？企业的市场定位是什么？
- 营销战略与企业的整体战略相一致吗？
- 企业采取何种控制措施来评估营销目标和企业战略的有效性？

(续表)

市场营销组合
- 哪些市场营销目标是为市场营销组合中的变量所设定的?
- 产品战略是什么?
- 每个产品的市场定位是什么?
- 产品是混合一致的吗?产品结构是否一致?
- (与产品配套的)服务到位吗?
- 产品如何帮助企业实现营销目标?
- 所采用的定价策略是什么?
- 在设定产品价格的时候要考虑哪些因素?
- 与竞争者相比,产品的定价如何?
- 产品的定价策略对实现企业市场营销目标的作用?
- 所采用的分销策略是什么?
- 产品的分销网络是否完善?是否有效?
- 分销渠道中的各个成员之间的关系融洽吗?
- 分销策略对实现企业市场营销目标的作用?
- 产品的推广策略是什么?
- 推广组合中各个组成部分的角色分别是什么?
- 产品的推广组合是否已经被检测过?怎样检测的?结果如何?
- 推广策略对实现企业市场营销目标的作用?
- 市场营销组合各个要素的策略是否与整体的市场营销策略相一致?

C. 对市场营销活动的分析
- 市场营销组合中的每个要素都有对应的、规范的活动(项目)计划吗?
- 在成功的市场营销计划中,营销部门中各个成员的角色分别是什么?任务分工是否清晰?
- 营销活动有无具体的日程安排?这一安排被严格执行了吗?
- 各种不同职能之间是如何协调的?
- 是否有备用的营销计划?这些备用计划是否可行?

D. 预测
- 环境和竞争是如何发展变化的?
- 这些变化对组织的影响是什么?
- 企业对未来可能发生的变化有准备吗?
- 企业有哪些商业机会?
- 企业成功的关键是什么?企业如何才能获得自己需要的新技术或者知识?

E. 建议
- 企业应对其目标和战略做什么改变?
- 企业如何实现这些变化?
- 企业将付出的代价是什么?
- 为了做出相关决策,还需要哪些附加信息?

▶▶▶ 案例 11.3

街道、寺庙与艺术：通往一心寺剧院的路

一心寺（Isshinji Temple）[9]，成立于1185年，是日本大阪夕日丘地区的一个著名地标。在日本京都布教的净土宗佛学院创办者法然曾在此与日本后白河天皇一起打坐（nissokan）。在一心寺的东面坐落着日本第一座佛教寺庙——四天王寺。据说，四天王寺的西门可以通往极乐世界。而就在四天王寺的西面，一心寺的现在所在地，被认为是打坐修行的理想地点。[10]

在日本平安年间（794—1185），那些去熊野朝拜的人会从京都途经淀川河，然后再转为陆路，沿着熊野古道，从上町台地南下。因此，对于旅客来说，在傍晚时到达一心寺并且在这里向落日祈福是司空见惯的。

考虑到这种情况，为了让法然和后白河天皇的打坐可以顺利进行，四天王寺和尚慈丹同意在这个地方建立一座小屋。这就是一心寺的由来。[11]

虽然夕日丘和下寺地区建有两百多座寺庙，但在这一地区，为寺庙提供经济资助的信众家庭寥寥无几。在1856年，一心寺变成了一个常年向大众开放的、与宗教无关的机构。以前只在中元节才有的"百鬼夜宴"仪式开始变得全年皆可，一心寺开始吸引来自普通大众的信徒。

因此可以说，一心寺本身是没有特定的社区背景的。或者说，正是因为它坐落于一个寺庙密集的地区，它才被当地的社区边缘化了。由于向一般人开放，一心寺的功能更类似于一个"城区"的公共设施。这也解释了后来一心寺剧院的建立。

一心寺中所埋葬的大量亡者尸骨逐渐成了一个难以解决的问题。但是在1887年，一心寺建立了一座由两万人的尸骨构成的骨佛，解决了这一问题。"尸骨首先被磨碎成粉末，然后被放入一个类似于塑料材质的容器中，然后被塑造成一个佛像的形象。这是在那之前从未有过的事情。"[12]

骨佛的理念将人们对祖先的纪念与佛教的基本教义相结合，同时也是对以前造访过一心寺的人的怀念。这也是对造访过一心寺的信众的一种提醒。

一心寺以前的尸骨存放地点现在陈列着七座骨佛。这里本该有十三座骨佛，但其中的六座建于第二次世界大战前，在战争期间被损毁殆尽了，所

以只剩七座。战后，寺庙每隔十年为这些现存的骨佛举办祭祀典礼。

骨佛一直是一心寺区别于其他寺庙的重要特色之一。但近些年来，其他的寺庙也开始陆续地制作骨佛，比如福冈、香川县的一些寺庙。骨佛被认为是基本佛教哲学与祭祖传统的完美结合。

佛教的基本哲理主要包括一些诸如空、共生和救赎的概念。这些概念大多与三个主要的命题有关，即"觉""正""净"（awaken，link，grow）。它象征着人的心和意念——这比任何具体事物更重要，并且可以帮助人们增加智慧和能力。此外，它还是对当下社会环境的一种映射（如，贫困和社会排斥）。

与一般封闭的、基于佛教信徒群体的、被信众家庭所支持的寺庙不同，一心寺试图将自己建设为一个可以向所有居民提供精神支持的城市化的寺庙。但是，一心寺缺少可以实现这一目标规划的相应空间。

在1945年的战争空袭之前，一心寺的建筑作为城市公共设施已经被使用超过六十年。寺庙在空袭中被毁。"六十年来，一心寺的公共活动仍旧在进行，但它的建筑过于老旧，很多地方还尚在重建。"高口先生解释道："这一重建翻新工作不仅仅是为了复原古建筑，更是为了从空间上将一心寺建设为一座现代化的寺庙——这也是寺庙未来的发展趋势。"[13]

一心寺剧院建立于1994年，略晚于寺庙的复建工作。高口博士担任剧院建设工作的首席负责人。他将其描述为一种"将寺庙与剧院结合起来的新尝试……是两种媒介的联姻——为人们提供心灵平静的媒介与拥抱不安和未知的反传统的媒介"[14]。

剧院的二层是一个观众容量为300人的大厅，它由一个花卉市场改造而来；而剧院的一层则是由许多小的剧场空间组成，它改造自以前的花卉竞拍场地。

一心寺剧院曾举办过很多诸如木偶剧院节（Puppet Theatre Festival）的活动，这对于寺庙的现代社区建设来说十分重要。将剧院与寺庙结合起来的一个重要好处是：能消除一些令人不安的要素，戏剧剧目的安全性得以保障。同时，另一方面，由于剧院与寺庙的紧密关系，观众的观演和娱乐活动通常也离不开寺庙以及拜神等宗教活动，而事实上，这种组合不仅不令人感到怪异，甚至还被认为是该地的一个特色。

"对此，也有人从量化的角度分析，并认为，日本在泡沫经济时代建设了足够多的剧院，但随着经济危机的到来，很多剧院都倒闭了。所以，一段时间过后，必然会导致市场上剧院数量不足，无法满足市场需求。一心寺剧院的兴盛是应运而生。"[15]

资料来源：日本大阪市立大学（Osaka City University）冈野弘翔（Hirosho Okano）撰写。

小 结

市场营销计划和控制是市场营销过程中两个互不分离的部分。计划，即设定经营目标和起草具体策略，发生在监控市场营销活动之前。只有根据目标和策略，市场经理才能够对营销活动的结果做出评价。

市场营销计划需要基于两件事：市场营销战略的初步构建和市场计划的起草。市场计划过程涉及对以下五个问题的回答：

- 我们企业的位置和未来的发展方向是什么？（环境分析）
- 我们要去哪里？（设置战略目标）
- 我们要为市场营销投入什么资源？（分配资源）
- 我们要怎样达到目标？（市场营销组合）
- 我们要怎么做？（战略实施）

在选择市场营销战略时，市场经理需要界定企业在市场中所处的战略位置。波士顿 BCG 模型为企业提供了帮助。该模型依据竞争者的市场份额和市场增长率，对竞争者的产品进行定位。竞争战略和发展战略是供企业选择的两大战略类型。

竞争战略主要考虑的是市场中的企业的实力比。与之相对应的企业地位有领导者、挑战者、追随者和补缺者。

发展战略是基于安索夫矩阵模型而来的。通过对创新力或者新兴程度的分析，企业可以做出相应的战略选择，包括专注于现有市场中的现有产品、向新市场中引入现有产品，以及为新市场开发新产品等战略。

市场营销计划通常包含五个阶段：环境分析、制订市场营销战略（营销目标、目标市场、市场定位和其他）、分配相应的人力财力资源（预算）、作出与市场营销组合相应的营销决策，以及营销计划的实施（备用方案、控制机制等）。

市场营销控制是基于定量和定性标准，对营销目标的实现情况的追踪和评估过程。它应该被看作一个循环。除了与销售额和市场份额有关的数据之外，市场经理还需要对市场营销组合中的各个变量进行相应的监控。

此外，市场经理还需要全面系统地回顾全部的市场营销操作，即所谓的营销审查。

问题

1. 什么是计划和控制循环？
2. "显著优势"适用于营销战略的哪一部分？
3. 文化企业的战略计划过程与一般的企业有何不同？
4. 试描述竞争的四大策略。
5. 根据安索夫矩阵，为什么多元化经营战略比市场渗透战略更具风险？
6. 市场营销计划的主要元素有哪些？
7. 请列举市场经理控制市场营销组合中各个变量的案例。
8. 营销审查是什么？

注释

1. Voss Giraud, Z., and G. B. Voss. 2000. "Exploring the Impact of Organizational Values and Strategic Orientation on Performance in Not-for-Profit Professional Theatre." *International Journal of Arts Management*, Vol. 3, No. 1 (Fall), pp. 62—78.

2. Wymer, W. W. Jr., and J. L. Brudney. 2000. "Marketing Management in Arts Organizations: Differentiating Arts and Culture Volunteers from Other Volunteers." *International Journal of Arts Management* Vol. 2, No. 3 (Sping), pp. 40—54.

3. Lambin, J.-J. 1998. *Le marketing stratégique*, 4th ed. Paris: Ediscience International.

4. Valentin, M. 1993. "Le marché du disque: un oligopole avec frange concurrentielle." In *Proceedings of the Second International Conference on Arts and Cultural Management*, Jouy-en-Josas, France: Groupe HEC.

5. Anso, I. 1957. "Strategies for Diversification." *Harvard Business Review* (September/October).

6. Lambin, J.-J. 1998. *Le marketing stratégique*, 4th ed. Paris: Ediscience International.

7. See, for example, Paulus, O. 2003. "Measuring Museum Performance: A Study of Museums in France and the United States." *International Journal of Arts Management*, Vol. 6, No. 1 (Fall), pp. 50—64; Chatelain-Ponroy, S. 2001. "Management Control and Museums." *International Journal of Arts Management*, Vol. 4, No. 1 (Fall), pp. 38—48.

8. Silderberg, T. 2005. "The Importance of Accuracy in Attendance Reporting." *International Journal of Arts Management*, Vol. 8, No. 1 (Fall), pp. 4—8.

9. Isshinji. 1982. Isshinji Hu-un Oboegaki [Historical Memoranda on Isshinji Temple]. Osaka: Isshinji.

10. Okano, H., and K. Mishima. 2012. "Art Gallery as a Platform for Promoting Urban Creativity: A Case of Kaede Gallery at Karahori, Osaka." URP Report Series No. 25. Osaka: Osaka City University.

11. Takaguchi, Y. 1996. "Jisha no yakuwari no Henka (Change of Temple's Roles)." *Suntory Research Institute on Continuity and Change in Life*, ed., Toshi no Takurami, Toshi no Tanoshimi. Tokyo: NHK.

12. Ibid.

13. Ibid.

14. Ibid.

15. Isshinji, op. cit.; Takaguchi, op. cit.

扩展阅读

Einola, K., and N. Turgeon. 2000. "International Marketing of Canadian Television Programs: Industry Players, Export Successes and Strategic Challenges." *International Journal of Arts Management*, Vol. 3, No. 1 (Fall), pp. 46—62.

Mejon, J. C., E. C. Fransi and A. T. Johansson. 2004. "Marketing Management in Cultural Organizations: A Case Study of Catalan Museums." *International Journal of Arts Management*, Vol. 6, No. 2 (Winter), pp. 11—23.

英文版致谢

感谢乔安·布吕内(Johanne Brunet)、菲利普·罗波那(Philippe Ravanas)、玛丽亚奇亚拉·雷斯图恰(Mariachiara Restuccia)、丹尼斯·里奇(J. Dennis Rich)、耶尼克·圣詹姆斯(Yannik St. James)和娜塔莉·考维尔(Nathalie Courville)对本书所做出的贡献。感谢丹·马汀为本书撰写前言。

感谢苏珊娜·比洛多(Suzanne Bilodeau)和雅克·南特尔(Jacques Nantel)对 Marketing Culture and the Arts 前三版书稿的贡献。

衷心感谢以下来自各个国家的同仁为本书提供案例:

(按字母排序)

诺伯特·波德 (Bode, Norbert)	荷兰艺术节 (Holland Festival)
亚历山大·波勒 (Bollo, Alessandor)	意大利费兹卡拉多基金会 (Fitzcarraldo Foundation)
安东内拉·卡鲁 (Caru, Antonella)	意大利博科尼大学 (Bocconi University)
庄马克 (Chong, Mark)	新加坡管理大学 (Singapore Management University)
弗朗索瓦·库瓦西耶 (Courvoisier, Francois H.)	汝拉地区管理学院 (Haute Ecole de Gestion Arc Neuchatel Business School)
曼努尔·夸德拉多 (Cuadrado, Manual)	西班牙瓦伦西亚大学 (Universitat de Valencia)
帕特里夏·杜威 (Dewey, Patricia)	俄勒冈大学 (University of Oregon)
安娜·艾尔弗斯 (Elffers, Anna)	马斯特里赫特大学 (Maastricht University)

亚历山德拉·费尔南德斯 (Fernanders, Alexandra)	里斯本大学 ISCTE 商学院 (ISCTE Business School)
罗斯·金瑟尔 (Ginther, Rose)	格兰特麦克埃文学院 (Grant MacEwan College)
林一 (Lin Yi)	北京大学 (Peking University)
胡安·蒙托罗 (Montoro, Juan D.)	西班牙瓦伦西亚大学 (Universitat de Valencia)
保罗·尼科尔森 (Nicholson, Paul)	美国俄勒冈莎士比亚戏剧节 (Oregon Shakespeare Festival)
冈野弘翔 (Okano, Hirosho)	日本大阪市立大学 (Osaka City University)
玛丽亚·尤金妮亚·鲁伊斯 (Ruiz, Maria Eugenia)	西班牙瓦伦西亚大学 (Universitat de Valencia)
安妮克·斯拉姆 (Schramme, Annick)	比利时安特卫普大学 (Universiteit Antwerpen)
菲比安娜·斯嘉丽 (Sciarelli, Fabiana)	意大利罗马大学(网校) (Universita Telematica Unitelma Sapienza)
卢多维·索利马 (Solima, Ludovico)	意大利那不勒斯第二大学 (Seconda Universita di Napoli)
孙伟 (Sun Wei)	中国沈阳鲁迅美术学院 (Luxun Academy of Fine Arts, Shengyang)
珍妮弗·威金斯·约翰逊 (Wiggins, Jennifer)	美国肯特州立大学 (Kent State University)

英文版后记

本书中所呈现的市场营销模型为文化艺术企业的管理者提供了市场营销的基本框架和分析大纲。本书综合阐述了市场营销过程中所涉及的各个方面。通过阅读本书,读者将了解到市场营销学并不仅仅是一门科学,而是科学与艺术的结合。其科学属性在于:市场营销可以通过已知模型来进行分析和策略制订。其艺术属性在于:市场营销的策略制订不能完全依靠模型照本宣科,而是要根据实际情况和营销人员的经验以及判断力在动态环境中做出创造性的决策,这就是所谓的依靠直觉的营销艺术。因此,市场经理必须在永远不稳定的环境中、在无法获得全部所需信息的情况下作出决策。所以,市场经理必须让自己明白:如何去信任自己的直觉。

我们对于文化消费者的了解仍有局限。为解释一般购买情形中的消费者行为而总结出的模型,并不都能适用于文化艺术领域。但这些模型能够为我们研究文化艺术消费者的行为提供参考。关于针对文化消费者行为的研究尚需进一步探索。如传统市场营销学一样——汲取其他学科的营养,并不断演化创新,形成自己的模型,文化市场营销学也必须在借鉴相关传统概念的同时,不断获得属于自己的特定知识体系。

任何想要从事文化艺术营销的人都应该具有其他行业中的优秀营销人员所具备的共性——直觉、想象力、移情、分析技能,以及总结材料和处理不确定性的能力。优秀的市场经理应该具有理解并阐释一部(件)文化作品的能力和素质,并且敢于承担风险,能在预算不足的情况下化腐朽为神奇。最后,像艺术家一样,市场经理的成功需要一定的天赋,方法能够通过后天努力获得,但天赋却不能。

最后,下面这张图总结了文化艺术领域中所使用的市场营销模型,涵盖本书中所涉及的主要概念。我们期望读者能将此模型作为自己从事文化营销工作的起点。

文化艺术营销模型

企业

公司
- 宗旨
- 目标
- 资源
  - 人力
  - 财务
  - 技术
- 形象
- 竞争优势
- 市场计划
- 组织
- 战略（竞争战略）
- 企业（竞争）/发展战略
- 控制
  - 循环
  - 市场审查

产品
- 艺术产品
- 副产品
- 客户服务
- 体验
- 利益
- 维度
- 参考指标
- 技术指标
- 环境情况
- 复杂性
- 生命周期
- 市场计划
- 新产品开发
  - 研发
  - 风险
  - 水平和范围
- 品牌

市场信息系统

- 内部数据
- 二手数据
- 原始数据
- 公共、私人
- 探索、描述、因果研究
- 14步骤

剩余市场营销组合

价格
- 相关开销
- 实践—风险
- 精力消耗
- 撇脂—渗透

地点
- 渠道—实物定位
- 销—区位
- 密集分销—选择分销—独家分销

传播
- 工具
  - 广告
  - 个人销售
  - 公共关系
  - 促销
- 每个工具的角色
- 传播计划
- 推—拉

市场

消费者
- 需求
- 行为
- 细分—定位
- 差异化—非差异化—集中化

政府
- 联邦
- 省政府
- 市政府

私有资金
- 艺术赞助人
- 基金
- 赞助商

合作者
- 分销
- 中介
- 合作生产
- 合作者
- 媒介

竞争
休闲产业
行业分散
全球化

宏观环境
经济
政策法律

人口统计
文化

时间
公司特性

285

关键词列表

A

Activist consumers 活跃型消费者
Added value 附加价值
Aesthetic experience 审美体验
Aesthetic value 美学价值
Affect 影响
Affective processes 情感过程
Agent of change 动因/促变因素
Agents 代理/中介
AIDA（attention，interest，desire，action，注意力,兴趣,欲望和行动的简写）
Ansoff's grid 安索夫矩阵
Antecedent 发起人
Anticipated experience 预期体验
Artist 艺术家
Assets 资产
Attitudes 态度

B

Baby boomers 婴儿潮
Balanced scorecard 平衡计分卡
BCG model 波士顿模型
Benefits 利益
Bias 偏见
Birth rate 出生率
Bottom-of-the-line strategy 低端产品战略
Brand 品牌

C

Cause Related Marketing 公益营销
Central economic cycle 核心经济周期
Central product 核心产品
Challenger 挑战者
Charitable gifts 慈善捐赠
Circumstantial dimension 环境维度
Classification 分类
Cluster analysis 集群分析
Codes 代码
Cognition 认知
Cognitive model 认知模型
Collective consumption 集体消费
Competition 竞争
Competition's price 竞争者价格
Competitive advantage 竞争优势
Competitive positioning 竞争定位
Competitive strategy 竞争战略
Competitors 市场竞争者
Complex products 复杂产品
Complexity 复杂性
Concentrated marketing strategy 集中式策略

Cone/Roper report Cone/Roper 报告
Conflicts 冲突
Constant dollars 定值美元
Consumer satisfaction 顾客满意度
Consumer-based method 以顾客为核心的定价方法
Consumer's experience 消费者体验
Consumption 消费
Consumption experience 消费体验
Consumption units 消费单位
Control 控制
Controllable variables 可控变量
Convenience goods 日用品
Coproduction 联合制作
Core consumption experience 核心消费体验
Correspondence analysis 对应分析
Cost-based method 成本分析法
Cultural capital 文化资本
Cultural enterprise 文化企业
Cultural participation 文化参与
Current dollars 现值美元
Customer loyalty 顾客忠诚度
Customer service 客户服务
Customer value 顾客价值
Customized relationship 客制化关系

D

Database 数据库
Decision-making 决策
Decision-making process 决策过程
Demand 需求
Demand Curve 需求曲线
Descriptor 描述符
Determinants 决定因素

Development objectives 发展目标
Differentiation 分化
Digital age 数字时代
Direct distribution 直接分销
Direct marketing 直接营销
Disposable personal income 个人可支配收入
Distinction 区别/特性
Distinction effect 显著效应
Distinction motives 差异化动机
Distribution channel 分销渠道
Distribution management 分销管理
Diversification 多元化
Dog product 瘦狗产品
Dynamic pricing 动态定价

E

Early adopters 早期接受者
Early majority 早期大众
Economic risk 经济风险
Economies of scale 规模经济
Edutainment 寓教于乐
Effacement effect 抹消效果
Elasticity of demand 需求弹性
E-marketing 电子营销/网络营销
Enduring involvement 持续型介入
Enrichment motives 丰富充实的动机
Exclusive distribution 独家分销
Experiential consumption 体验型消费
Exploratory research 探索性研究

F

Family values 家庭价值观
Fixed costs 固定成本
Flow experiences 沉浸体验

Follower 市场跟随者
Forecasting 预测
Fragmentation 分散
Franchises 特许经营
Functional risk 功能风险
Fund raising 集资

G

Gates 关口
Great Depression 经济大萧条
Growth spiral 增长螺旋

H

Habitus 惯习
Halo effect 晕轮效应
Hedonic motives 享乐主义动机
Hedonists 享乐主义者
Heuristics 探索式
Hierarchy of strategies 战略层次
Highbrow 高社会层次的人
Hypothesis 假设

I

Ideal points 理想点
Image 形象
Immersion 沉浸/浸入式
Impulse purchases 冲动购买
Inactives 不活跃者
Individual consumption 个人消费
Inelastic 无弹性的
Inflation 通货膨胀
Inflation factor 通货膨胀因素
Information processing 信息处理
Initiators 发起人
Innovators 创造者

Intangibility 无形
Intensive distribution 密集分销
Intermediaries 中介
Internal data 内部数据
Investigating 探察
Involvement 介入

J

Joint venture 联合经营

L

Lack of time 缺乏时间
Leader company 市场领导者
Legal status 法律地位
Leisure market 休闲市场
Leisure time 休闲时间
Licensing agreement 许可证协议
Logistical Functions 物流功能
Logistics 物流
Low involvement 低介入
Lowbrow 低社会层次的人
Loyalty consumers 忠实的消费者

M

Macro-environment 宏观环境
Mail-in surveys 邮寄调查
Market 市场
Market development 市场开发
Market penetration 市场渗透
Market share 市场份额
Marketing 市场营销
Marketing audit 营销审计
Marketing career 营销生涯
Marketing manager 市场经理
Market-penetration strategy 市场渗透策略

Massive penetration strategy 大规模渗透策略
Maximization 最大化
Media relations 媒体关系
Message 信息
Mission 宗旨
Moments of truth 关键时刻
Monopoly 垄断
Multidimensional techniques 多维分析方法
Multinationals 跨国公司

N

Name awareness 品牌知名度
National statistical bureau 国家统计局
Needs 需要
Negotiated pricing 协商定价
Negotiating prices 议价
Nesting 栖息
Normative motives 标准化动机
Nostalgia 怀旧

O

Omnivores 文化杂食者
Omnivore effect 杂事效果
Open-ended questions 开放式问题
Optimization 最优化
Optimizing profits 利润最优化
Organizational Structure 组织结构
Overall market demand 整体市场需求

P

Paradox 悖论
Partner's role 合作者的角色
Partners 合作者
Paucivores,文化独食者

Peers 同行
Perceived positioning 感知定位
Perceived quality 感知质量
Perceived risk 感知风险
Perceptions 认知
Perceptual map 感知图
Perishability 易逝性
Personal interview 个人采访
Physical effort 体力
Population growth 人口增长
Portfolio management 组合管理
Positioning 定位
Poster 海报
Post-modern consumer 后现代消费者
Potential demand 潜在需求
Potential market demand 潜在市场需求
Predictor 预报器
Preference 偏好
Preference map 偏好图
Presenter 承办方
Prestige pricing 声望定价
Price objectives 价格目标
Price war 价格战争
Price-sensitive 价格敏感型的
Pricing decision 定价决策
Priori technique 先期市场细分法
Private foundations 私人基金会
Problem child 问题产品
Product differentiation 产品差异化
Product positioning 产品定位
Product attributes 产品属性
Product-centered 以产品为核心的
Product-development 产品开发
Product-introduction strategies 产品引入策略

Productivity 生产力
Prosumption 产消合一
Prototype 原型产品
Psychological effort 心理努力
Psychological risk 心理风险
Public 大众
Publicity 宣传
Pull strategy "推"策略
Purchase experience 购买经历
Purchase involvement 购买介入
Purchaser/non-purchaser dichotomy 购买者/非购买者二分法
Push strategy "推"策略

Q

Qualitative data 定性数据
Quality 质量
Quantitative analysis 定量分析
Quota method 定额法

R

Rate of consumption 消耗率
Real demand 真实需求
Recession 经济衰退
Recreation motives 休闲娱乐的动机
Reference groups 参照群体
Relationship marketing 关系营销
Remembered consumption 记得消费
Repositioning strategy 再定位策略
Responders 响应者
Ripple effect 连锁反应
Risk 风险

S

Sales representatives 销售代表

Sample 样本
Sampling errors 抽样误差
Satisfaction 满意度
Saturated market 饱和市场
Saturation period 饱和时期
Subliminal advertising 潜意识广告
Secondary data 二手数据
Segmented pricing 差别定价
Segments 细分市场
Selective comprehension 选择性理解
Selective distribution 选择性分销
Selective exposure 选择性接触
Selective penetration strategy 选择性渗透策略
Selective perception 选择性感知
Selective retention 选择性保留
Shopping goods 消费品
Simple sampling 简单抽样
Simultaneity 同时性
Situational involvement 环境介入/情境涉入
Size 规模
Skimming Strategy 撇脂策略
Social acceptability 社会接受度
Social capital 社会资本
Social expectations 社会期望
Social hierarchy 社会阶层
Social media 社交媒体
Social network 社会关系
Social risk 社会风险
Sociodemographic profile 社会人口资料
Sociological perspective 社会学视角
Sources of error 误差来源
Specialist 专业人士
Specialized purchase, 特殊消费

Spin-off products 衍生产品/副产品
Sponsor 赞助商
Sponsorship 赞助
Stages 时期/阶段
Stamping 烙印
Star products 明星产品
Statistics Canada 加拿大统计局
Strategic Philanthropy 战略性慈善行为
Strategy 战略
Subgroups 子群体
Summer theatre festivals 夏季剧院节庆
Summer-stock theatre 夏季剧目剧院
Superwoman 女强人
Support service 支持服务/辅助服务
Sustainability 可持续性
Symbolic meaning 象征性意义
Symbolic value 象征价值
Synergy 协同作用

T

Tactic 策略

Technical specifications 技术规格
Telephone survey 电话调查
Temporal pressures 时间压力
Time series 时间序列
Trademark 商标
Trading area 贸易区
Traditional model 传统模型

U

Uncontrollable variables 不可控变量

V

Variable costs 可变成本
Volunteers 志愿者

W

Web applications 网络应用

Y

Yield management 收益管理

后　记

弗朗索瓦·科尔伯特教授是我多年的合作者和好友，Marketing Culture and the Arts 是他的心血力作。当我决定要把这本书引入中国时，除了兴奋还有担忧，主要的忧虑以及解决忧虑的方案有两个方面：

一是作为西方的经典理论，它如何与中国的实际相结合，成为具有通识意义的力作。为此，过去几年间，弗朗索瓦·科尔伯特教授往返于中国与加拿大之间，与我一起研讨本书的中文版内容的设计、取舍和增补，首次将我长期从事跨文化艺术传播研究的相关成果与传统市场营销学结合，提出了关于文化艺术营销的"3P+C"组合模式，导入并强调了传播变量对文化艺术营销的独特性和重要性。同时，我和我的团队基于对中国文化艺术领域大量的调查研究，为本书提供了一系列中国案例，帮助读者更好地理解相关理论。

另一个忧虑是，如何保证原著中经典理论翻译的准确度。

早年间阅读傅雷先生所翻译的丹纳的《艺术哲学》，堪称翻译著作中的经典，用词精准，文笔流畅，将深奥的哲学问题如故事般娓娓道来。抱着向傅雷先生学习的美好希冀，我们努力将翻译工作做到最好。

原著中许多用语之前从未被翻译成中文，或者现有的中文翻译无法满足文中英文所表达的含义，比如"Appropriation Process""Appropriation Cycle"等词组。"Appropriation"直译为"据为己有、占用、挪用"等意思，"Appropriation Process"常译为"接受过程"或"占据过程"。然而，这些含义在本书语境中并不适用，它们无法准确表达本书想传达的蕴意。因此，我们对"Appropriation"一词展开了调查，并对该词的运用和"Appropriation Process"理论进行了溯源。"Appropriation""Appropriation Process"最初是心理学词汇，现在仍广泛应用于该学科领域。通过对"Appropriation

Process"理论的仔细研读和深刻体会,以及考虑到基于"Appropriation Process"理论建立的"Appropriation Cycle"理论的关联性表达,我们最终创新性地分别用"踞位过程"和"踞位周期"来表达从空间的占据,到心理接受,再到情感体验的整个循环过程。这个阐释、表达、创新的过程不仅仅是一个翻译的过程,更是一个跨语言、跨文化、跨国情的再度分析、再度创造的过程,这个过程得到了科尔伯特教授的高度认同。

当然,书中不足之处或错误之处在所难免,还望读者批评指正。

感谢弗朗索瓦·科尔伯特教授,感谢北京大学出版社周丽锦女士和本书责任编辑胡利国先生,感谢我的博士生罗慧蕙、鞠高雅参与本书的翻译,感谢刘义菡、戴茜、焦傲、侯思源、黄露莹、刘展宏、冯艳丽、张瑜、黄思嘉等学生参与调研和编写本书的案例,感谢北京大学艺术学院和国家对外文化交流研究基地对本书出版工作的支持。

林 一
于北京大学红三楼
2017 年 4 月 19 日